李憲鳴（雲子）用玄學談老子道德經

李憲鳴 著

作者簡介

雲子李雲鳴

在中華本土文化中有老子（玄學）、孔子（儒家）、墨子（墨家），其中玄學與儒學成為中華文化的主要的思想，儒學以四書五經為主，主要是用於生活；玄學則是以老子《老子道德經》為主，主要是用於自性。

關於老子其人、其書及其「道論」歷來有所爭論。根據司馬遷在《史記》一書中，撰寫老子的傳記來看，他是春秋戰國時期卓越的思想家、哲學家、道家學派的創始人。老子（生卒年不詳），姓李名耳，字伯陽，謚曰聃，楚國苦縣（今河南鹿邑縣）厲鄉曲仁里人，與孔丘同時而略早，曾任周王室的柱下史，掌管王室圖籍，著有《老子》一書（現稱《道德經》），是道家學派的經典著作，他的學說後被莊周、楊朱等人發展。《史記．老子韓非列傳》中曾記載孔子曾向老子請教關於禮的問題，在現今洛陽仍然有「孔子入周問禮碑」。道家後人將老子視爲宗師，與儒家的孔子相比擬。「老子」是人們對他的稱呼，「老」是與陰陽同在的意思，「子」是指承陰陽。

相傳老子西出函谷關之前，被「關令尹喜（或作『關尹』）」求留，在當時總結思想著述，留下五千言著作《老子道德經》，便倒騎青牛而去。其著作《老子道德經》中的許多言論，雖歷經數千載，仍似長江大河流水，有著永久的生命力，它未因時空變換而被塵封，也未因時代久遠而被遺忘，恰恰相反，好多思想就如同真理的燧石，愈是經過時間的打磨，愈是閃現出耀眼的光輝。

生活在春秋戰國時代的老子，通過對社會矛盾的觀察和思考，以他的宇宙觀和思維方式，提出了「天人合一」，人與自然和諧相處的慧見卓識，是我國第一個力圖從自然本身來解釋世界，而不求助於超自然的主宰——天帝意志的哲學家。在老子之前，人們認為宇宙間的萬物都有神在統治著，最高的神就是天，又稱天帝。這種觀念，到了社會大變革的春秋時期才開始有了變化。老子在《易經》的基礎上，進一步闡明「道」是天地萬物的本源，他不僅崇尚自然，敬畏天地，而且主張人們師法自然，強調人道要服從天道「人法地，地法天，天法道，道法自然」。老子「道論」的中心思想是：「道即自然，自然即道，道即是萬物之母」。

在時間的長河中，中華文化經歷了無數的改朝換代，同時也造成了文化傳承的差異性，現在雖是科技發達的時代，網路資訊無遠弗界，也因為大環境的變化，讓人們的心靈空虛不自在，大多數的人逐漸想探索內在的自己，想了解自己及生命的意義，內在的渴望，希望能有一股力量，能夠真正的了解自己，並且讓心靈得到自在與自由，不再受限外在於環境的影響，而產生心靈的空虛與不自在。

上天慈悲，深感現在的我們，因為追求外在需求，讓心處於水深火熱當中，心因為追求物慾而痛苦疲乏，也因為我們心的渴望，上天接收到我們的祈願，讓生於此時代的我們，能有幸遇到一位已成道開悟的老師，來教化我們的心靈，讓我們的心能常清淨，更能由內心了解真正的自己，讓心得到安心與自在。

李憲鳴老師　號：雲子，出生於台灣雲林，生長於雲林縣西螺鎮，父母親是以務農為生，從小至求學階段乃至退伍後回鄉，皆跟隨父母親務農，成年後赴外創業經商，輾轉歷程對人生有所領悟。關鍵在一九九九年，雲子於剎那間智慧開啟，跳躍宗教洗禮的進階程序，愿力及身得先天道法，洞見宇宙自然真理。並於跨越二十世紀的當晚，在屏東四重溪脫胎換骨後，開始各個時期不同階段的歷練，從二〇〇〇年開始歷經三年研修，九年歷練，行歷道述真理，關懷世人。

雲子師承老子思想，對於國學中的玄學、儒學有著精闢的見解與體悟。雲子睿智融合了玄學、儒學，並將玄儒兩者學說合而為一，雲子的終生志業是傳道與佈道，將理念傳遞而出，發揚中國本土文化。遂於二〇一一年成立雲林縣中華雲旨玄學協會，以『雲旨玄學』接引有緣之眾生，以玄學《老子道德經》為主，《清靜經》《參同契》等等經典為輔。所以《老子道德經》是雲旨玄學的傳承道統。

雲子的理念：教導眾生透過研習《老子道德經》，授予先天修持之法，宇宙自然大道之真理，修持自性與天地同在，倡導老子的「天人合一」，即是所謂：「以後天之體修先天之性」，內修道，外修德，成就自性回歸致虛極。

雲旨玄學的教育理念為經由推廣雲子理念，以雲子思想導入心源，並融合了儒釋道之精神教育，闡述民族文化，在三千閻浮大千世界裡，能以正念道化眾生，進而促進社會的祥和及發揚中華本土文化。

雲子老師說：「要將神化轉為文化，即是道真、理真、天命真」，並將玄學在中華本土文化基礎下發揚落實，經由授課和網站、書本的發行及推廣，期盼藉由道的力量，也就是自然的玄學定律，來教導大家，依循培德、修道的心，將人的生活意識裡的一切印象拋棄，回歸重拾自性的清靜，不再受限於人性的思維，而沉淪於人生苦海之中。雲子思想的極致表徵，就是所謂「從致虛極來，回致虛極覆命」。

自序

觀妙章開宗明義就已說到了「玄」即是道、「道」亦是自然，這兩者同出而為異名，「道」對萬物來說是一種奧秘，更也是一種恩德，祂是自然發生而且永遠存在的，「道」的意境無法用人現有的知識與想法去想像的，但是「道」與我們的自性卻是息息相關，在谷神章當中有提到「谷神不死，是謂玄牝，玄牝之門，是謂天地根，綿綿若存，用之不勤」。「玄牝」指的是「道母」，而「谷神」代表人的自性，自性的能量是來自於道，而道的能量綿綿若存在我們旁邊，人的自性要與道的能量相通才不會老死，因此老子道德經是藉由天地之間自然奧秘、奧妙的關係，用經文來顯示於人。

雲子在輾轉的人生經歷中洞悉了宇宙自然真理，了悟了「道」，對於玄學、道學有著精闢的見解與體悟，融合了玄學與易學以不同層次解說「老子道德經」，「易學」即是《易經》，易經是中國最古老的哲學經典，其中心思想是以宇宙觀為主，描述宇宙之間陰陽交替的變化，「先天易經」是伏羲氏洞悉天地自然一切的景象而創立的，伏羲氏相信一切的「有」是來自於「無」，而「玄學」的中心思想講的是「自然」，即是「道」，老子也認為萬物是來自於無形的道，玄學所講的是形而上的靈與能，而易學所講的則是形而下的能與質，雲子融合了這兩大哲理，結合形而上與形而下來解說。

宇宙之間有三大元素「靈」「能」「質」，而「靈」「能」「質」也是構成人的元素，「靈」與「能」是屬於陽，「質」則屬於陰，眼睛所能看到的物類，不管是有生命或是沒有生命，皆是屬於「質」，動物（包括人類）則是有「靈」的存在，我們的「靈性」是來自於虛空境界，而我們的「質」來自於順（坤），天地之間是以乾坤為門戶，乾坤門戶亦是陰陽門戶，乾坤開始滾動，混元一破，就墮入了後天陰陽之中，我們原本來自於純陰純陽的境界，現在是處於非純陰純陽的境界，「要如何回到純陰純陽？」這是我們一直在追本溯源的，「道」是萬物的來源，對人而言是神秘不可窺見的，所以很多人會想要了解道與宇宙的奧秘，「人從何處來？死後又要回到何處去？」，這是每個人都想知道的，同時也是雲子要告訴大家的。

其實老子是明傳道德暗藏玄，如果對老子的思維與易經沒有很深入的了解，是無法得知其中所暗藏的玄外之音，只能夠照字面作解釋，如果要講道理的話，無需由老子來說，因為當時的哲學理念除了老子以外，還有墨家墨子、儒學孔子，因此老子運用道理暗藏玄機傳達其理念，到目前為止在所有的經典當中，只有老子在講「體」、「用」，「道」為體、「德」為用，講的是元神的內息法如何配合宇宙（道）的消息以及大地的消息而運作，而其他的經典所講的「內息」則是元神如何提升及消耗而已，並無法藉由天地能量來達到外援，例如四有章「大道廢，有仁義，智慧出，有大偽，六親不和有孝慈，國家昏亂有忠臣」，這段經文是德的行為、道的行為，有道就有德，有德就有道，但是道德之中暗藏著「玄」，經文看似簡單，卻藏著玄機，「玄機」即是「陰極而陽生，陽極而陰生」，講的是修道的道理，這也是自然運行的道理。

「德」在天謂之「道」，「道」在人世間謂之「德」，亦是德中有道、道中有德的原理，稱為「道德」，上天給予我們的厚德，我們則要遵循著「德」回歸於「道」，力行形而下的仁義禮智信，再用虛空境界的智慧帶動仁義禮智信，回歸到形而上，從「有」回到「無」，老子將自己所走過的路以及成就的經驗記錄於經文當中，讓後世的後學能透過實修經文的理念，讓自己的自性能歸於原本的來處，這是「老子道德經」最重要及最終的目的，雲子以自身所悟還原當時老子悟道的意境，讓世人能真正了解老子所要傳達的理念，同時也能體悟到「道」的浩瀚與厚德，人生苦短，勿讓自己此生白走，要珍惜自身，再借由後天的一切修回先天之性，「人生是苦海、回頭是岸」，「岸」則是我們的來處，我們要依循正道與自然返回原來之處。

目錄

觀妙章第一

道．可道．非常道．名．可名．非常名．無名．天地之始．有名．萬物之母．故常無．欲以觀其妙．常有．欲以觀其徼．此兩者．同出而異名．同謂之玄．玄之又玄．眾玅之門．

道。可道。非常道。名。可名。非常名。

「道」可以講，已經是非常道了，我們人在自然界文明的發展當中，從有人出現到現在，到整個有團體、有社會、有法律、有國家、有了人文的發展之後，才有自然界物質名字的訂定，這是演變而來的，從以前演變而來才有「名詞」的產生，才有「天地日月乾坤坎離」的名詞，從伏羲氏畫八卦開始，伏羲氏知道一切從「無」而來到「有」，從「有」回歸於「無」，要怎麼回歸「無」？就是用自然界這些現象，把自然界的現象畫下來之後，再傳承下來，才有現在所謂的「八卦」，以前只是符號而已，再慢慢演變而成。

「道」在以前只是一個符號，沒辦法用言語及文字表現出來，能夠用文字表現出來的時候，已經是在倉頡造字的時候，在倉頡還沒造字之前，是用結繩記事，伏羲氏比倉頡還要早，是在大約一萬五千多年以前，伏羲氏的發源地是在河南的陳地，伏羲氏傳下來還有十八代，傳到黃帝夏禹商周，已經很多代了，伏羲氏的先天八卦就是從發源地開始演化而來的，然後就開始人文的演變，伏羲氏利用八卦發明了很多的東西，發明了農具、用具，教導人烹煮廚藝，訂制五倫，夫妻制，從一萬五千多年前就已經是一夫一妻制，從伏羲氏開始有祖譜的傳承，這是一個演化。道可以講出來的就是非常道了，意思是說可以用言語表示或是傳承的（道），而這個（道）傳承已久遠，是從一萬五千多年前伏羲氏畫八卦開始傳承到現在。

名可名，非常名，意思說可以講出名字的，是從開始以前就訂下來的，不是現在才有的，道是以前就有了，不是現在才有，道經歷了很多的時期，道本身就是已經存在的，我們要了解道的由來，要明白人類跟隨自然界的一切演化，並不是說道是現在才存在的，「道」不會因為我們而發生，也不會因為我們而滅亡，所以我們要知道「道」。

無名天地之始。有名萬物之母。

道本來就是沒有名字的，道就是自然界，天的道是自然發生。有句話說「人是三生有幸」，「三生」不是指前世、今生、來生，如果是這樣的話，那以雲旨玄學來說「這世修這世成」，哪有來生可言，「三生」的意思是指一為天的道自然發生，道是很自然發生的；二為地的道是創生，地創立了很多的生命，從一顆種子播種以後，慢慢地長成一棵大樹，這就是創生，地創造生命；三則是我們人好生，「好生」就是一代傳一代，才會有現在的七十億人口，這就是「三生」，所謂的「天地人」，而在天地之間，則以人為貴。有名萬物之母是指「地」（陰），無名天地之始是指「陽」，指的是陰跟陽，陰陽結合開始動的時候，而人在其中，以人為尊，這是三生。有名萬物之母，「母」開始創造生命，之後才有文化的開始，開始演變，從繁衍開始一直到文化的創造，人就一直演化下來，基因一直演化。

故常無欲以觀其妙。常有欲以觀其徼。

這句經文的意思在於「常有」跟「常無」；「妙」是指自然界，自然界有道、神、德、行，道在幾十億萬年以前就已經存在了，比神、人還久，道就是自然，就是這樣發生的。「神」不是指現在的神明，是指以前用來形容「奧妙、妙有」的名詞，現在神的名詞都將人格神化了，其實「神」是指自然界的奧妙。要觀天地與自然界之奧妙的話，我們的神就要與奧妙的神同時精神相往來，神與神才能溝通，用我們的神與自然界的神溝通，才能觀出其奧妙及變化。

在我們玄學注重是「自性」，而自然界一切現象則注重「實質演練」，也就是人所需要的一切，如三餐、畜牧、遊牧、做衣服、蓋房子，這些都是人所需要的。由伏羲氏畫八卦開始，這八卦是根據自然界而來的，由自然界現象演變出一切種種的需要，人的需求是外在的，但是我們內在的精神也是要同時存在，外在跟內在的神要同時共存，用內在的神去觀察外在的神，「神」在這裡是指「奧妙」、「妙用」。

常有欲以觀其徼；地是創造生命，為什麼生命能夠在天地之間立足？為什麼生命能夠在天地之間生存？我們要去觀察生命的生長，觀察它是如何納取自然界的東西，那就是吾有一物的「物」，亦是天地之物，即是磁場與氣場結合而產生的「先天之炁」，學習如何納取先天之炁讓我們自己用，要去觀察出其竅門，為什麼它會有生命？生命是在哪裡？自然界供給它什麼營養？我們要去研究它，老師有說過一物就是一個太極，每一個物件就有一個太極，所以要與天地同在，要如何攝取天地之間的能量，要去觀察其他的物件，這是所謂觀察其生長的倫理，為什麼會活下去？為什麼會長生不老？它為什麼可以與天地同在？一棵樹為什麼可以活到千年之久？這是我們要去研究的，這個人為什麼這麼有德？為什麼可以稱為聖人？那也是我們要去研究的，觀察其竅門及方法，我們要取得與天地自然奧妙的方法，要利用我們的智慧、神識與自然界的神契合。

此兩者。同出而異名。同謂之玄。玄之又玄。衆妙之門。

自然界的奧妙稱為「神」，我們的自性也稱為「神」，這兩者是同出為異名，我們身體裡面是小周天，外面是大周天，也是奧妙，神在裡面是奧妙，外面自然界也稱為神，兩者是同出而為異名。這樣才稱為玄學，我們自己的自性（神），要與奧妙自然界的神能夠契心契合，才能夠與天地同在，才能夠與日月同光，這就是道德經八十一章所要講的一切，與自然界及我們的自性有關，要觀察天底下這自然界的一切，觀察每一個物件，也就觀察所謂的「圖象」，不管是日月星辰或是地的創生及天所發生一切種種。我們人因有好生之德，才能夠襲明，一代傳一代傳承下去。

觀徼章第二

天下皆知美之為美．斯惡已．皆知善之為善．斯不善已．故有無相生．難易相成．長短相形．高下相傾．音聞相和．前後相隨．是以聖人處無為之事．行不言之教．萬物作焉而不辭．生而不有．為而不恃．功成而弗居．夫惟弗居．是以不去．

天下皆知美之為美。斯惡已。

我們人有思想、會言語、能夠頭頂天腳立地站著，這三大本質是指我們的形體，而我們的形體要靠靈，我們的身體是屬於質（物質），天下的物類也是屬於物質，所有的物質都會毀壞，包括人的肉體，但是每一個人對於物質的美都會想要追求，因而產生夢想與理想，那追求物質的美則會變得非常重要，因為這是天下所知道的美。

「美」是透過人的感官眼睛而來，老師之前有提過「收視返聽」，「收視」是眼睛要垂簾變成三分眼，把我們眼前一切美好的都暫時拋棄；「返聽」是耳朵不要去聽有的沒有的，不管是多麼美好的聲音或是天籟之音也好都不要去聽；「收視返聽」即是眼睛與耳朵往內收回來，把我們的靈靜下來，感受大地的能量。

在這宇宙之中靈、能、質是不可或缺的，我們的眼睛是屬於離、屬火，眼睛是靈魂之窗，通往我們的神識，眼睛一旦看到想要的，心中便開始盤算了，那我們的氣與能量就已經濁了，不能用了，因此念頭升起時，氣便濁了，一念三千浪傳十方，「念」會佈滿於空中的能量，我們的意識可以穿透空間，念力會填滿宇宙之間的舍利子（靈子），不管是好的思想或是不好的思想都會藉由舍利子散播出去，「相由心生」，貪婪之心會反應出貪婪之相，慈悲之心會反應出慈悲之相，人如果讓別人想親近的話，則表示有慈悲之心，慈悲之心來自於本身的德性，有德性的話，那本身的貪瞋癡皆會去除。

貪是貪求美好，有了貪求則會產生七情六欲，就會把想要追求的行為合理化，用很多的心思解釋這樣的行為，因為看到別人所說的美好，就認為是美好的，因為大家都說好，也就不能說是壞的，會昧著良心附合大眾的認為，那所有的念頭都已經濁了，濁者下降，便墮入人間的濁當中，一切來自於自己的眼睛與意念。

所以當大家認為是好的，而自己也會想要追求時，則要有己見，不能隨波逐流，凡事要去除欲望，心裡不要有欲望產生，也不要有別人所給的欲望，別人的欲望稱為「流行」，為了流行的欲望，便會不擇手段的滿足自己，因為天下皆知美，欲望的產生會殘害自己的心靈，因此我們本身要少欲，欲望越少越好，不要去追求所謂的「流行」，不要去追求「美」，因為天下的物類都會毀壞，不管是美的或是不美的都是一樣會毀壞，唯獨靈性不會毀壞，因為靈性屬於靈，並是非物質。眾生有「靈能質」三大特性，因此佛祖才會講「眾生皆平等」，指的是靈性的平等，並不是指物質的平等，物質只是一種工具，人的身體也是物質工具，因為要利用肉體攝取宇宙的能量，來供給我們的靈所用，我們的靈是從宇宙而來，再合於我們形骸（質），靈與質都需要能量，能量的來源有兩種，一種是太陽的能量，一種是食物的能量，食物的能量供給我們的命（質），太陽的能量供給我們的性（靈），靈則需要透過肉體（質）才能夠得到能量，這是相輔相成的，性在人在，性去人就亡，命在性在，命去性也去，靈跟質是一體的。

眾生皆為平等，所有的物質在老師眼裡都一樣，沒有分別心，因此各位要做到沒有分別心，不管是老少男女或是一切的眾生皆要用平等心對待，如有分別心即是有私心，那則會產生自己的利益，在自己的利益之下會產生無限的欲望。

我們不要一味追求好的東西，儘量把欲望壓低，去除欲望，但是也不能因此而與眾不同，開始做作搞怪，這樣也不行，眾生皆平等，所有的物質都一樣，不要特別的去追求什麼，要顧好肚子同時也要顧好佛祖，「肚子」亦指我們的質（肉體），而「佛祖」是指我們的自性（靈），用「能」來照顧好我們的「質」跟「靈」，這兩方面都要並行，不管有形的、無形的都要顧及到。

皆知善之為善。斯不善已。

我們做事情不要做作，大家都知道做這件事是好事，我們就跟著做，「善」是一種功德沒錯，但是不一定要全部集中在同一個地方，要物資分配，不要因為某慈善團體規模比較大，就把物資全部往那裡捐，也有小規模的宗教團體或是善的團體，這些團體同樣也是在做善事、做有道德的事，但是能運用的資源就不充足了，因此物資要分配，不要集中，我們做善事不要趨炎附勢，要把善款或行善事的物資平均分配。

故有無相生。難易相成。長短相形。高下相傾。音聞相和。前後相隨。

這段的經文意思是在講「順」、講「和」；我們是從「無」而來，來到「有」，再從「有」回到「無」，這是來去的意思，也是剛才所講靈能質的三合一，我們要利用周邊綿綿若存的能量給靈與質用。

「難易相成」這是相對論，講的是「陰陽」，太極一動生陰陽，在宇宙之間就有了生命，有陰就有陽，有陽就有陰，有「無」就有「有」，這是陰陽的相對論，也是在講八卦的乾坤，乾屬陽，坤屬陰，陰陽（乾坤）交合後產生六子，六子是「坎、離、震、兌、艮、巽」，加上乾坤剛好是八卦，在八卦中有相生相剋的屬性，除了純陽卦（乾）與純陰卦（坤）以外，其他六卦每一卦之中皆有陰爻跟陽爻，陽中有陰，陰中有陽，這是陰陽調和，也是「順」，震為雷，兌為澤，坎為水，離為火，艮為山，巽為風，這是「和」，所以我們要順著天、順著自然。

陰極而陽生，從十二辟卦一陽生開始，地能（地熱）就開始由地心往上升，每一個月便有一節一氣產生，地是屬陰，但是陰中有熱氣，熱氣上升到地表形成陰磁，而宇宙是屬於陽，互相吸住，因為地表有風（巽卦），風動磁場，地球因此開始轉動，宇宙也跟著轉動，陽逆陰順，宇宙天體是逆著運轉，地球是順時鐘運轉，巽卦在八卦六子中為長女。一陽生之後，熱氣上升到地表，然後再上升到天空，遇到冷空氣就會下雨打雷，雨下到地表產生了澤、產生河川，這是自然界的現象。

是以聖人處無為之事。

「聖人」是指懂得修道的有德者，德在天為道，道在人間運轉為德，所以我們行德培德，即是行道培道，要合乎於自然。自然界是「天不語」、「地不言」，所以伏羲氏用符號畫八卦代表著自然界一切的相，這時候的「卦」只占不卜，看自然界的景象為「占」，無事不占卦，有事才占卦，伏羲氏的八卦是純八卦，並是沒有卦相，純八卦之後再發明重卦八八六十四卦，三百八十四爻，這些代表著天地宇宙的運轉，有卜卦是在周文王編制周易之後，才有了卦相的解釋以及運用龜殼當作卜卦的工具，卜卦開始即是墮入了後天事當中，由陰陽進入了卜卦，便開始定人的吉兇與大業，這是「周易」屬於後天易，現在我們所聽到或是看到的都是用卦相卜卦，八八六十四的卦相有另外的解釋，在這裡就不再作詳談了，老師現在所講的是伏羲氏的純八卦，用自然的卦相來向各位解釋。

行不言之教。

「不言」是指自然界，即是純八卦與六十四卦中的自然界能量，是我們的靈與質所需要的能量，因此我們不能只注重命，有命沒有性也不行，有性沒有命也沒辦法，人除了有三種特性之外，還有靈、能、質這三樣東西，這是非常重要的。

在自然之中行事自然，取之於自然，用之於自然。

萬物作焉而不辭。生而不有。

意思是在講「坤卦」、地的創生；大地創造生命、長養萬物，而我們靠著這些萬物的質量來供給我們所需的能量與熱量，萬物是大地生生不息而來的，供給人及六畜的所需，但是大地生而不擁有，這是大地的德性。

為而不恃。

我們如要像大地一樣生生不息、新陳代謝，那則需要天地之間的陰陽能量，讓細胞新陳代謝、生生不息，新的能量汰換舊的能量，將舊的能量排放出去，不要像一些小道或是小術法，把能量囤積於身體內，囤積久了便會生病，人一定要生生不息、新陳代謝，才不會生病，所謂「舊的不去新的不來」。

宇宙也是在消息之間，同樣在生生不息，大地也是在新陳代謝、生生不息，樹木、植物成長到一定的程度，便會死亡，再換新的植物或樹木生長，而人也是天生地養，到了百歲的時候，我們也會死去，換新的一代來，大地並沒有擁有我們，任由萬物自生自滅，如果我們要長生不死的話，便要靠著自然的定律而運作，靠著自然界的能量來新陳代謝、不生病，與天地同在，這樣才能夠與天地同壽，但是不要去擁有能量，或是說自己會多少功夫、擁有什麼法，其實沒有法，自然就即是法，如果本身能夠運用自然，那就是上天所給予的恩賜。

功成而弗居。

功成的時候不擁有；所以我們雲旨玄學走的是無形無相，以後才不會有任何牽連、牽絆。「弗居」是指不擁有。

夫為弗居。是以不去。

如果你想要在人間留名、留利、留住一切的話，便沒辦法回歸到本位，因為你放不下這一切的名利，所以我們要學會放下，放下世間一切美好的事情及物件，因為這些美好的會牽動我們的心，讓我們的心去不了我們要去的地方，因為我們的心放不下，放不下就會有所牽絆，就是所謂的「包袱」牽絆著我們，像很多人都是要等錢賺夠或是等有空閒的時候再來修道，還有想要追求美好，這些都不好，都是牽絆，會牽絆住修行、修道的路，所以我們要把心思放下來，能用的就用，不要一直追求，欲望是無止盡的，而且美也沒有一定的美，要像天下父母的心態，自己的孩子最美，自己的孩子最好，這是天下父母對自己子女的心態，自己的是最好的，不要去比較，比較的話就會走錯路，就會墮入萬惡的深淵，就沒有辦法功成而弗居，那修道就不會成功了，追求過了，但在意識的第七識、第八識裡面，都還會存在追求的因子，還會一直要追求，荒廢了修道培德的路，沒辦法去就位，自性就成為靈魂，再世的輪迴，再次的追求，墮落在六道輪迴當中，修道者不要去追求擁有，不然便會「是以不去」，無法回歸於本位。

安民章第三

不尚賢．使民不爭．不貴難得之貨．使民不為盜．不見可欲．使心不亂．是以聖人之治．虛其心．實其腹．弱其志．強其骨．常使民無知無欲．使夫知者不敢為也．為無為．則無不治．

我們修道要實修實練，才會附合於天地、合乎於自然。伏羲氏畫八卦由乾坤開始，乾為父卦，坤為母卦，產生了六卦，合起來成為八純卦，八純卦是根據自然界一切的景象所畫下來的，因為以前沒有文字，只能用符號代表其意思，並沒有像現在有很多的解釋，那因為現在的人思想及欲念多，所以想得多解釋就多。老師有說過，道越修話就要越少，因為要聚集精氣神怕外漏，話多則會傷精氣神，「精氣神」是我們人體的大丹藥，「精」是屬於熱量，「氣」如同風（巽卦）一樣，將熱量推送到我們全身，我們的「神」可以得到陰陽能量，「精氣神」也是所謂的「靈能質」。

外在的能量要合乎我們體內的精氣神，才能夠自然結丹，但是前提是我們要少欲，因為起心動念時，氣就濁，而且自性光也會一直放射，而太陽光也在放射，兩者則會互相抵消，所以修道修為要少欲、少言、少思想，這樣我們才能守住自性光配合精氣神。

雖然修為要少欲、少言、少思想，但是是要在正常運作之下，為人父、為人夫、為人妻皆要各盡本份，家庭的維護也是在大道、大德之下運作的，我們的一切都要合乎道、合乎德、合乎自然，這樣我們的神與自然的神便能夠相通，欲望也會變少。

不尚賢。使民不爭。

人要尚賢，才會使民不爭，不尚賢的話，就會使人爭，修道者如果不遵從自然，利用自然的能量佔為己有，並且當成利器，如同拿著一把刀一樣，別人會因此而渴望你所擁有的及你所在的位置，因為這個位子有權力，別人便會想要去爭奪這個權力，所以我們修為要尚賢。

不貴難得之貨。使民不為盜。

「物資浮動，人心就開始晃動」，民生物資對於生活而言是非常重要，民生物資飆漲時，人的心就開始想東想西，想要增加收入或薪水以應付物資的高漲，這樣才能夠生活下去，如果生活過不下去，民就會為盜了。以前在戰亂的時候，物資嚴重缺乏，民不聊生，百姓在吃不飽的情況下，為了填飽肚子便會起了盜心。

不見可欲。使心不亂。

要不見可欲是很難，因為看到，擁有的欲望就開始了，但是雖是如此，我們的心一定不能亂、要保持平穩與自然同在，不過這是要靠我們平常的修練、修為，不然的話，哪一個湖面不起漣漪呢？湖面起了漣漪便會亂，所以當起了漣漪時，要馬上將眼睛收視回來，就不會有欲望產生，時時刻刻保持平淡，如果不斷地追求，欲望便會永無止盡產生，不過人還是需要有上進的心，追求該追求的，家庭要顧好，在合乎自然及德與孝的基礎下，讓旁邊的人更好，不只是在物質方面的好，在德性方面也要好，兩方面都要好。

「孝順」並不是孝父母、順父母，而是孝父母、順應自然天理，如果沒有順天理則是愚孝，變成沒有自我的孝順。孝父母、順天理，照顧好家庭，一切從我們的立足點做起，一定要順也、孝也，使心不亂，不要讓眼睛所見的通往我們的神識，看到好的，心裡就千方百計地想要擁有，難怪人最早老化的器官是眼睛，因為看多欲望就多。

是以聖人之治。虛其心。實其腹。

「心」是指我們的思想，即是心性，「虛其心」是說我們要沒有多餘的思想、念頭，時時刻刻保持與天地同在的虛心，這樣就會產生智慧，遇到事情的話，虛心下來，就會有智慧，如果我們的思想像是裝滿水的杯子，那新的智慧、思想就無法進來，永遠只是那個思想存在，這便是所謂的「我執」，我執重，腦筋像石頭硬梆梆，不會轉彎，那自然就會有壞脾氣，所以要把自己的思想、意念淨空，時時刻刻從零開始，只有虛空而來的智慧，怎會有欲望產生呢？虛空智慧即是「常識」，並不是知識，因為知識學習需要記憶，而「常識」是在思想放空時才會進來，這是上天給於我們智慧，「虛空之中有妙有」，我們的心能夠與天地同在的話，那隨時隨地都有智慧，隨時隨地可以運用自然的能量。

「實其腹」的意思是說將虛空境界的智慧展開出來；時時刻刻從零開始，就能夠得到

「一」，即是能量可以讓我們的思想淨空，然後讓能量進到我們的中宮、納入規中，醍醐灌頂之後，給我們的自性用。

弱其志。強其骨。

不要一味地追求，要把追求的欲望減弱，少欲，能夠使我們的身體健康，長生不老。

常使民無知無欲。

「民」代表眾生，指的是我們身體的細胞；「無」是虛空境界；如果讓人民百姓或是我們的細胞常在無的虛空境界當中無欲，能夠讓我們的細胞與虛空境界同在，也能夠度化眾生修持修道，無欲才能夠無知。無的虛空境界即是自然界、宇宙生命。

使夫知者不敢為也。為無為。則無不治。

要讓修道者知道不要有欲望，「可欲」、「不尚賢」是無法成道的，也沒辦法虛其心、實其腹。修道者要把修道傳承下去，什麼是自然？什麼是道？什麼是德？要教導下去，不要讓修道者墮入了旁門左道，一味地追求權力與權利，要讓修道者知道利害關係，而不敢去做違背良心及自然法則的事，如果違背良心及自然法則，那就成不了道，哪些該做，哪些不該做，一定要清楚明白，因為為了能夠回到本位去。

如果沒有遵循道的軌道（規矩）及自然的運作，將自然的能量給我們的靈質用，那也是無法成道的，所以要遵循道的軌道、自然的運作，這些一定要教導下去，這是自然的法則，違背了道就等於違背了德，人跟人之間唯有德才能夠成聖、成道。

老師講過的「功德」跟「公德」，以一人之功利益於眾生這種功夫的「功德」；以眾生之利而利益於眾生的「公德」，這兩種一定要並行，才能夠使夫知者不敢為也，為無為，才能夠成道，所以我們一定要具備「功德」跟「公德」，如果沒有具備的話，是成不了道的，但是如果是在以一人之功利益於眾生時，要以「公德」為基礎，以眾生之利而利益於眾生，如果功夫的功德沒辦法做到也沒關係，可以以眾生之利而利益於眾生，一樣可以成道，這是我們心念的問題。

不盈章第四

道沖而用之．或不盈．淵兮似萬物之宗．挫其銳．解其紛．和其光．同其塵．湛兮似若存．吾不知誰之子．象帝之先．

各位要清楚明白「我們為何而來?為何而去?」，來到雲旨，是要去到哪裡?「為何而來?為何而去?」，來的清楚，去的也要明白。

老師在上課中會把各位帶入境界，所謂的「引人入勝」，把各位帶入到勝地裡面，慢慢地，各位就會到達一個真地，所謂的「真地」即是「真土」，雲子百字真言有提到「真意真土已俱全;身是鼎爐欲還丹」。

要入道的境界，就往上一直沖，也就是「層次」，我們在這個地方就是九重天，「九」為「陽」，陽數以九代表，陰數以六代表，這是九宮八卦裡面的數，是河圖洛書的數，「九重天」並非說是九九八十一天，也不是說有三十三的重天，「九重天」是指我們的層次，而天沒有層次，「天」在佛家講的是「一真法界」，是一個圓，在道家講的是「一個宇宙」，說的是宇宙這個生命，有生命就是代表有兩儀、有陰陽，太極生兩儀，兩儀之下有四象，四象就是所謂的「老陽、少陽、老陰、少陰」，四象之後生八卦，八卦是「乾兌離震巽坎艮坤」，八卦運用在自然界就是卦象。

道沖而用之。

我們不要受到眼前所看到的限制，要衝破「重天」，也就是要衝到三十三天以外，進入到所謂「混元境界」，混元就是無極，也是有太極，太極等於無極，所以我們要回到混元的境界。

「道沖」亦是沖回到道之中，我們要運用陰陽的陽離子（靈子）沖回到道之中，「靈子」即是舍利子，太極是陰陽均衡的，充滿著陰陽靈子，這些靈子我們要去取用它。

宇宙在旋轉動的時候，陽靈子是由外向內運轉，像水的漩渦一樣由外向內，陰靈子是由內向外運轉，地球是屬陰，它的能量是由內而外放射，宇宙的能量是由外而內，所以地球才能夠懸掛在半空中，並且能繞著恆星太陽運行，這叫做「磁場」，磁場吸住了，吸住要靠巽卦，才有地球繞著太陽走，月球繞著地球轉，才有月亮、太陽、地球的三角關係。太陽是放射能量，地球是放射能量及吸收能量，月亮為反射能量，宇宙之間是由外向內旋轉，地球是由內而外放射，所以就吸住了，然後在宇宙當中開始有陰陽、有天地（乾坤），再來生六子，六子就是「坎離震兌巽艮」，巽卦為長女，開始風一吹推動了，地球開始運轉，宇宙開始運轉，靠長女在運轉，宇宙就是這麼奧妙。

在宇宙陰陽之下的靈子，是由外向內旋轉，陰陽之炁結合，開始生靈生萬物，降到地球來，一切有形有相的物類非純陰純陽，孤陰不生、獨陽不長，沒有陰陽就不長，所以我們人是有陰陽的，不管是男的或女的都一樣，這也就是所謂的吸引力與放射力，在宇宙稱為「陰陽」，在地稱為「剛柔」，一切都是內為柔，外為剛，內為吸引力，外為放射力，比喻像男的帥，內為柔，外為剛，剛為放射力，把自身的帥氣放射出來，為了招蜂引蝶，女的也是內為柔，外為剛，也是把自身的媚力表現出來也是為了吸引，男的吸引女的，女的吸引男的，在互相吸引，這是很正常的，所以男為乾（陽）女為坤（陰），凡是「物」都是外剛內柔。因此我們要沖到道中去拿到陰陽的靈子拿來用。

或不盈。

「盈」是指窪地，「不盈」是不會滿出來的窪地，不會滿出來的窪地就是會變成「湖」或是「池塘」；有水不會滿在我們身體來說是指「華池」，在舌頭下方的位置，舌頂上顎，下顎就變成華池，華池的水是不會滿出來的，因為當唾液一多的時候，就會吞進肚子裡了，當我們在身體好的狀態下，華池是不盈的，唾液是不會流出來的，這就是所謂的「玉液還丹」，老師之前有講過「醍醐灌頂」，「玉液還丹」，我們的真火跟真水已經俱足了，「還虛五行合七政」，心臟屬火，火在上面，腎臟屬水，水在下面，左性右命，但是要如何讓火在下面，就像練丹爐一樣火一燒，水蒸氣就往上升，松果體就會分泌下來，而唾液便會自然充滿我們的華池，華池不盈，唾液自然就吞進肚子裡，但是我們的心臟在上面屬火，腎臟在下面屬水，那要如何讓心臟在下面，腎臟在上面，老師一直說這是功夫，那功夫要怎麼下，能讓火在下面，水在上面，這功夫是需要「重安鼎爐」的，「重安鼎爐」是說我們的鼎爐要重新安置，我們現在的身體是後天之體，也就所謂形而下的身體，道沖而用之，我們要如何去迎接外在的靈子，讓靈子進來變成真水真火，讓真水真火俱全，在這過程當中，我們一定要「重安鼎爐」，「重安鼎爐」是一套功夫，形而上是形而上，形而下是形而下，但是形而上形而下要結合在一起的話，就要靠這個鼎爐，我們現在練的就是這口「鼎爐」，我們現在看的也是這口「鼎爐」，「身是鼎爐欲還丹」，讓上天之炁，也就是這些靈子（舍利子），進入到我們的身體，重安鼎爐之後，華池充滿玉液，再結合我們的精氣神，就成為丹藥，身是鼎爐的鼎爐要重安，才能夠還丹，所以道沖而用之，是要用於「究」，舍利子的舍，也就是「穴」的意思，而「九」是代表陽氣，「究」的意思是穴裡面有包含了陽氣，就像舍利子填滿陽氣一樣，我們就拿「究」來用。

淵兮似萬物之宗。

「淵兮」是深的樣子，水深叫做「淵」，但是看不到的也叫做「淵」，抬頭往上看不到的也叫「淵」，低頭往下看水也叫「淵」。「淵」也代表陰陽，看似有又好像沒有，「恍兮惚兮」叫做「淵」，是萬物之宗。

「恍兮惚兮」指的是宇宙，所謂的「陰陽」、「太極」，太極就是我們的陰陽，是有生命，但是我們看不到，也摸不著，好像有又好像沒有，用肉眼是看不到，但是進入境界，是可以感受到有的，是一種確實存在的生命。

挫其銳。解其紛。和其光。同其塵。

宇宙在運轉當中都會產生磨擦，因此每一個星球都是圓的，地球是橢圓形的球體，所有的星球在空中跟「究」（靈子）相碰撞，互相研磨，才會變成一個球體，實質的與靈子相碰觸的時候，就會挫其銳，解其紛，和其光，同其塵，每一個星球在天空中運轉都變成圓球的，地球是球體，月亮是球體，太陽也是球體，因為宇宙運轉生陰陽（太極），在宇宙當中產生了靈子，能、質相碰撞的時候，就會挫其銳變成圓的，然後能量、磁場把彼此拉開，解其紛擾，各自有各自的軌道。

同其塵意思說非常細小的都包括於自然宇宙（道）之中，也有自己的軌道，我們看得到與看不到都包括在裡面。

湛兮似若存。吾不知誰之子。象帝之先。

「靈子」我們沒辦法用肉眼看到，可是靈子是的確存在的能量，我不知道靈子是什麼，「子」就是所謂的「靈子」，「靈子」是在自然界所看得到非純陰純陽的形相之前就已經有了，這稱為「道」，亦是「自然」，所以我們要利用我們的靈子（究）。

守中章第五

天地不仁．以萬物為芻狗．聖人不仁．以百姓為芻狗．
天地之間．其猶橐籥乎．虛而不屈．動而愈出．多言數窮．不如守中．

現在這個季節剛好是梅雨季，屬於十二辟卦的「小滿」，為四月份屬乾，這時候是地球能量放射到最高的時候，內卦是屬於乾，外卦也是屬於乾，由地心內部所散發出來的熱量一直往上升，地表正好也是乾卦，剛好是乾對乾，所以地心的熱能（陽氣）一路往上升暢通無阻，地氣的熱氣升起，地表上的熱氣續接上去往上升，熱氣升到半空中，遇到冷空氣就變成雨水降落到地表，產生了現在的「梅雨季」，一直在下雨，「梅雨季」也可以稱為「霉雨季」，所以這個月在下雨是很正常的，地熱一直升上來到地表為陽，是最滿的時候，能量最強，地熱一直在放射，剛好現在是夏天，太陽直射，因此熱能接著熱能暢通無阻，這個時候最容易產生天災地變，比較會有地震、刮大風、下大雨，是天災地變最多的時候，是因為能量的釋放。

天地不仁。以萬物為芻狗。

「仁」就是「道德」；天為陽為仁，地為陰為義，就是所謂「仁義」；天如果沒有遵循著道在運作的話，萬物在天之下是沒有抵抗能力的，如果天要滅人，人是沒有辦法勝天，人在天之下就像細菌一樣渺小。「芻狗」是指剛出生的小狗，沒有抵抗能力，需要母狗的保護，才能夠生存。

「仁」為「道德」，道在我們形而下所看到的世間（人世間）稱為「德」，德在宇宙稱為「道」，「不仁」的意思是說天沒有遵循德道規範運作，沒有厚德載物的德性，所以當天地不仁時，那我們眾生就會像芻狗一樣無生存能力，因為道母不仁無法保護萬物，但是母性是非常偉大的，祂不會不仁，道母還是會保護我們，我們貴為食母，要吸取天地的能量，這些能量是道母給我們質所需要的能源，我們的肉體是質，所有萬物有形有相的都是質，有形有相非純陰純陽，但是並非所有萬物都會有靈，只有人及動物才會有靈，人與動物有靈、能、質，父精母血結合產生了我們的質，降下靈性，才成為人，人在滅亡之後，要塵歸塵，土歸土，也就是說靈性歸靈性，肉體歸肉體，肉體屬陰，不是火化就是埋葬，與大地融為一體成為肥料，但是靈性還是要歸回本位，因為只有能量會存在而已。能量是玄牝給我們的，是宇宙給我們的，滋潤、滋養我們，讓我們借後天之體而修先天之性，讓我們的自性能夠歸回本位，歸回本位要靠的就是「能」，「能」就是「究」，「究」（能量）可以給我們的自性及肉體所需的能量，大地開始滋養，生長萬物，這是給我們肉體所需的能量，能量有兩種供給我們，一種是來自於「究」（陽能靈子），另外一種則是來自於萬物。

有形有相非純陰純陽的這些都要歸於土，無形無相的能量供給我們的靈，我們的靈也是無形無相，然後回歸於本位，所以天地如果不仁的話，我們根本就不能存在，地球就會跟月球一樣，沒辦法生育萬物。

聖人不仁。以百姓為芻狗。

「聖人」是指有道德的人，有道德的人已經沒有道德了，或是領導人（國君）不仁，眾生也會像芻狗一樣，就如帝制時代，國君說了算，要百姓生就生，要百姓死就死，帝制時代是這樣，不像現在是民主時代，是不一樣的。

天地之間。其猶橐籥乎。

天與地之間就是所謂的「宇宙」；「橐籥」指的是「風箱」，就像打鐵時，用來助燃火的風箱，為何風箱能推送風出來，因為是密閉的空間，不會洩漏風出來，風箱的出口只有一個。

天地之間是在一個圓當中，就像雲旨的圖相一樣，這個圓代表整個宇宙，這就是天地，所以天地就像風箱一樣，是密閉空間，不會洩漏，如果會洩漏，風就會推送不出來，要將風推送出來一定是要密閉的，所以宇宙就像橐籥風箱一樣，是密閉的一個圓，所有的一切都在圓的裡面。

虛而不屈。動而愈出。

天地已經形成了，需要靠巽卦（長女卦）推動，則是需要靠風來推送能量，沒有風的推動，能量是無法散佈的，能量永遠只是在原地，那地球跟宇宙彼此就會吸住，兩者在原地皆不動，風推動時便開始運作，這是自然界的現象，因此我們要去認清楚八卦中每一個卦象的作用。

虛而不屈，動而愈出，這是天地之間自然的運轉，如果天地不仁，那天地就不能運轉，而我們會民不聊生，萬物亦不能生長，因為天地只是靜靜地在原地，那整個宇宙與世界就會變得非常寂靜，在形而下的世界（地球）便會沒有春夏秋冬四時的變化、也就沒有陰陽靈子可以供給我們的靈能質，因為太極轉動才能產生陰陽，如果太極不動的話，就沒有了陰陽，陽動陰就靜，陰動陽就靜，陽動為九數，陰動為六數，九跟六是陰陽之數，有一句話說「九六圓佛祖」，意思是說「陰陽之子」，「佛祖」是所謂的「舍利子」，也就是「靈子」。

動而愈出，一定要動，陰陽的靈子才會出來，風箱一拉，推送出去，火才會動，這是真火，真火就動了，火是屬日（太陽）為離卦，巽卦動離卦就動，火才會旺。

乾坤巽艮稱為「天地開闔」，乾代表天，坤代表地，巽就是開，艮就是闔。

多言數窮。不如守中。

多言數窮意思是說現在所講的易經八卦、河圖洛書這些數的道理來引進自然，再用自然來引進道理；這些道理推到極處的時候，就是「中」，「中」是太極的意思，「太極」叫做「中和」，陰陽對半的意思，不偏陽也不偏陰，陽靈子與陰靈子剛好中和各一半。講得那些道理不如守著中和、守著陰陽，但是守陰陽是要有功夫的，不是守株待兔，所以各位要自己努力。

谷神章第六

谷神不死，是謂玄牝。玄牝之門，是謂天地根。綿綿若存，用之不勤。

我們學道、修道研究各宗教門派的經典，無非就是為了讓自己能夠成道，所謂的「成道」是指能夠在世成道，「在世成道」的意思是本身自己的神（自性）能夠讓肉身不死，能夠延年益壽、返老還童，但是在這種情況之下，一定要經濟平穩，讓生活能夠過得下去，有句話說「先要顧好肚子，才能顧到佛祖」，我們要先把工作做好，然後再把自己的身心靈處理好，這是缺一不可，如果要長生不老、返老還童，最基本的就是生活要能夠過得下去。現在是屬於「道降火宅」，而我們則稱為「火工道人」，我們都是「火工道人」，因為我們是在家修持，不是出家修持，出家修持就是所謂的「和尚、尼姑」，宗教的派別不同，相對所修持的理念、觀念也就不一樣，修行的程度與行為也會不同，現在是科技發達的時代，能夠把「道」帶入到家庭當中，讓大家方便在家修行，但是最難修持的便是「火工道人」，在家修持最難修，因為雜事多，能夠騰出時間來修持，這是很難的，但是又要能堅持修道的心，那更是難上加難，旁言旁語多，旁人給予的建議也多，周邊的人都會以各自的意見為意見，來主導我們修持的心意，隨時隨地會讓我們改變心意，有很多的難處，所以在家修持是一件非常困難的事情。

修道修為一定要趁早、趁年輕，因為沒有精神與體力的話，那在修持方面都會白費了，但是在家修持又要忙東忙西，要忙事業又忙家庭，一方面又要分配一點時間來修道修為，有許多的難處所在，其實在這麼多難處當中修持，會是最有成就的，因為本身上歷練了生死離別及五倫，這些都是要親身去歷練，因此在家修持才稱為「火工道人」。我們的人生就是我們的「道」，但是我們要如何在我們的「道」當中提升自己？這是最重要的，而且要不離此心，沒有離開「心」那才是最重要的，道是在生活當中修練的，在生活當中所歷練的每一件事情，都是我們的功課，一定要去完成它，總不能把自己的功課交給別人，功課是一定要做，但是精神可以交給「雲旨」，雲旨可以讓各位有所依歸、有所依靠，精神在的話，那一切的事情就會順心圓滿處理，精神在才能夠順，乾為陽為剛，坤為陰為柔為順，陰陽順時，順這一切，所以我們一定要堅持修道的心。

谷神不死。

「谷」是指兩山之間的河流，兩個山意謂著「陰陽」，左邊的山謂「一陽」，右邊的山謂「一陰」，「一陰一陽」，天地乾坤陰陽，地之道曰剛柔，所以有陰陽剛柔才能夠成道。

山兩邊的流水流到中間叫做「谷」，反應到我們的身體上指是的我們的下顎，所謂的「華池」，以神話來說則是「瑤池」，聽說喝了瑤池的水，能夠長生不老，那因為西方瑤池指壽屬金，壽桃為代表，東方屬木屬氣，松為代表，因此說喝了瑤池的水能夠長壽，這就是神話中的傳說，其實這並非神話傳說，這是事實。我們每天無時無刻都在吞唾液，我們年輕時唾液分泌很多，尤其是剛出生的小孩子口水特別多，口水都會往外流，可是隨著年紀的增長，唾液分泌便會越來越少，尤其是到了老年之後感覺更強烈，晚上睡覺時一定準備一杯溫水放在旁邊，晚上口渴的時候可以喝，因為我們的口水開始減少了，唾液減少時，代表我們的生命力也開始在減少，因為谷裡面的水已經沒有辦法流出來，而我們華池（瑤池）的水在乾枯中，這代表著我們的壽命快結束了，那一口「瑤池」亦指我們下顎的華池，華池要充滿口水，在道家來說，口水就是「玉液」，玉液在道家來講可以讓人「還丹」，即是所謂的「玉液還丹」，亦是「九轉還丹」，這種東西是非常珍貴，所以我們修為一定要讓我們的華池（瑤池）的玉液（口水）充滿，可是我們正常的唾液分泌是有限的，那是因為唾液分泌是由上顎分泌出來的，我們的唾液來源有兩處，一處是上顎自然分泌到下顎（華池），另一處是從太陽穴分泌下來的，一般人都是從上顎分泌出來，很少有人是從太陽穴分泌出來，太陽穴分泌出來的才是真正的「玉液」，這是屬於先天的，所以我們修持、修道就是要把這兩處的水源能夠充滿華池，而由太陽穴分泌下來的，則是需要有一定的修持、修為，才能夠分泌。因此想要讓我們的玉液充滿華池，能夠還丹的話，那麼我們的神就要不死，即是所謂的「谷神不死」，谷神是指我們的自性，自性掌控了玉液的分泌，一切唯心所造，心直接通往自性，自性再策動松果體讓玉液分泌下來。

一個道德至上的人能夠成為一個聖人，聖人就可以稱為「神」，「神」是奧秘之意，老師之前有提到「道、神、德、行」，「道」是自然，「神」是「奧秘」，要用德去行神的奧秘，我們自性的神要通往道的神，道的神就是奧祕，也就是自然的奧秘，我們自性的奧秘要跟自然的奧秘相配合，意思是說我們的小周天要跟宇宙大周天相結合，才能夠讓我們的谷神不死，「谷神不死」解釋之意是我們不會老死，能夠還老返童、返樸歸真，這樣才能夠成道。

是謂玄牝。

「玄牝」亦指「道母」，「玄」即是道，而道是自然，自然就是這樣的「發生」了，地則是「創生」，人是「好生」，這是所謂的「三生」，「發生」之後，開始「創生」，天生我們的靈性，地養育我們的肉體，天地人合而為一成為一個人，我們人是來自上天的靈性、地的質，攝取天地之間的能量，才能夠存活下來，人的肉身滅亡時，物質歸於土，而我們的靈性則回歸於本位，靈性是所謂的「靈子」，我們人的靈子是最精密、最精華的，能夠配合五行之氣運作，地有地的五行，天有天的五行，天一生水，第一生「水星」，第二成之生火星，第三是木星，第四是金星，第五是土星，天是由水開始，我們人體（質）也有五行，人體叫做「質量」，我們的質有質的五行，我們的心臟屬火、腎臟屬水、肝臟屬木、肺臟屬金、胃屬土，這是我們人的五行，而我們的五行要去合天上的五行之氣，即是所謂的「還虛五行合七政」，這樣我們的谷神（自性）才會不死，我們的肉體（質）也不會滅亡，要利用宇宙（神）的奧秘。這些宇宙靈子發生了，然後來創造我們一切的質，萬物的質是靈子（舍利子）所造，我們人的肉體是靈子的精華，能夠與五行之氣互相運作、運轉，互相運作則是所謂的「消息」，一消一息，陰陽消息才能夠新陳代謝、生生不息，這是我們需要的，我們人一直在探討能夠與天地同壽，因為我們的靈體（靈子）是來自於自然，自然開始發生了，我們就有了，我們也不希望在此輪迴，我們會輪迴是因為我們有靈魂，而靈魂是我們靈子自性多出來的「渣」，因為靈子比較重，沒辦法回去，我們一世傳一世，一世一世的輪迴，「殘渣」便會越來越多，靈子就會越重，因此沒辦法回歸本位，心經有提到「舍利子是故空中」，空中充滿著舍利子（靈子），靈子都在我們的旁邊，無所不在，帶給我們能量、能源，我們人是由靈、能、質所構成的，一切所看得到的物質非純陰非純陽，物質之中都是陽中有陰、陰中有陽，我們人也是一樣的，老師常說，男性是雄性荷爾蒙佔百分之七十、雌性荷爾蒙佔百分之三十，女性是雌性荷爾蒙佔百分之七十、雄性荷爾蒙佔百分之三十，陽中有陰、陰中有陽，在天謂之「陰陽」，在地謂之「剛柔」，柔在內，剛顯於外，才有互相吸引的吸引力，地球有地心引力才能夠創生這些物質，所以這些原理我們要能夠了解。

玄牝之門。是謂天地根。

天地是乾坤陰陽，即是乾坤之門、陰陽之門，乾為陽，坤為陰；「天地之根」指的是「太極」，太極生兩儀，兩儀是陰陽，太極是純陰跟純陽未分開之時，開始分兩儀的時候，純陰跟純陽便已分開為二，再分為四象，四象是指老陽、少陰、少陽、老陰，四象之後再分八卦「乾巽坎艮坤震離兌」，八卦運作再生萬物，卦是一種象，是一種篤定不變的。

「天地的根」即是「乾坤」，亦是「太極」，陰陽未分之前，我們要回到「太極」。

綿綿若存。用之不勤。

綿綿若存指的是「靈子」，即是「究」，所謂的「能」。靈子載滿了陽氣，存在於我們的身邊綿綿不絕，這能量我們要用之不窮。

人需要兩種能量，一種是太陽的能量，另一種是吸收食物營養的熱量，這兩種熱量在維持我們的生命，一種是在維持我們的質，一種是在維持我們的靈，但是我們的靈子一定要靠這兩者互相交替維持，才能夠使我們的谷神不死，我們的自性與肉體不滅，如果肉體滅了，就塵歸塵、土歸土，但是我們的自性不會死，自性會回歸於我們的本位，但是我們如果沒有修持的話，也回歸不了，還是會在人世間繼續輪迴，但人世間的質很多，就不知道靈會附著於哪裡？附著於畜生六道都有可能，所以我們一定要好好的修持，能夠利用靈子讓我們的谷神不死以及華池充滿，讓我們的玉液能夠還丹，配合我們精氣神的大丹藥，氣化精（精華）給神用，再由自性主導分配，但這也只能個人自己所用，沒辦法分配給別人，「公修公得、婆修婆得」，這是要各自努力的。

夫妻緣、父母緣、兄弟緣，這些緣份都是「質」的緣，但是五倫八德一定也要遵守，沒有質就沒有我們的靈性，我們要好好珍惜我們的質，我們的身體可以讓我們的華池充滿真液（玉液），這是工具，然後結合我們的精氣神，玉液還丹給我們的自性用，能量的來源是綿綿若存，都在我們的身邊，摸得到，用得到，但是卻是看不見，可是是實實在在的存在，因為我們會呼吸，呼吸讓我們能活下去，這口氣如果沒有吸進呼出，那我們肯定活不下去，「呼吸」可以證明能量確實存在著。

無私章第七

天長地久．天地所以能長且久者．以其不自生．故能長生．
是以聖人．後其身而身先．外其身而身存．非以其無私耶．故能成其私．

我們人都是自私的，因為有「我執」，其實人的自私，也不能全說是「自私」，那是因為為了「我要活下去」，因此生活才會為自己著想，這是很正常的，今天外出工作，能夠帶給家庭多少質量（物質的能量）？能夠供應家庭多少能源？如果不夠的話，該怎麼辦？這是責任，人是因為責任而自私，而不是因為自私而負這個責任，每個人的家庭及生活環境不一樣，差異性是在於適不適合？是在於時間合宜與否？所以人是因為環境而產生自私，這不能怪人，環境是可以造就一個英雄，因為有這個「自私」然後產生了大愛，從關懷自己家庭成員開始，然後到能夠關懷整個大眾，這樣的「自私」是好的，但是因為過於「自私」違反了倫理道德，這樣就不好了，「自私」如果是放在倫理道德上，那是非常好的事，因為那是以一人之功利益於眾生，知道如何照顧家庭再擴大到照顧整個社會，但是現在大部份的人都只是為了自己，能夠造福大眾的人卻是很少，俗話說「人不為己，天誅地滅」，人是為己的，這是一種原動力，而仙佛是為大眾，我們可以先從自己出發，然後再成為仙佛為眾生，其實最無私的就是「天地」，天地不自私，也沒有自我，因為天地就是自然，天地就是這樣子發生了，天地自然的奧秘產生了萬物，因為有了承載萬物的責任，而天地是寬廣、浩瀚的，不會因為我們的出生而生，不會因為我們的滅亡而滅亡，而是為了大眾一直在延續宇宙的生命，同時也在扶持我們的生命，所以沒有自私。

天長地久。

天地是永遠存在著，天地沒有自我，而人有自我，因為環境以及要負起對家庭的責任與生計，才有自我，人從出生開始便進入了社會群體關係中，人的世界因為文明以及同物種的集結，才成為一個社會，也因為氣候不同的關係產生了不同的人文，在這些因素與條件之下，展開了人的生活。

從過去有人開始到現在的過程即有歷史的產生，所謂的「歷史」是指過去所發生並且可以考證的事情，像現在的事也會成為明天的歷史，歷史會產生文化，文化就一直傳承下來，不管是文化的傳承或是生活上的傳承，這些傳承造就了我們現在的習性。每個人都是以家庭為立足點，這個家庭好自己才能夠好，自己好這個家庭才能夠好，這是相對的，接受同時也是要付出，那這樣便產生所謂的「生活」，在生活當中，自然就會以自我為中心，包括動物也是一樣，可是唯獨人的靈性最高，懂得運用方法儲存物質、能量，人有物質可以填飽之後，才產生人倫、四維八德及社會關係，因此有德的社會文化產生，人之所以自私，都是為了自己。

天地所以能長久者。以其不自生。故能長生。

天地不自生，因為天地是自然發生的；地是創生，創造生命，而人是好生，天生地養，一直綿延下去，所以天地不是自生的，並非父母所生的，宇宙這個圓是沒有父母的，如果有父母的話，那便是非純陰純陽，有生者（源頭）是非純陰純陽，天地、乾坤、陰陽所講得是純陰純陽，並不是經過陰陽交媾所產生的另外一個天地，天地只有一個，是自然的發生，是純陰純陽之氣，因此天地能夠長生。

天下一切的物相都是非純陰純陽，我們人也是非純陰純陽，人有男女之分、有父母關係，因此我們要將自性回歸於純陰純陽，這樣才能夠和天地一樣長生，我們的自性就是我們的靈子，我們的質是由我們靈子最大的精華所產生，能夠跟五行之氣配合。

是以聖人。後其身而身先。

聖人是知天文地理、無私、無我相的有德者；聖人希望我們每個人都能從凡人變成聖人，因為我們的靈能質都跟聖人一樣，既然人家可以成為聖人，那我們也可以成為聖人，成為聖人之後故能長生。

後其身是指我們二五成形的肉體，身先的「先」是指我們的自性，即是三五成性的「性」，三個五的「五」指的是河圖洛書九宮格中間那個五之數，即是「土」的意思，兩個五一個陰一個陽合起來，再加上另一個「五」（自性靈子），靈性與身體結合一起成為一個人。聖人與凡人皆是如此的結合，但是聖人會利用天地所有的「能」去修持，則是所謂的

「陰陽能量」，又因為聖人知天文地理、無我相、無私為眾生不為己，才能成為聖人，而眾生是為了自己，出發點有所不同，希望各位也能夠成聖人，並且一切以眾生為出發點。

「後其身而身先」可以解釋為「歷練」，要能成為聖人是要經過歷練的。「十月懷胎，三年乳哺，九年面壁，十二年成就」，即是「後其身而身先」的意思，成就自己是要經過歷練的。

外其身而身存。

其意思亦指「長生不老」；人如要能長生不老的話，就要能夠自結丹，讓我們的身體無病無痛，在身體健康之下，長生不老才有意義，修道學道有很多的好處，其一便是能夠身體健康，又可以延年益壽。

非以其無私耶。故能成其私。

天地是無私的，我們要用天地的無私成就自己；成其私的「私」是指私人、個人、個體的意思。天地對每個眾生都一樣，太陽的陽光不管是好人或是壞人一律都可以得到，天地沒有分別心，不會去分好人或是壞人，也不會認好人壞人，只有我們人要認天地，同時也要能夠照著天地的德及人之德性去運作，那天自然會認得我們，當我們認得天時，天才會認得我們，因為天地無私，所有能量都存在著，只要我們有德能夠成為聖人，便能夠得到這些能量，老師說過「德」在天之道謂之「道」，「道」在人之道謂之「德」，稱為「道德」，德中有道，道中有德，我們要去認識自然界的一切能量，要懂得攝取天地靈子（究）的方法，這樣才能與天地天長地久，不過不要與人天長地久，因為人也只不過百歲而已，最重要的是老師希望各位能夠利用天地自然界的能量，讓自己無病無痛無憂在此過完這一生，不管活到幾歲，想要離開時便能自在離開，隨時可以把肉身放下自在的離開，只要是人都會有痛苦的，因為有七情六欲的存在，時時牽動我們的心及自性，阻礙我們的修成，其實這一切都是咎由自取，因為環境因素及習性的傳承，造就了現在的自己，才成為「火工道人」，無非是希望在這樣的環境之下能破繭而出，不被七情六欲所束縛，所以在這希望之下，一定要遵循五倫八德，沒有遵循五倫八德，依然無法成道，因為我們是「火工道人」，以自己為出發點遵循著大道而行，道的自然界才能夠成就我們。

若水章第八

上善若水．水善利萬物而不爭．處眾人之所惡．故幾於道．居善地．心善淵．與善仁．言善信．政善治．事善能．動善時．夫唯不爭．故無尤．

老子道德經是藉由天地之間自然奧秘、奧妙的關係，用經文來顯示於人，這一本經典可說已經是空前絕後了，如果要比這本經文更貼切接近自然以及接近我們人所要用的話，已經是沒有了，我們不要有認為經典都是非常難懂的心態，其實經典是一本白話文，已經明白告訴我們經文之含意，只是我們會將簡單而複雜化，如果複雜化的話，那本身對於經典原意便無法理解，一本經典不在於形色、形態當中，而是在於我們的「誠」，唯有用真誠的心來對待，才能夠體會出經文所要表達的意思。宇宙之間有三大元素「靈」「能」「質」，眼睛所能看到的物類，不管是有生命或是沒有生命，都是屬於「質」，如果是動物（包括人類），則是有「靈」的存在，我們的「靈性」是來自於虛空境界，而我們的「質」是來自於順（坤），天地之間是以乾坤為門戶，乾坤即是陰陽，乾坤門戶便是陰陽門戶。道是所謂的「發生」，在純陰純陽之下，乾坤開始滾動，混元一破，就墮入了陰陽，所以在人世間（順天之內）所看到的所有物質都已經是非純陰純陽，所謂的「孤陰不生、獨陽不長」，但是我們原本來自於純陰純陽的境界，現在是處於非純陰純陽的境界，我們要如何回到純陰純陽？因此我們一直有個問號，也在追本溯源，所以一直問為什麼，在好奇心之下，會想要去窺視了解所謂的「奧秘」，喜歡往「奧秘」的深處去研讀、了解，想知道在奧秘之中所存在的是什麼東西，「道、神、德、行」最重要的是要「行」，沒力行的話，便無法知道宇宙之間的奧秘，「神」是所謂的「奧秘」、「奧妙」，奧秘與奧妙在哪裡？所藏的秘密是什麼？人的好奇心從小時候開始，事事總喜歡打破沙鍋問到底，喜歡追根究柢，當然也包括想知道「人是從何而來」。「人之初初是夫婦；性本善善為兒孫」，這是老師所寫的對聯，夫為陽，婦為陰，我們都來自於陰陽，「一本散萬殊」、「萬殊歸一本」，那一本又歸於何處？「一本」是「一」的本來，即是「一真法界」，就是一個圓，這個圓裡面是純陰純陽，陰陽不相交。老師剛剛有講過，混沌一破，乾坤即開，一切物類非純陰純陽，那非純陰純陽該如何回歸於純陰純陽？

人的荷爾蒙是三七比例，男性的雄性荷爾蒙是七分，雌性荷爾蒙是三分，女性的雄性荷爾蒙是三分，雌性荷爾蒙是七分，這叫做「男女之分」，陽中有陰，陰中有陽，不過我們所追求的奧秘不是在陰陽之中，是要超越於「陰陽」，所以天下所謂的「眾仙佛」、「聖人」，這些無我、無私、非我的人，將所走過的路而且能夠成就的經驗，顯示於經文當中，讓處於後世的後學們能透過實修經文的理念，然後能夠陰歸陰，陽歸陽，讓自性歸於原本的來處，這是最重要的，也是最終的目的，所以老子道德經總共講了八十一章，舉了八十一個例子，這是世上難得可貴的經典，資料非常豐富，可說是無懈可擊，不管是想知道或是想探討的，也都包括在內。

上善若水。

「上善」是最好的善事，最好的善事就像水一樣。宇宙是由氣開始，慢慢凝結成水，經過幾十億萬年之後結冰，然後地球才開始有陸地的出現，所以我們看到天底下的這些物類，都是從水開始，由霧氣開始，再回歸於水，我們要了解宇宙之間是如何形成的？自然界是怎麼形成的？在還沒有人出現以前是水，是由氣慢慢開始凝結成水，水結成冰之後，再變成陸地、高山，這些開始分判出來，這是經過幾十億萬年才形成目前所看見的高山、河流、海洋，是經過很長久的時間的演變，這是一個進化，因此天下一切物類都會毀壞，毀壞之後，我們的自性還是要返回去，世界毀滅之後，還是變成水，水蒸發變成水蒸氣，這是自然界的奧秘。我們的先人前賢藉由自然界的一切變化，藉由身旁看得到的、摸得到的來提示於我們，讓我們了解我們從何而來，又要歸於何處，我們的質是從水開始，人是水做的，因為人體有百分之七十的水，百分之三十的骨頭，「水」對於我們的質來說是一個源處，我們的生命來自這個源處，而我們的自性也是同出一處，我們人分為兩個部份，一個是肉體（質），一個是靈性的，所以我們要非常明白修道到底是要修什麼？行的是什麼？我們不能盲目，也不能不知其所以然，然後去追求一些所謂的「神通」、「法術」，如過想要看這些「法術」的話，到馬戲團去看就好，魔術師是最會變的，但是這些我們不要去追求，也不要別看什麼顯化，要實實在在的修持，那才是最重要的，要實在的認知，我們要如何回歸於原本。「天下一切的物類都會毀壞」，講得沒有錯，因為一切都來自於水。宇宙有四大成份，那就是氣、水、土、火，所謂的「四象」，我們離不開這四大元素，我們的文化也是來自於水跟火，燧人氏發明了火，教人用火，伏羲氏教人庖廚（烹煮），神農氏教人耕作，這些都是前人經驗的累積，這些發明都是來自於自然，用之於自然一切的象，取這些象的意義來發明生活上之所需。

經過歷史的演變，長時間的累積，但是人類一些的智慧未必開明，誤導了一切的眾生，所以我們現在的人才會這麼多，生生不息，道是自然的發生，地是創生，人是好生，一直在綿延下去。因此不管是做事或學修也好，這一世做這一世成，希望來世不要再來成為人，人生是苦海，來這人世間做什麼呢？一切都是荷爾蒙與情緒的作用。

我們的腎臟左邊是性，屬於先天，右邊是命，屬於後天，左性右命，以五行來說腎臟屬於水，上善若水，最好的就像水一樣，這最好的水不在外面，是在我們身體的裡面，即是腎臟，左性右命，但是我們要如何用左性右命來提昇自己、延續生命？那便是要「降火提水」，我們要運用自然奧秘的定律，用在我們的本身，這是所謂的「還虛五行合七政」，自然一切的奧秘就是虛空境界，也就是「還虛」，將我們本身還虛回去，「近取諸身」、「遠取諸物」，近取我們的諸身，「諸身」在我們旁邊，你、我本身都是，即是我們看得到的，如何用我們的諸身遠取諸物，這便是「還虛五行合七政」。

老師有講過，混沌一破，開始分成陰陽，產生了宇宙及這個世界，形成的開始是有氤氣，再凝結成水，因此我們要合乎這樣的形成過程，還虛回去，要善加利用我們的水，「上善若水」，我們要記得去用它。

水善利萬物而不爭。

每個人都需要水，植物、動物也需要，水是利萬物的，能夠取到水，水便會是我們的，因為沒有水的話，我們就會活不下去，因為萬物都是水做的（包括人在內），植物沒有水，會凋零沒辦法生長，因為植物是靠著地的水、火、風在生長的，缺一不可，我們人沒有水也沒有辦法提昇我們自己，人所需要的水有分為先天的與後天的，有實在的水，有虛化的水，變化萬千，「經典」運用了自然奧秘來呼應我們人體，老師常講，我們人體是一個小周天，宇宙是一個大周天，小周天要呼應大周天靠的是智慧與學修，「讀萬卷書不如行萬里路，行萬里路不如明師指路」，讀了萬卷書行了萬里路，如果沒有畫龍點睛的那一點，也是枉然，都是白過白學，所以我們學修要了解自然奧秘以及人的由來，也要了解到靈、能、質，人是二五成形，三五成性，因此成為一個完整的人，完整的人就是所謂的「真人」，能夠稱為真人之後再還虛回去，這是我們修道最主要的目的，修道、學道不是要搞神通顯化，這是不實在的，老師一直在強調要實修實練，這是非常重要，理念、觀念沒有正確的話，一步差步步差，越走越遠，就拉不回了，要進入境界之前，要把所有身以外的萬緣、思想放下，才能夠進入境界，但是這談何容易，當要放下的時候，另一個又來了，一波未平一波又起，就像海邊的浪一波一波往岸上推，我們的思想、思維、所有的事就像浪一樣，一直來，沒辦法停下來，所以我們的念頭非常重要，這個念對我們來說是非常可惡、可恨，但是又是非常可愛，因為如果將念用在對的地方，便會是一大助力，就像我們開帆船需要一陣風來助力，「好念」如同那陣風可以成為我們的助力，如果念不好的話，前面便是懸崖，把我們推往死亡的路徑，好的念會助我們，不好的念會斷送我們的前程，可是好念、壞念我們無法分辨分別，因為未來一步我們不知道該怎麼做，也不知道對與不對？只憑著自己的感觀、感受去做事情，「我感受到了對與不對」。對與不對，一個是正卦，一個是負卦，一個是正面，一個是負面，有利就有害，有害就有利，耶穌曾經說過「當別人打了你的左臉，那右臉也要給他打」，那就是沒有辦法再去思考左右臉，因為兩邊都在痛，那念頭就斷了，斷的是害的念頭、利的念頭，所以我們要處之泰然。「泰」指的是十二辟卦的泰卦，所謂的「三陽開泰」，陰中有陽，陽中有陰，泰卦是陰陽平衡的卦象，我們要處之泰然，陰陽一定要平衡，我們要如何陰陽平衡？我們人體是小周天，體內有五行金木水火土，我們的性命是屬於水，水要提升上來，火要降下來，火在下水在上，就像煮開水一樣，水上火下，中間隔一個容器，火一開水就滾了，這時候產生了水蒸氣，回到水的原本。我們的心臟屬火，眼睛看到、感受到，心火馬上便上升直衝腦門，火氣旺就氣衝牛斗，那判斷能力就都沒有了，便無法用真性明白、了解這一切，腦子開始沉重昏眩，火氣旺往上升，水在下面，水火就無法既濟。晚上睡不著是因為腦火旺，腦火旺是因我們的思想比較旺所導致的，即是水火不能既濟、不能協調，因此我們要做一個調整，火在下水在上，心火向下而降，水才能夠往上而升，提升上來時，在我們的泥丸宮產生了奧妙，這就是所謂的「通神」，回歸於原來，水產生氣，氣帶著水往上升，再荷爾蒙經由松果體降下來，這便是所謂的「天降甘霖」，泥丸宮是在我們的頭頂，即是天頂，由天頂降下甘霖，滋潤眾生，我們的細胞就是眾生，所以水善利萬物而不爭，水不會去爭，但是我們要知道如何用水，水都在我們的身邊及我們的身上，要知道拿來用。

處眾人之所惡。

水無所不在，不管是在好的地方或是壞的地方，水都存在，不會因為是壞人就得不到水，也不會因為是好人就能得到水，這與好人壞人不相干，是要有智慧。我們的陸地、高山、海洋、河流都是由水而來，所以水無所不在。

故幾於道。

所有的星球包括地球都是由水而形成的，所以是屬於坤、屬於順、屬陰。

居善地。心善淵。與善仁。言善信。政善治。事善能。動善時。

這段經文的意思是在講「御政」；如果知道水的用處，我們要去御政，要佈署要去用它。居善地就是住在好的地方，指我們現在所在的地方；心善淵，「淵」是指往深處裡面去，心不是要放在眼睛看得到的地方，而是要放在看不到的地方；與善仁，「仁」是仁義、指「天」的意思，也就是說要與道同在；言善信之意說要去佈道、要去講，將這個好消息傳承下去，「信」是消息，是指「開闔消長」、「陰陽消長」、「新陳代謝」、「生生不息」；政善治，事善能，動善時，這些都是御政的工作，知道了、得道了，則要將正確的大道弘揚出去。

夫唯不爭。故無尤。

「夫」是修道者；我們本身就在自然界裡面，自然界的奧妙都在我們身邊，所有一切都是存在的事實，不需要去爭，唯一能爭的只是所謂的「術」而已，修道者應該要知道另外一層的方法，而不是用爭的，自然的東西不用爭，因為自然就在我們身旁，隨時可得，本來我們就已經得到了，只是我們不會去御政、伏食。

我們要與自然同在，自然界不會與我們爭，想要的話隨時可得，唯一會爭的是人的問題，人事的問題會導致你爭我奪，在現實界（質）看得到、拿得到的，會讓人想爭，但是天下一切的物類都會毀壞，為什麼要去爭呢？因此我們要少欲，便不會去爭奪。

持盈章第九

持而盈之．不如其已．揣而銳之．不可常保．金玉滿堂．莫之能守．富貴而驕．自遺其咎．功成．名遂．身退．天之道．

人心所產生的欲望是非常大，當我們眼睛看到，就會發出想要得到的意念，當得到之後，還會想要再得到更多，欲望是源源不絕，人在意物質方面的追求，便會忘了我們的「本來」，所以我們的「本來」是非常的重要。在利益前提之下，每個人會因自己有關的利益而產生選擇性，在利跟害之間做一個研判，在「人不為己天誅地滅」之下，會選擇做對自己有利而傷害別人的事，因此別人就會說我們「忘本」。「本」是道德、我們的「本來」，我們的「本來」來自於道、來自於德，在我們順天（人世間）「德」就是「道」，在無極「道」即是「德」，「德中有道」「道中有德」，「忘本」就忘了這個道德，所以不要當我們擁有了之後，還想再擁有更多，為了錢、為了利，會讓人疲勞一輩子，錢不是萬能，但是沒有錢萬萬不能，以前伏羲氏、神農氏是以日正為市，在正午時候開始交易，以物易物，方圓十里之內都可以來交易，日過了便散市，再回歸到自己的本位，繼續耕作，後來大家覺得以物易物是很麻煩的一件事情，才發現了貝殼，用貝殼當作籌碼，就是我們現在的錢，用貝殼換東西，不是買賣，以前的人比較純樸，當時發現貝殼可以用來交易時，人們就開始收集貝殼，當時貝殼代表一切權利，人的社會組織、政治便是由市場開始，這是我們人的文化，我們人所需要的當然越多越好，生活便會無慮。一些企業家年輕的時候，在宗教界是不容易看到的，因為正努力打拼事業，當錢賺到很多時，才想到未來及死後怎麼辦，希望用自己一生的努力打拼所得到的貝殼，來換自己的下半生，便開始用錢佈德、佈道，現在的宗教界都會開「方便法門」，就是所謂的「臨老投僧」、「臨死抱佛」，其實向道唯有真誠而已，道沒有什麼，只要真誠就好，上天沒有要這個貝殼，因為上天用不到，唯有真心以對上天，如果要用物質與上天交換，是沒有辦法交換的，對人來說最寶貴的東西就是物質，但是用來與上天交易換取自己的生命，那是不可能的，雖然現在科學可能延續我們的生命，可是另一層的生命是無法用我們所擁有的東西去換取的。

持而盈之。不如其已。

另一層的生命是可以靠自己打拼得到的，靠自己去學修，了解這宇宙之間的奧秘，我們便能夠延年益壽、返璞歸真、返老還童，回到我們的本來。

揣而銳之。不可常保。

「銳」是尖銳；我們要磨自己的性，不要處處爭長論短，每一件事情發生時，眼睛看到的，耳朵聽到的，感受不對或是不合自己的意，便開始爭論，爭論時有可能會性命不保，所以我們要磨自身的心性，人生的一切經歷皆是一種歷練，所謂「薑還是老的辣」，我們每成長一歲或是每長一日，就要有所經驗，這叫歷練、磨練，我們來到人世間是在歷練跟磨練，把不好的去除掉，人滅亡時唯有因果和功德帶著走，那要看自己本身是要帶走因果業力？還是帶走功德？這是要靠歷練跟磨練，什麼是好的？什麼是壞的？我們要經過淬煉才能分別，什麼是有利的？什麼是有害的？我們本身要明白。性情、情緒發生時，我們要趕快把它去除掉，做人做事一定要圓融。

金玉滿堂。莫之能守。

金、玉只是質，跟我們人一樣都是質，只是材質不同而已。亞歷山大是世界最富有的，走的時候，兩隻手都攤在棺材外，什麼都沒有帶走。人滅亡時唯一能帶走的就是「因果業力」、「功德」，做得好便是「功德」，做不好那就是「因果業力」，帶走功德的話，便能回歸本位，自性就會成為「自性」，即是成為佛，是非我相、非一切。如果擁有金玉滿堂到最後一刻，心中仍然掛念要如何分配財產，或是仍然執著於金玉滿堂，那自性則成為了「靈魂」，因為生命結束時，金玉滿堂是無法帶走的，所以我們要做功德、要修行，唯獨修行所得之功德帶得走，老師不希望各位把因果業力帶走，因為清者上升，濁者下降，煩惱越多越重，如果沒有煩惱自性便越輕，有句話說「一日無事賽神仙」，意思是說我們的思想、思維很清明，無煩惱之事，那便會跟神仙一樣，清者上升，濁者下降。

富貴而驕。自遺其咎。

有錢便會買勢，仗錢仗勢，那永遠都會陷在其中，人有很不好的心態，那就是處於高處時或是被人捧在手心中，都會有高高在上的驕傲心態，所以這種心態要經過歷練，要揣而銳之，如果沒有揣而銳之的話，就會自遺其疚，我們要像稻穀一樣，稻穗還沒成熟時都直挺挺的，當稻穗飽滿時便會低垂下來，這時候代表稻穗已經成熟可以收割了，成熟的稻穀能夠利益眾生，所以我們要像稻穗一樣，這樣才不會有所遺憾，所以不管是有錢人或是窮人也好，都要做有利於眾生的行為，才不會到最後的時候有所感慨，感慨自己什麼都沒有做，想要做之時卻已經來不及了，就像「樹欲靜而風不止」「子欲養而親不待」，我們要即時行善事，「善」是最好的事，要選擇做最好的事情。

功成。名遂。

我們要以後天之體修回先天之性，後天之體的一切不好習性都要去除掉，雖然是很難，但是還是要儘量去做，少欲望。

身退。天之道。

一切的物類皆會毀滅，質的毀滅便是「身退」，但是自性（靈性）還在，自性回歸於本位，所以我們要少欲望、少追求，但是好的追求還是要追求，人生是要經過磨練、歷練，但是在這過程當中我們要有所選擇，對我們好的或是該我們要做的都要做，人倫、五倫這一定要做，家庭及自己本身都要照顧到，因為這是我們的責任，是我們人生的歷練，也是我們的功課，一定要自己去寫，我們一定要從這方面去著手，從自己本身的立足點開始著手。

玄德章第十

載營魄抱一．能無離乎．專氣致柔．能嬰兒乎．滌除玄覽．能無疵乎．愛民治國．能無為乎．天門開闔．能為雌乎．明白四達．能無知乎．生之畜之．生而不有．為而不恃．長而不宰．是謂玄德．

載營魄抱一。

「營」指的是「算命」之意，這個「營」不是軍隊兵將所住的「營」，以玄學哲學理念的解釋，「營」是指占卜的占，用蘭尾草占卦，幾枝為一把，一把則為一個營，「營」是所謂的「算命」，指的是我們後天的命。占卜從以前到現在都有，並不是現在才有的，從有文化開始就有占卜的跡象，「龜殼」是一個最好的證明。

「魄」代表「天運」之意，「營魄」指的是人的命跟天運，亦是自然界與我們的性命，我們生活在自然界。「載」是宇宙承載著我們，即是「厚德載物」的意思，天是自然發生，地是創造生命，地球是厚實的，人是在厚德裡面所承載的物，是地球其中之一的生靈。「魄」也可以解釋為人的自性，我們生活在後天的地球上，有自身的命及自性，性命的結合，這代表著我們是一個真人、一個完人。

「抱一」的「一」是「陰陽」之意，「抱一」的意思則是人在陰陽當中生活，有日有月，我們是抱著日月在生活，所以一定要知道現在的環境是什麼，然後要去處理什麼。我們有了生命在地球生活，是地球創造了我們的生命，宇宙創造了地球，而人在地球生活，所以我們要回歸於宇宙、回歸於「一」、回歸於「陰陽」。在日月陰陽體制之下，一條線的兩端即是陰陽，中間這條線稱為「一」，挑起兩端的陰陽，「抱一」是同時抱著陰陽，有陰有陽，我們在這有形、有情的世界生活，再從陰陽的體制下回歸於太極，「抱一」便是回歸於太極，則無陰陽之分。

能無離乎。

老師有講過，人在後天形而下生活，不外乎有「靈、能、質」這三種要素，「靈」是我們的自性，「載營魄抱一」只有講質（命）跟靈（性），並沒有講「能」，性命已經有了，那要怎樣「抱一」呢？要「能無離乎」，把「能無」顛倒過來，「無能離乎」，意思是我們不能離開「能量」，能量分有形而上的能量、形而下的能量，形而上的能量是所謂的「舍利子」，形而下的能量是我們的「維他命」、「維生素」，這些來自於動植物，即是所謂「食物熱量」，這兩種能量供應我們的生命及生活，這兩種能量生生不息的循環，新陳代謝的循環，所以我們無法離開這兩種能量，一旦少了其中一種，我們的質便會滅亡，所以要知道「無能離乎」，這些能量分佈在我們的周遭，從來沒有離開，隨取可得，要回歸於太極則要靠這些能量，這些虛空境界的能量要如何攝取，這是我們要明白了解的，玄學的道德經注重的是「靈」跟「能」，很少提到「質」，並沒有教我們如何獲取物質，玄學所教導的是無形無聲無味，因為「形而上」本來就是無形、無聲、無色、無相的能量，人的自性也是無形無相，自性佈滿整個人體，所以我們要攝取形而上的能量，要能無離乎，隨時隨地、時時刻刻都不能夠離開「能」，要用智慧攝取，再用虛空境界的智慧生活，凡事都離不開虛空境界的智慧、能量。上天很有意思，創造了我們，創造了一切，創造有形，也創造無形，有形與無形是相對的，伏羲氏相信一切的「有」來自於「無」，所以我們要從「有」返回於「無」，我們的「質」是有時間性的，天下的物類一定都會毀壞，因為我們在日月當中，有日月便有消長，有消長就會有歲月，歲月的循環是從幼年開始、青年、壯年、老年，然後死去了，這是生生不息、新陳代謝，長江後浪推前浪，一代新人換舊人，所以我們在尋找另一個生命的起點與延續，對於無知的生命我們要能夠知道，這是非常重要的事。

專氣致柔。能嬰兒乎。

前面講到「靈、能、質」，加上先天之炁，即是「靈、能、質、炁」四項，這個「炁」就像嬰兒一樣純真，嬰兒呼吸是細微的，嬰兒只有吃飽睡、睡飽吃，沒有其他思維很純真，所以嬰兒不失善不失惡，強娛中不會走路的孩子稱為「嬰兒」，用手牽會走路的孩子稱為「孩兒」，嬰兒的工作就是呼吸、吃、睡，然後長大，所以我們要像嬰兒專氣致柔，呼吸不能急喘，急喘的話便會上心火，那心（火）與腎臟（水）左性右命就不能調劑，即是水火無法既濟，專氣致柔時能夠穩定心血，呼吸自然會細慢長，根本察覺不到自己在呼吸，所以平穩呼吸很重要，我們的呼吸一定要調整，呼吸平穩便不會上心火，現在天氣熱，呼吸自然會快，心臟也會加速，所有的「氣能」就開始有變化，所以呼吸一定要細慢長，慢慢地呼吸不要快，把心性調整好，如果呼吸比較急喘，性情會比較容易衝動，所以我們要像嬰兒一樣，這是形而下的功夫。

以形而上來說，「炁」就在我們旁邊，看不到也摸不著，但是卻是可以感覺得到的，感覺好像存在又好像不存在，當炁來的時候，要能感覺到它，要用我們的感覺去感受周圍的炁，炁充滿於舍利子稱為「究」，在「究」裡面我們要能滌除玄覽。

滌除玄覽。

所謂「滌除玄覽」是說要挑選好的，將壞的去除，形而下的舍利子充滿著人的意念，人的意念是一念三千，意念散發出來會充滿於舍利子中，所以在形而下的舍利子皆是人的意念，而形而上的舍利子是自然界的能量，所以舍利子有分為形而上、形而下。

能無疵乎。

充滿人意念的舍利子是我們不要的，要去除掉。滌除玄覽的「玄」是所謂的「靈」跟「能」，「滌除玄覽」的意思是說能量要用無形界的力量來過濾，挑選好的，去除壞的，所以人類的意念充滿在舍利子裡面，那是非常可怕的，人生是苦海，這苦海指的是我們周圍所充滿人意念的舍利子，這些舍利子都在形而下的周圍，當我們要吸取舍利子的能量時要滌除玄覽，用「玄」過濾，吸收沒有瑕疵的舍利子給我們的自性用。

愛國治民。能無為乎。

要用虛空境界的智慧來治國（身體），愛國治民的意思指是愛護我們的身體，身體就是質，有千萬個細胞，細胞就像是人民，而我們的形骸就像一個國家，所以要用虛空的智慧透過自性來治理我們的國家（身體），唯獨神識與神識才能相通，「道神德行」，「神」是「奧秘」，我們的自性就是神，也是奧秘，「神」要與「奧秘」相通，愛國治民就是要用能量治理自己的身體，愛惜自己的細胞。「能量」是指太陽的能量（熱量）、宇宙的能量、還有物質的熱量，虛空境界的能量給我們的自性（神）用，有形的食物吃進肚子，是給我們有形的質用，無形的給無形，有形的給有形，這就是「能無為乎」。人的身體需要食物熱量，而自性是吸無形的舍利子，舍利子在空氣中，屬於「靈能質炁」的炁，人的體內有五行，木屬肝，心臟屬火，腎屬水，肺屬金，胃屬土，所謂的「內五行」，外五行是金星、水星、木星、火星、土星，內五行一定要跟外五行相呼應，如果其中一個五行被阻斷沒有相通無法生生不息時，那人的質便會滅亡，像心臟屬火，斷了火的屬性，心臟就無法跳動了。人是五行靈子的精華，我們的五行氣要如何攝取外五行的靈子？那就要看我們的功夫與智慧了，各位所要學習就是這個，這才是真正的養生。大家上了年紀就會想要開始養生，年輕時不懂得的愛惜自己，努力拚工作而將身體弄壞，年紀大了才知道要把身體顧好，開始養生吃有機的食物，什麼叫做有機？沒有農藥、沒有化學肥料就是有機嗎？可是吃有機就叫做養生嗎？其實是不對的，因為靈能夠附著在質上，同樣的形而下的靈子也會附著在質上，生物在生長的時候，人的意念、靈子、舍利子全都附著在上面，然後我們吃了這些生物，又把人的意念吸收回來，所以「養生」並不是指吃沒有農藥、沒有化學肥料的食物，「養生」是維持自身的生命，把生命養回來，讓身體的細胞生生不息、新陳代謝。

天門開闔。能為雌乎。

「天門開闔」是指我們的泥丸宮要會開闔，泥丸宮開闔吸收形而上的舍利子，舍利子即是能量，亦是五行之炁，形而下的氣指的是頭頂以下的氣，形而下所吸到能量是維持我們後天的生命。

「能為雌乎」的「雌」指的是「道母」，道母生靈生萬物，道就是這樣自然的發生。

明白四達。能無知乎。

「四達」是「仁義禮智信」，意指「四個城門」，即是所謂的「鄞鄂」，這一定要知道。仁義禮智信，中間則為「信」，「四達」即是「元亨利貞」，「乾」在中間，「乾」亦是「誠」，要回歸於元亨利貞、要回歸於乾坤之門，要以乾坤之門回歸於先天，唯獨一顆非常誠懇之心，所以我們要誠心誠意專修於正道。

生之畜之。生而不有。為而不恃。長而不宰。是謂玄德。

自然就是這樣發生了，地創生萬物，所以任何人不能主宰任何的生命包括動植物，因為那是天地所創生的，我們不是萬物的主人，雖然是如此，但是我們可以非常細微觀察動植物的生長，觀察天時地利人和，上天創造萬物並非是要給人吃的，而是要去了解萬物在自然界的作用與玄妙。

「玄」即是自然界，自然界給予我們的德性包括了所有的一切，看得到、感覺得到的，這些都是上天給予的恩德，我們要從萬物之中了解到上天的奧妙。

虛中章第十一

三十輻，共一轂，當其無有車之用。埏埴以為器，當其無有器之用。鑿戶牖以為室，當其無有室之用。故有之以為利，無之以為用。

三十輻共一轂。當其無有車之用。

一個月有三十天，三十天當中分為上旬、中旬、下旬三個階段，「旬」是循環的意思，中國人的曆法有陰曆跟陽曆，從古代到現在皆是陰陽曆共用的，冬至、夏至這些二十四節氣是用陽曆，以太陽為主。

三十輻共一轂是上旬、中旬、下旬之意，以月亮的月圓月缺當作計算方式，稱為「農曆」，而易經八卦則是以太陽為主，稱為「陽曆」，在一萬五千多年前，我們的曆法就已經非常的準確。

三十輻共一轂，當其無有車之用；這是用古代的車輪當作一個比喻，一個車輪裡面有三十根的輻軸，比喻為「小周天」與「大周天」，小周天是指車輪的軸心，外圈的車輪是大周天，人即是「小周天」，要合乎於大環境，大環境便是「大周天」，小周天與大周天是生生不息，彼此是連貫的，沒辦法離開，三十輻亦是三十天，一個月有三十天，上半月稱為「朔」，下半月稱為「望」，「朔望」則為「陰陽」的意思，上半月為陽，下半月為陰，一天二十四小時也有分為陰陽，半夜十二點是陽的開始，到中午十二點陽已經盡了，則是陰的開始，三十輻所反應出來的是每一天有陰陽，每一個月也有陰陽，人也是有陰陽、有五行，小周天運轉要合乎於大周天，人一定要合乎於陰陽，合乎於宇宙自然，所以用三十輻共一轂，當其無有車之用作比喻，我們就像一車輪一樣。

埏埴以為器。

用土燒成有手把的器具，而裡面是中空的稱為「埏埴」，例如杯子，其意思是指代表舍利子裡面裝的是什麼東西？就像茶杯裡面裝的是什麼東西？是茶嗎？還是其它的東西？「埏埴」就是所謂的「舍利子」，就是房舍之意，裡面裝的是什麼東西，我們要去清楚明白。

當其無有器之用。

「無」即是所謂的「靈子」，是看不到，我們看得到的東西是用土燒起來的器具，如碗盤、茶壺、茶杯，這是「無」「有」的相對應，一切的「有」來自於無形界，現今的電信與科技會這麼發達，也都是來自於無形界的智慧，人也是一樣，所以我們要用虛空境界的智慧反應回去，回歸於自然、回歸於先天本位，要用虛空境界來應用於自然界所有能量、物質，我們不能把死亡當成是一個目標，很多人從出生懂事開始，便把死亡當成目標，不能有「早死早超生」的觀念，這觀念在很多的風俗習慣當中可以看得出來，人還沒死，就已經在偏廳準備了棺材，當作老本，所以人在出生時就接受這種觀念，把死亡當成目標，但是我們不能有這樣的觀念，要知道如何延續的生命，這才重要，一切的「有」來自於虛空境界的「無」，要開啟智慧的竅門，用智慧觀察來相呼應這個有，再反應於無，來延續生命。

當我們在用「有」的時候，同時要想到如何去用「無」，在伺候自己的肉體時，便要想到如何伺候另外一個自己（自性），三餐吃飽時，那自性該如何伺候？這是相呼應的。

鑿戶牖以為室。當其無有室之用。

「戶牖」是門窗的意思，在房子裡面有門窗，裡面是空空的，意思是說人的肉體（質）裝有靈性，要如何攝取埏埴（舍利子）裡面所裝的能量，攝取的方法要了解、知道。

故有之以為利。無之以為用。

在形而下的世界中，每一個質都有能量，但是並不一定有靈性存在，只有人、動物有靈能質，人有質、有靈，才可以攝取這些能量，人是靈性最高級的動物，因為我們有「智慧」能夠「語言」，而且是「頭頂天腳立地」，這是人的三大特性，如果知道利用萬質萬物的能量、懂得攝取自然界的一切能量，便是「以為利」，如果沒有辦法攝取自然界的能量，只知道吃睡等待死亡，以死亡為目標，那就是「以為用」，這兩者是有區別的。「以為利」是說人從出生到死亡之後如何延續生命，在自然界中如何延續生命，這才是我們的目標。

活到六十歲是已經成壽了，如果活到八十歲、九十歲時稱為「耄耋」，「耄耋」指的是一幅祝壽圖，圖上畫著一隻貓在戲弄一隻蝴蝶，六十歲成壽比比皆是，人要往「耄耋」前進，百歲才是高壽。

天下一切的物類都有其能量，要用我們的智慧攝取，物類的生態也要用智慧觀察，才能夠延長我們的靈、能、質，這是非常重要的。

爲腹章第十二

五色令人目盲．五音令人耳聾．五味令人口爽．馳騁田獵．令人心發狂．難得之貨．令人行妨．是以聖人．為腹不為目．故去彼取此．

八卦是伏羲氏根據天文地理、宇宙的一切形相而來的，用符號表示「乾兌離震巽坎艮坤」這八個字，即是先天八卦。伏羲氏把這些景象畫在圭壁上，即是玉的石壁，這圖象鑿刻在圭壁上，比較不容易受到某些因素而抹滅掉。現在的八卦在道教發揮的淋漓盡致，例如用於避邪方面或是抓鬼的法術上，其實八卦是自然界的東西，在各位還沒有認識八卦之前，常常會被電視報導或是坊間書籍所誤導，認為八卦可以用來避邪，當做神器來用，可是神器不可為，不能把八卦當作神器，更不能用來對付鬼神，如果是這樣，那就是將八卦變成法術。老師常講八卦是把「道」畫出來，宇宙這個道是沒辦法言語的，只能夠用畫的，畫出來之後，人看了就能夠意會神領，道即是神，在以前「神」是指奧秘、奧妙之意。

八卦的「乾兌離震巽坎艮坤」這些名稱、位置及作用都不一樣，八卦的符號所代表之意義是什麼？其作用是什麼？這些是值得探討了解的。一直以來不管是那一個宗教，都有在探討宇宙的奧秘以及靈性如何回歸於本位，才有所謂的「近取諸身；遠取諸物」，「近取諸身」亦是指我們的身體及周邊，「遠取諸物」是指日月及五行星，所謂的「七政」，用七政合乎我們的內五行，內五行是指我們的五臟六腑，在黃帝內經有講到五臟六腑的屬性，這些屬性對應著自然的屬性，例如心臟屬火對應火星，「屬」是屬性的，並不是絕對的物質，「還虛五行合七政」，人的內五行一定要合上天的七政，即是小周天應付大周天，如果身體好的話，就可以遠取外面的諸物，如果身體不好時，體內的五行無法相生，因而產生相剋，那小周天就無法運作，也沒辦法與外在的五行呼應，所以一定要把自己的身體照顧好，讓身體的五行能夠相生，如果其中一個五臟六腑的屬性阻斷了，那肉體便會滅亡，例如心臟的火與火星的靈子不能相通時，那心臟就會停止跳動，即便其他器官好好的也沒有用。

八卦的每一卦都有屬性，乾卦代表陽代表著天，在五倫關係代表著父，坤卦代表陰代表著地，在五倫關係中為母，所以乾坤為天地、父母，以宇宙靈子來說的乾代表陽氣、坤代表地磁。

五色令人目盲。

「五色」是指五顏六色；彩虹有七種顏色，是由三原色搭配而成的，因為顏色實際只有三種顏色，所有顏色都是由三種顏色變化出來的，所以顏色不只五色，「五」則代表很多、很大的意思。

五色令人目盲，目盲時便開始追求美好的一切，這會讓人拘於現狀，大家都喜歡看漂亮的，感覺花花世界的人生是多麼美好，賞心悅目，但是當我們大限來時，就不願意離開，因為世間太美好了，擔心要去的另外一個世界不是美麗的地方，也害怕去未知的地方。「目」

即是我們的眼睛，代表離卦，代表美麗的「麗」，絢麗、光明的意思，屬於南方。先天八卦是既定的，是天地水火山澤風雷的自然現象，乾坤是父母卦（天地），生六子（水火山澤風雷），稱為「六岦」。

「放之於彌六合」是將內五行之氣放於「彌六合」，太極生陰陽，陰陽開始消長、新陳代謝、生生不息，月球有消長，即是朔跟望，上半個月為消，下半個月為長，地球運行於太陽軌道也有消長，即是一年中四季的消長，立春、立夏、立秋、立冬。現在是立秋，秋天的風吹起來很涼爽，但是因為沒有水的滋潤，會比較乾燥，秋天的屬性是屬金。立春的風比較濕潤，因為有雨氣，二十四節氣的冬至是一陽生開始，由地底產生震動散發出熱氣，熱氣升到雲層遇到冷空氣就下雨，所以春風是濕潤的，這也代表著生機。冬至代表陰極而陽生，夏至代表陽極而陰生，這是四季的消長，「日月光陰任消長」這是一年消長，消長才能新陳代謝，生生不息，人也要有新陳代謝、生生不息，將舊的、不好的細胞汰換成新的細胞。

五音令人耳聾。

「五音」代表很多的音樂，如果在於現世上的話，聽到這些好聽的聲音，大家都一定會去尋音，但是「五音」還有另一層面意思，「五」是河圖洛書的數居中為中宮，是屬於土，「中央戊己土」指的是「五」，二四為肩、六八為足、左三右七、中宮為五，縱橫加起來都是十五，這是河圖洛書的「數」，奇數為陽，偶數為陰。

五味令人爽口。

「口」為八卦的「兌」卦，目為離卦，耳為坎卦。八卦有分先天八卦跟後天八卦，先天八卦是既定的，六子也是既定的，「消息」、「消長」、「新陳代謝」也是固定的。但是「五」的意思是指我們修持能量、能源的八卦，這有一個轉變，由先天八卦轉化為人世間形而下的八卦之後，變成東邊為震卦，西邊為兌卦，南邊為離卦，北邊為坎卦，東南邊為巽卦，東北邊為艮卦，西南邊為坤卦，西北邊為乾卦，這是修行的氣、能量、能源的八卦，是配合著「五」的五行八卦，是五行加上八卦，它有其屬性。我們背著坎面向南，坐北朝南，天子的座向都是坐北朝南，這是所謂的「子午線」，以人體的臉部來說，頭頂為午，下巴為子，剛好是子午線，子午線即是「通天線」，人子午定位之後便能夠通天，與天地同在，就能進入到真空境界取智慧，我們一定要背著坎面著離，因為坎是為水為陰代表黑暗，離是為火為陽代表光明，即是背著黑暗面向著光明之意。

兌卦的屬性是「澤」，地球的創生是由苔蘚開始，苔蘚也是最早的植物，再慢慢演化成灌木，這些植物都需要有水，水是在低窪的地方才有，那就是「澤」，在澤的旁邊開始產生一些樹木，有樹木之後，美好環境建立好了，開始適合動物出現，動物則是從爬蟲類開始產生的，由海底發展到陸地，由兩棲發展成水中動物與陸地動物，所以動植物的創生是由澤開始發生的，我們常聽到「恩澤」這個名詞，言下之意是對於「澤」要感恩，因為生命是從澤開始。

兌卦為「口」，「口」是「說」，代表「悅」、「高興」，在八卦的屬性中兌卦為羊，艮卦為山，震卦為龍，乾卦為君，伏羲氏畫八卦都是根據自然界的人事地物，巽卦為長女為風屬性為雞，最早畚養的家畜是由雞開始，兌卦的屬性為羊，我們拜拜的三大牲禮之一就有羊，羊是犧牲自己奉獻給天，希望上天高興、喜悅能降下福氣恩澤於黎民百姓，所以修道者一定要犧牲奉獻的想法、心態，要像羊一樣利益於眾生。

五味令人口爽也是不離「五」；人修為的成就與「戊己之功」有重要的關係，戊己之功有戊跟己的屬性，東方屬甲乙，戊己屬中央屬土，一個是先天之土，一個是屬後天土，先天之土是鑿在圭壁上的先天八卦（伏羲八卦），後天之土是五行八卦，先天八卦與後天八卦都離不開「五」。

馳騁田獵。令人心發狂。

這句話是指後天的欲望，一直處於追求物欲之中，必會迷失方向，因為一直跟著獵物跑，認為那是自身所需要的目標。追求所要的一切會讓人發狂，心有所屬、心有所向，一直在盲目的追求五音、五色、五味，這些是人所追求的物欲。追求自己的欲念，那心就發狂了，不惜一切代價都要追求到。

難得之貨。令人行妨。

從有人的世界開始就已經有仿冒了，並不是現在才有的，在以前仿冒之意是指「旁門左道」，正道不走，而仿冒正道，真正的跟仿冒的看起來很相似，會讓人目盲，也會讓人心發狂，因為仿冒的一定會吹說的比真正的還要好，先天八卦及宇宙自然界都是既定無語的，旁門左道一定會開始鼓吹，賣瓜的說瓜甜，利用一些言詞打動人心，才能夠讓人發狂盲目的追求，無法分辨什麼是正道？什麼是旁門左道？因為仿冒的很像，有些旁門左道會顯化神蹟，其實顯化是先破壞然後再來建設，先有大水再來救災，所以顯化並不是一件好事。追求好的、追求晉級的有另一種方式，並不是用顯化來表示，是要提升我們的心及行為。

是以聖人。為腹不為目。

「目」代表感覺、感受之意，是我們的靈魂之窗眼睛，眼睛看到後，感覺、感受直接進到我們的神識，神識感動到我們的意念時，意念會放射於空中的舍利子之中，以達到心想事成，為了這心想事成，就開始打拼、行仿，正道不走，開始走仿冒的旁門左道，攝取別人的經驗過程，而自己卻不去經驗、走過程，只是去行仿別人的經驗過程。

「聖人」是成道者，是無私、無我的人；聖人是以為眾生為出發點，而我們眾生是以為自己為出發點。

以近取諸身的屬性來說，腦為君主為乾，腹為坤，腳為震，雙臂為艮，目為離，耳朵為坎，口為兌。「腹」是坤，即是指大地、為順，所謂的「創生」，大地能納百川，能納一切的眾生，然後創造這些生命，讓地生生不息，所以聖人要知道生生不息、創造生命，要創造物質以外的另一個生命，就是我們的自性，而自性要能放之於彌六合與乾坤六子（坎離震巽兌艮）相合，這六卦都在自然界之中，也在我們的旁邊，我們要將自己合於自然界，放之於自然，收合自然界的靈子能量。「為腹」是說我們要像大地一樣能夠容納，地是處於低處，地有地磁，屬陰。不為目的「目」表示追求之意，目（眼睛）是長在高處，我們不要往高處看，不要攀高，不要看高不看低。

故去彼取此。

意思是說經文之中有些是代表有形的、有些代表無形，要能夠意會了解，了解不到其意的就照字面上解釋，那也是另外一種含意，所以看老子道德經是以「層次」來看，不是以角度來看，角度是「同層次」，只是切入點不一樣而已，「層次」是階層性，看是用哪一個層次來看老子道德經，一般眾生來看的話，自然會認為讓人目盲的東西就不要看，讓人耳聾的東西就不要聽，可是在目盲與耳聾之前有個「五」，這個「五」與我們修行有很大的關係，「五」是五行八卦的「五」、河圖洛書的「五」，四十五數跟五十五數，其中暗藏一個十在中宮，十是偶數，五是奇數，奇數為陽，偶數為陰，土則分有先天之土及後天之土，這是要明白了解的。

寵辱章第十三

寵辱若驚．貴大患若身．何謂寵辱若驚．寵為上．辱為下．得之若驚．失之若驚．是謂寵辱若驚．

何謂貴大患若身．吾所以有大患者．為吾有身．及吾無身．吾有何患．故貴以身為天下者．可以寄天下．愛以身為天下者．可以託天下．

老師常講你們可以想，想了之後便會契心，以心印心，但是在想的時候可能會產生空相或是境界，如果是有目的或是有欲望的想，那就會產生空相，而且會在空相之中築巢，建築自己的世界，這就不是所謂的「境界」。要進入境界時，本身的自性與後天肉身（質）一定要靜下來停止一切運動，再以後天之體帶動先天之性，進到一個寂靜的世界，即是進到一個無我的境界，空相是「有我」，所謂的「有我」就是「我想要」、「我要做什麼」，這樣便無法進入到境界，只有在空相中築巢，建造自己的世界，但是心裡面所想的與現實世界卻是不一樣，那便會產生幻想，自己內心有理想要追求，這是非常好的事，但是不能有空相與幻想產生，因為會影響到自己的身心靈，所以各位一定要了解「境界」與「空相」的差異性。

大家專心在雲旨玄學境界中學習，不要胡思亂想，實修實練，這是「愚」，「愚夫識得還鄉道」的「愚」，「愚」不是傻的意思，「愚」是說自己本身認為這是正道，就直直地走就好，不會走到其他的地方，「愚」是懂得仁義的人，「愚」是「遇」加上「心」，人要從本身的心開始做起。天曰陰陽，地曰剛柔，人曰仁義，我們要從人道、仁義開始做起，「兄弟有義」，「夫妻有義」，「朋友有義」，力行仁義禮智信，一條路一直走，這就是「愚夫識得還鄉道」，「還鄉道」的意思是我們從何處來就回到何處去。

寵辱若驚。

龍代表君王、代表震卦，「寵」的意思是龍被罩住了，震卦被關住了。宇宙中有太陽，太陽一震產生了日光，開始有了生機，我們的地球是先由水開始，然後結冰演化成土壤，在土裡面一震形成了山川海、平原，產生了適合人的生機，「震」在二十四節氣代表「一陽生」，為子月冬至，由地底下一震開始產生生機。而以人體來說，在會陰處附近一震，脊椎的二十四節氣馬上往上衝，直衝到我們的泥丸宮，然後天門開闔，這即是「寵辱若驚」。我們的龍被肉體包住了，要震開產生生命的話，就要有為而無為，無為而有為，要用「辱」，「辱」是要由有為而無為的意思，「辰」為無為，「寸心」是有為，「若驚」是說驚嚇之後便開始爆炸震開。

貴大患若身。

人有肉體，如果知道可以修道、修為的話，那就可以延年益壽。我們要修行的話，身體一定要保持健康，這樣才能夠以後天之體來修先天之性，以「有為」吸取宇宙靈子的能量供給我們的自性（靈），用宇宙的靈氣來治我們的靈氣，以靈治靈來增加我們的道行，提升我們自己，只有人才能夠提升自身的自性，要提升自性則需要靠我們本身的智慧攝取宇宙先天的能量。

何謂寵辱若驚。寵為上。辱為下。

「寵」意指我們的自性，常會聽到地理風水提到龍脈、龍穴，為何以龍為代表？因為龍即是生機的意思，代表震卦，所以好的地理便說要有龍脈、龍穴，以龍為主。龍是屬東邊、屬震、屬雷，東邊一震，整個生機開始動了，巽卦為風為長女，震為長男，風是無所不在的，每一個空間環境都會有風的存在，有風的存在便會有生機，有生機就一定有風。「辱」指的是「眾生」，表示「有為」之意，「寵」則是「無為」，我們要用有為來催動我們的無為，要用感覺來催動感受。

得之若驚。失之若驚。是謂寵辱若驚。

修道要成功是因為我們的肉身，不成功也是因為我們的肉身。「寵」即是蓋子罩住龍，意思是說過於疼惜、寵愛自己的身體而不修為，別人說修為是苦、修行需要守戒律，有很多的限制，便不願意讓自己受苦，只想要享受自由、沒任何的限制，認為存好心、做好事即是「修」，那何必非得要修行呢？

打雷一震動催動生命，便開始了生機。「驚」就像是我們在打雷時的驚怕樣子，在我們身體百脈俱通之前，身體會有如雷聲般的聲音出現，那便是奇經八脈都已經通了，這即是所謂的「生機」。當我們在靜坐時或是靜靜的時候，有像雷聲出現時，不要被驚嚇到了，這表示「百脈俱通」，百脈俱通便是創造生機，百脈沒有通的話，就無法創造生機、生命。當百脈俱通時我們會驚嚇，這即是「若驚」。失之若驚是說百脈已俱通時，卻沒有好好應用，那還是沒有得到，所以天才要加上努力才會成功，雖然是天才，但是不努力還是一樣，老師也是在寵辱若驚之後開始修道，再得之若驚，是先從自性開始俱通，然後才是身體的百脈俱通。「是謂寵辱若驚」這是在講「百脈俱通」，奇經八脈暢通無阻。

何謂貴大患若身。

太注重自己的身體，卻不知道要利用身體來延續自身的慧命（自性）。身體並不是讓我們來人世間享樂用的，或是只是來到人世間順勢為人，渾渾噩噩過一生。「貴大患若身」，我們要時時警覺，人只不過百年身，要趕快利用身為人的最佳時機，因為我們的身體是由自己做主，不是別人做主，所以要利用身體趕快修持，讓自己能夠寵辱若驚、百脈俱通、產生生機，能夠在世有所修為。

吾所以有大患者。

我們有這個肉身要趕快用有為的行為與天地合一，這是所謂的「天人合一」，放之於彌六合，與乾坤的六子結合在一起，吸取這些山川的靈氣、能源，讓我們的百脈俱通，廣納靈子的能量給我們的自性，來增加自身的慧命。

為吾有身。及吾無身。吾有何患。

為吾有身是指我們的肉體（質）；及吾無身是指我們的自性；自性是一個靈體，是五行靈子的精華，靈附著在質當中成為一個人，而人可以吸取能量。能量有自然的能量以及食物的能量。

故貴以身為天下者。可以寄天下。愛以身為天下者。可以託天下。

這是剛剛老師講的「放之於彌六合」的意思，六合是指乾坤六子，我們要與自然同在，利用自然界的一切屬性來幫助吾身及自性，當我們有身時則要趕快，當我們無身時想要也得不到了，因為沒有寵辱的「辱」來催動這一切，無法用「有為」來催動「無為」，我們有好的身體要明白如何用，身體是要用在修行上，並不是只有用於結婚生子、工作上，襲明傳承、家庭溫飽是必然的，但是還有另一個「無身」，「無身」、「有身」、「寵辱」這些都要，所以現在有很多「火工道人」，也是「道降火宅」的意思，指的是在家庭修行的人，其實家庭修道非常難，火工道人真的很難修，修行也要是顧及到五倫的倫理，因為這是我們的功課，要好好把握目前的環境狀況，把每一章功課好好地寫完，要用仁義，「仁」是兩個人組合，有仁就是道德，「義」指的是父母、兄弟、夫妻等五倫關係的義務，把家庭的事當成是自己的義務，要把家庭的責任承擔下來。

道紀章第十四

視之不見．名曰夷．聽之不聞．名曰希．摶之不得．名曰微．
此三者．不可致詰．故混而為一．
其上不皦．其下不昧．繩繩兮不可名．復歸於無物．
是謂無狀之狀．無象之象．是謂恍惚．迎之不見其首．隨之不見其後．
執古之道．以御今之有．能知古始．是謂道紀．

視之不見。名曰夷。

看到了又不見了，以哲學理念來講，有正就有副，看得到又看不到，這是所謂的「實者虛之」、「虛者實之」，八卦的正卦之下有反卦，反卦之下也有正卦，所謂的正面之下有反面，反面之下也有正面，一件事情是一體兩面的，意思是在講「靈」跟「質」的關係。玄學所講是「靈」跟「能」，而易學講的是「能」跟「質」，老師說過「靈」「能」「質」是具體存在的。

「夷」以字面上來解釋是指在東方未開發的一個民族，看得到都已經開發完成，但是看不到的地方，還沒有開發，未開發表示還保持著原有種族的民族性、保持著純真、純潔，沒有被污染。「夷」代表東方一支還沒有開發文化的族群。

視之不見；看得到的稱為「實」，看不到的是一種「純真」，還沒有開發，這段經文是用「族群」來比喻「看得到的」與「看不到的」，即是「正」跟「負」的比喻。視之不見亦指「虛空境界」，能夠看得見的是「實相界」，「虛空境界」是我們還沒有開發的地方，是非常「真」的地方，是沒有受到污染、很純潔的地方，所以我們要去開發「虛空境界」，拿到那種純樸、純淨的能量。

人所散發出來的氣息其實是很髒的，因為我們的皮膚會呼吸，吸氧氣吐出不要的二氧化碳，而人有很多不好的意念，像是「五蘊」、「三毒」、「七情六欲」，這些都是人散發出來的意念，這些意念會充滿在空中的舍利子裡面，意念是看不到的，但是意念是可以表現出來的，人在想什麼，我們是無法得知的，但是人有好奇心與窺視的心態，別人在想什麼，我們會好奇想要知道，這是所謂的「放射力」與「吸引力」的作用。虛空中視之不見的東西是靠「放射力」跟「吸引力」來傳遞的，老師常講要把我們的「鄞鄂」、「界限」鞏固好，不要隨便將意念散發出去，因為意念放射出去等於在放射我們的能量，就好比太陽一樣二十四小時都在放射熱量，太陽爆炸放射出日光，地球一震形成了山川海，而人的思想一震，產生了念力，放射出能量，窺視別人的同時也是要放射自己的能量，如果我們沒有把城池（鄞鄂）做好，當被窺視時，別人不好的放射力進來，我們就會馬上吸收，彼此互相吸收來吸收去，這是念力的放射力與吸引力，也是視之不見的東西。

視之不見的放射力在一個族群未開發的地方，是指思想非常單純的人，從早上起床之後，便開始過著單純的生活，沒有現代文明的生活。開發的越文明，人的思想念力就會越複雜，如果文明未開發，那人的思想能力是單純的，所以當我們看到現在的文明，我們的思想就要像沒有開發的民族一樣單純，像現在是3C科技發達的時代，也是我們目前的生活，但是我們的想法要保持單純，如果想法不單純的話，便會產生很多的放射力，放射力即是在放射我們的自性光，我們的靈能夠牽引我們的能量，再將能量回返「光」到自性時，這等於在消耗自己的生命，如果鄞鄂界限沒有做好，便會產生很多的思想放射、能量放射，因而消耗了自己的生命，所以我們一定要保持靜，靜而能定，定而能凝神，「神」即是自性，把自性凝住，但是人的思想、念力太多、文明太多、欲望太多而凝不住神，所以我們的想法要像「夷」一樣單純，雖然我們文明的生活勢必要跟著時代的腳步走，不然就會落伍，但是我們的思想、念力一定要保持單純，這樣才會提高生活品質，包括看得到的或是看不到的都能夠提升。

聽之不聞。名曰希。

人是一種好奇心很重的動物，譬如門開了小門縫，走過去的人都會看一下，會好奇想知道門縫後面有什麼東西，人就是有好奇心及窺視的心態，這是人的心態，每一個人都一樣，是正常的。

現在科技非常發達，每天都會有新聞在播報，「聞」是指從遠方來的消息，我們坐在家裡看電視或是報紙報導著世界各國所發生的事，這叫做「新聞」，從遠方來的消息。因為有好奇的心態，會想要知道哪裡發生了什麼事情，這是所謂的「八卦」，喜歡聽八卦，即是「心猿意馬」，眼前的管不著，想要管更遠的，就像「聽說」，「聽說」也是「聞」，現在聽我說是「新聞」，昨天聽我說是「舊聞」，但是「聽說」往往是不正確、不實際的，因為「聽說」而來的都是沒有經過驗證，人云亦云，便很容易道聽塗說，那「聞」就會變成「謠言」，別人說聽某某人講，某某人又聽某某人講，昨天發生了什麼事情，結果一路求證下來，卻沒有這回事，他還是聽某某人講，這種「聞」，便叫做「謠言」。

其實「聞」也有一體兩面，好的即是從遠方捎來的消息，如果是用不好的窺視心態，那「聞」就變成了「謠言」，一昧跟進不求事實，所以名曰希，「希」是「風聲」，聽到風聲就來，我們學道辦道學修一定要實修實練，因為聽來的不一定正確，所以一定要親身去體驗。

搏之不得。名曰微。

「道」是抓不到的，「舍利子」也是抓不到，因為「舍利子」是非常的微小，人的念力同樣也是抓不到的，念力散發出去時，我們的能量就已經消耗了，同時也在消耗生命。太陽光代表熱量、舍利子，舍利子是故空中，無所不在，但是無法抓住，太陽光即是一種「能量」，我們的能量有兩種就是太陽的能量與食物能量，食物的能量稱為「熱量」，太陽的能量稱為「溫度」（熱能），自然界的能量是沒有辦法去抓住的，不過自然能量是無限免費供應的。

此三者。不可致詰。故混而為一。

我們的念力、放射力、吸引力是不能分開的，無形與有形是一體的，意思即是「靈能質」

這三樣的東西是無法分開。「為一」的「一」是指在最真誠、最純潔的地方，沒有受過污染的地方。

其上不皦。其下不昧。復歸於無物。

「皦」是光明；「昧」是黑暗；「其上不光明，其下不黑暗」是「惟恍惟惚」的意思，這是一種境界，亦是日月精華交媾的時候。其上不皦，其下不昧，指的是農曆二十八號到初二，這五天是日月精華交媾時間。

復歸於無物解釋為「沒有東西」，意思是指「能量」，能量是看不見也抓不到，但是它是存在的，而且是人所要追求的，可是我們不必去追求擁有，因為能量隨時隨地存在，同時也存在我們的身體裡，所以不要執意地想擁有。

繩繩兮不可名。

「繩繩兮」是沒有中斷的意思；「不可名」是說「道」沒有名字，即是指「道」，各宗教、各門派對於「道」稱呼有不同的名詞，其實講得都是「道」。「繩繩兮不可名」是說「道」綿綿若存，就在我們的身邊。

是謂無狀之狀。無象之象。是謂恍惚。

無狀之狀，無象之象即是一種境界，亦是天地交媾五行靈子之精華；「是謂恍惚」意思是好像有又好像沒有，好像沒有又好像有，說祂不存在，卻又存在，可是我們又看不到，沒有祂又不行，因此「天地交媾的境界」是無狀之狀、無象之象，是謂恍惚。

迎之不見其首。隨之不見其後。

這是指「道」、「自然」，我們都是在自然當中，無法看見自然的頭，也無法看見自然的尾巴，沒有起點也沒有終點，宇宙自然覆蓋了一切，由此可見人在其中是多麼的渺小，所以我們要去了解宇宙自然的奧祕與奧妙。

執古之道。以御今之有。

「執」是掌握，「執古之道」是指從以前到現在歷史有記載的、有實證的；「以御今之有」是說以現在所了解到的核對過去所記載的，然後再依此返回去。這是所謂的「實者虛之」，現在是「實」，過去則為「虛」。

能知古始。是謂道紀。

「能知古始，是謂道紀」亦指「宇宙觀」；從宇宙發生之後，開始有了星星、月亮、太陽，太陽爆炸發光，地球形成，然後開始生靈生萬物，這是「執古」。「道」是從以前發生到現在，我們要了解「道」是如何發生的，要去證實「道」的開始，有很多的實證實例，我們不要用「聽說」。

「道」在人間曰「德」，「德」在天為「道」，即是「道德」之意，我們要了解凡事有虛就有實，有實便有虛，奧秘的虛空境界是純真能量，人的能量是來自這純真、無污染的境界，因此我們要把念力、欲望儘量去除，把自己的鄞鄂鞏固好，不要讓自性一直往外放射，這樣也等於在消耗自己的生命，所以我們的思想要像未開發的民族一樣純真，才能與虛空境界的能量相通。如果有人用自身的能量以有為方式給予加持的話，那就不要，因為人本身的氣很髒，況且那也並不是虛空境界的能量，所以要攝取虛空境界純真的能源，自己本身一定要實修實練，實修實練是非常重要的。

不盈章第十五

古之善為士者．微妙玄通．深不可識．夫唯不可識．故強為之容．豫兮若冬涉川．猶兮若畏四鄰．儼兮其若客．渙兮若冰之將釋．敦兮其若樸．曠兮其若谷．渾兮其若濁．孰能濁以止．靜之徐清．孰能安以久．動之徐生．保此道者．不欲盈．夫唯不盈．故能弊不新成．

古之善為士者。微妙玄通。深不可識。

在古代只有皇帝可以祭拜天，而百姓是祭拜土地，因為在帝制時代皇帝稱為天子，奉天承運，皇帝講話代表上天的意思，也代表著天的運作，所以百姓是沒有辦法祭天的，古代是農業社會，百姓是靠耕作過生活，土地與百姓的生活是息息相關，因此百姓祭拜土地，以求農作物的豐收。「皇天后土」，「皇天」指的是皇帝祭拜的天，「后土」則是指百姓祭拜的大地，「后」代表女性，女性為坤，坤亦是地為順，大地之母，所以稱為「后土」。

古之善為士者的「士」指的就是「士農工商」的「士」，「士」排第一；讀書人或當官的人，要了解宇宙的玄妙，天文地理都要知道，才能夠輔佐皇帝（君王），而耕作的百姓只需要知道二十四節氣，知道何時該耕作種植就好，當時是依照所謂的「農曆」來配合「二十四節氣」耕作農作物，「農曆」是以月亮繞著地球走的行度來計算的，即是所謂的「陰曆」，

「二十四節氣」是以地球繞著太陽走的行度做計算，則為「陽曆」，中國的曆法（夏曆）是非常的精準，而且是陽曆與陰曆共用。

夫唯不可識。故強為之容。

「夫」即是修道者；「故」是「以前」的意思，從以前到現在；「強」亦是「乾」，「天行健君子自強不息」為「乾」之意，宇宙為「乾」為「陽」則稱為「強」；「為之容」的解釋是大肚能容，亦指為「坤」；「故強為之容」是「乾」「坤」的意思，也可以解釋為「乾」的這一點真精落入「坤」之中，

修道者不可以不知道「乾坤門戶」，要知道「道」是從以前就有了，要知道「天地」、要知道「陰陽」、要知道「剛柔」、也要了解「八卦」。現在八卦的卦爻都是橫的，其實以前卜卦用的龜甲上自然界陽能的符號是畫直的（|），坤則是畫橫的兩段（- -）代表陰，代表陽光直射到我們地面，即是這一點太陽真精直射進到大地裡面，然後開始消長，新陳代謝、生生不息的運作，這是修道者不可以不知道的，一定要明白。

豫兮若冬涉川。猶兮若畏四鄰。儼兮其若客。渙兮若冰之將釋。敦兮其若樸。

這段經文是在講道理；修道者要了解一切自然界的微妙，要了解所謂四季的變化。

豫兮若冬涉川，豫（現今河南）這個地方的河川在冬天結冰是很薄的，要過河川時要如履薄冰，步步為營，意思是說修道者要像如履薄冰，步步為營，要非常的謹慎，小心的求證。

「小心求證」亦是猶兮若畏四鄰之意；修道者的行為要像如履薄冰一樣謹慎，也要小心求證每一件事情，不要人云亦云，沒有求證的觀念。

儼兮其若客是說對待自己就好像去別人家作客一樣嚴謹、不隨便，意思說到了一個地方，要非常嚴謹而且小心求證，不要一昧地跟進。

曠兮其若谷。

「曠兮」是指很空曠的地方；「谷」是兩山之間河流匯集處，代表陰陽；空曠的地方是沒有高山的，也沒有山谷，但是還是有陰陽，不管是在哪一個地方都有陰陽，所謂的「一物一太極」，有陰陽就要有規矩。我們不要有來到道場才是修道、離開道場便不是修道的心態，道在我們的生活中，我們二十四小時都在道之中，要時時刻刻力行道，也不要是為了某個人或是某件事情而來，當某個人不來或是當事情處理好時，就離開了道場，「修道」好像是為了別人，不是為了自己，老師常講不要去修人情道，「公修公得，婆修婆得」，來道場修道是要為了自己而不是為了別人，如果是為了某個人或是某件事情而來，那就不要了，因為沒有意義，為了自己而來，那才有意義的。

渾兮其若濁。

渾也是濁，濁也是濁，但渾跟濁不一樣，濁是已經很濁了，渾是在很濁之後開始要變清的時候，「渾」即是渾沌，渾沌未判之時，然後開始分清濁，濁者下降，清者上升，所以濁是來自於渾，清也是來自於渾，我們都來自於渾，但是我們要把濁去掉，回於渾沌陰陽未判的時候。

孰能濁以止。靜之徐清。

將一桶很濁的水靜靜地放著時，重者會下降，輕者會上升，上升就是清，重者就是濁，為什麼濁會下降？因為天清地濁，天下一切有形的物類都會毀壞，毀壞時便歸於土，土是濁的，清者就上升，地很偉大，地為順，大肚能容，不管是什麼東西都能容納。

靜之徐清，靜而能定，定而能凝神，我們的神是清的，而肉體是濁的，不管是好的意念或是不好的意念，都在餵食我們的靈，如果是好的意念我們就會上清，不好的意念我們便會下濁。

孰能安以久。動之徐生。

安而能定；靜久了之後就會動，一個正卦，再來就是一個負卦。動之徐生意思是另外的重生，能夠靜的時候，便可以產生另外一個「你」，這個「你」即是我們的自性，可是要生一個「你」，就要先把欲望去除，才能夠靜以徐生，再生一個「你」出來。

保此道者。不欲盈。夫唯不盈。故能弊不新成。

這是所謂的「新陳代謝」，壞的去除，讓新的進來，新的將壞的推掉，「盈」是滿出來的意思，代表流動；沒有辦法新陳代謝的話，就像茶杯裝著舊茶水沒有倒掉，而裝不進新的茶水，便會壞掉，如果細胞能夠一直新陳代謝，亦會永遠保持清新、輕盈不生病，才能夠長生不老，所以我們一定要新陳代謝，清者上升，濁者下降，要知道「微妙玄通」，利用宇宙的能量讓我們的身體能夠新陳代謝，不要從出生到老死都是用相同的細胞，一般人都是這樣的，沒辦法新陳代謝，如果有辦法新陳代謝，故能弊不新成，那我們的身體就不會生病，器官也不會老化，所以要能新陳代謝，需要用靈跟能來保持我們的質，還要加上「炁」，「靈能質炁」對人來說是非常重要的。

復命章第十六

致虛極．守靜篤．萬物並作．吾以觀其復．夫物芸芸．各歸其根．歸根曰靜．靜曰復命．復命曰常．知常曰明．不知常．妄作凶．知常容．容乃公．公乃王．王乃天．天乃道．道乃久．沒身不殆

致虛極。守靜篤。萬物並作。

要進入到虛空境界，首先一定要「靜」，要達到靜的境地，才能進入到虛空境界尋找「智慧」。如果整個心思一直在動，沒有靜下來的話，那虛空境界的「智慧」便無法顯現，心要靜下來，一定要心無旁騖，不要讓其他事物來擾亂我們的心思，因此佛家或道家都在提倡「靜坐」，因為「靜」能夠讓人安定下來，靜定之後便會產生無限大的智慧，所以老師在上課時會營造靜的氛圍，讓整個環境寂靜下來，再將各位的自性帶入到靜的境界，尋找虛空境界的智慧，這樣才能得到我們想要的東西，看到想要看的東西，我們才能夠明白，如果你們的意念一直在動，心一直在放射力量，會與老師所營造的寂靜之境對抗，老師上課所要給予便會完全吸收不進去，老師在課堂講什麼都不知道，浪費了上課的時間，這多可惜啊，上課時不要隨著外界的事物起舞，心猿意馬，人坐在道場，可是心不知道跑到哪裡去了，這是非常糟糕的事情，所以各位上課一定要把心帶來，心思也要安靜下來，才能夠守靜篤到致虛極去。

「守靜」是將形而下的心思以及眼睛所看到的守著，我們的眼睛通往神識、自性（神），然後我們的神出去了，就會魂不守舍，因此要守著自性，要斷其一切外緣、外念，念力不要亂發射，念力亂發射便開始胡思亂想，此時心念已經在毒害我們身體的細胞，心已經在殘害身體了，因為不好的意念散發時，細胞會因恐慌驚怕產生毒素，而我們又每天不停的忙碌生活，無法靜下來排毒，毒素便會越積越多，因而產生瘤或癌阻礙了身體，瘤或癌都是細胞的病變，這些都是因為不好的念力及胡思亂想而無法進入到靜的境界所導致的，靜的境界是非常地寂靜、潔淨，老師常講人的氣是非常髒，因為人有窺視、想像的心態，想要知道別人在做什麼，在這種心態下產生了「放射力」與「吸引力」，吸引力自會把別人不好的想像力吸進來，久而久之，我們的念力、思想就會跟著別人的思想走，思想也會被同化。

自己本身放射力很強，接收力也很強時，會影響到自己的念力，那念力就會放射毒性，細胞無法排毒時，就障礙了身體，所以我們一定要靜下來排毒，要一心一意、至始至終守著靜，才能夠排毒，那細胞便沒有了病源，身體就能夠新陳代謝，好的細胞汰換壞的細胞，讓細胞活絡起來，這樣我們就能夠長生不老，然後能利用後天之體來修先天之命，增加自己的道行，人所求的是身體健康、長命百歲，但是念力一定要平穩、要有好的念力，好的念力會產生好的荷爾蒙，不好的念力或是胡思亂想便會產生毒素，所以守靜是非常重要的，如何守靜？就是我們少用念力的放射力，可是並不是沒有思想、思維的意思，也不是整天無所事事沒有作為，意思是說我們的念力是保持好的念力。

吾以觀其復。夫物芸芸。各歸其根。歸根曰靜。靜曰復命。復命曰常。知常曰明。

要回到致虛極的境界，就要靜靜地，靜而能定，定而能安，安能凝神，凝神即是再產生另外一個自己（自性），意思是說靜定到能夠出神入化，如果無法靜下來的話，那其他的修為就不用說了，因為「靜」是最基本的，可是講「靜」非常的簡單，要做到卻是很難，要如何靜呢？當我們想要靜下來時，很多東西便會浮在我們眼前，即便是已經忘記的多年之事，也會出現於眼前，好比民間的說法，人死後到了陰間在照妖鏡面前，人的一生就像電影一樣播放著，而我們腦海所浮現的人事物也是如此播放著，其實這些是我們的吸引力所吸引的，因為我們的「眼睛」。「眼睛」屬於「火」，屬於「離卦」，我們的眼睛通神識、自性，即是進入到佛家所講的「阿拉耶識」、「莫那耶識」儲藏起來，所以當我們看到好的、不好的全部都會儲存起來，因為驚擾其識，眼睛所看到的已經儲存到我們的神識了，所以靜下來時便會浮現於眼前。

天下所有的物類都會毀壞，而靈性會回歸到來處，佛祖的肉身都會死去了，更何況是我們呢？所以我們從來處來，便要回到我們的來處去，但是要回到來處，首先要能延長在世為人的生命來修本身的自性，因為我們浪費了太多的時間，當懂得要力行修為時，已經是百年身了，所謂的「臨老投僧」，「臨死抱佛」。一般人從出生到二十歲是屬於養育、教養的階段，二十四歲以後成家立業，為了家庭、為了事業、為了三餐奔波，哪有時間也沒有心思為百年身打算，到了退休時才會想到百年身的事，因為已經活夠了，也努力過了，這一生五子登科通通都有了，才會想到以後怎麼辦？如果有錢便會想用錢買時間、買生命，沒有錢就是日子一天一天過，等待百年的到來，上天是公平的，不管有錢或是沒錢，時間到，還是會離開這人世間，「閻羅王要人三更死，絕對不留人過五更」，人的命是注定好的。

「各歸其根」的意思是說輪迴，這一世做的好，下一世便再生為人，重新再修，如果在世做惡多端，就會往畜生六道去了。

眼睛通神識而擾其心，囤積了印象，當肉體滅亡時便開始清算，看是要往哪一道去，所以我們要靜下來，把以前種種擾我們神識的印象清除，要將過往的錄影帶洗掉，那閻羅王就查不到我們的一切，之前做好做壞先不管，但是從現在開始靜下來，將我們的念頭收進來，不要發射，如果一直發射念力，等於在揮發我們的生命，同時也在製造往畜生六道的機會，便不能清者上升，而濁者會下降，永遠留在人世間輪迴，各位現在有很好的機會，來到雲旨玄學修道學道，可以讓各位延長修為的時間，也可以讓你們的自性提升，讓清者上升，濁者下降。「濁」是指念頭、思想，念頭一點一點累積起來，會讓我們自性變重，所謂背負了種種的因果，「因」即是我們念力，我們身體則是背負著果，念力產生了身體的毒素，殘害了細胞而不知道，心中盤算著一切，計劃了所有，自己沾沾自喜，自以為有得，結果念力已經在殘害自己的生命都不知道，有得必有失，反而失去的更多。

不知常。妄作凶。

「常」是永恆的意思，指的是宇宙；天以下所有的物類都會毀壞，但是宇宙是永恆的，宇宙中有銀河系、「三垣」紫微垣、太微垣、天市垣、「二十八星宿」、金木水火土星、日月，這些都稱為「常」，永恆不變。

宇宙中的每一個星球都有放射力，人的自性（靈）來自於五行金木水火土星的靈子精華，在黃帝內經有講到人的五臟六腑也有金木水火土的屬性，因此我們要能「還虛五行合七政」，即是將我們實的質還回虛空，得到虛空之中的五行靈子，給我們的身體用，如果體內其中一個五行不能相通的話，我們就會生病。

知常容。容乃公。

「知常容」的意思是我們要知道宇宙的一切，要會上知天文、下知地理。日落日出、月圓月缺這些宇宙自然的現象亦是「常容」，也是指「陰陽」的意思。你們要知道陰陽，有白天就有黑夜，有黑夜就有白天，白天與黑夜之中存在了什麼東西？自然界對我們人體有多少幫助？這是我們要去了解的，要知常容。容乃公，「公」是指宇宙。

公乃王。王乃天。天乃道。道乃久。

「公」是宇宙；「王」是「天地人」的意思，在上面的一橫為「天」，中間的一橫為「人」，下面的一橫為「地」，直線則是太陽能量，太陽能量直線而下貫穿天地人，太陽能量即是陽氣，稱為「王」。

「王」是來自於「天」；天乃道，道就是自然界，道是自然的發生，這是我們所要了解的，如果無法靜心下來，在此心猿意馬的話，就沒有辦法了解到這麼多，也沒有辦法回去覆命，那我們的自性便會墮落於人間成為所謂的「殘靈」。

沒身不殆。

人的身體毀滅時，自性是不歿的，是要回到原來的地方復命，為什麼要回去復命？因為我們與上天打了契約，從原來的地方來到人間，在人間歷練修為完成契約後再回去復命，所以自性回歸來處復命後，便不會永遠淪落於人世間。

你們不要在意自己的前世是什麼，知道有前世因果，此世更要趕快修為，然後回去復命，不要再有因果關係，也不要再來人世間，人世間並不好玩，人生的酸甜苦辣、五倫七情都要經歷，「人生是苦海，回頭是岸」，回頭便是我們的來處。

人每天起床便會產生毒素攻身，因為生氣、念力，無念就無欲，無欲則能產生生命，可是在現實世界的我們也不能沒有欲念，要有欲念是要好的欲念，要將欲念放在倫常道德以及我們的修為之上，因為修為能夠讓我們新陳代謝。我們在一天的結束後，要將所有的毒素排掉，只要靜下來便能排除毒素，把眼睛垂簾讓心靜下來，眼睛是靈魂之窗，直接通往我們的神識、自性，所以要將眼睛這個窗口關起來靜心，心靜時細胞就開始釋放不必要的東西。人體的毒素有外來的毒素與內在的毒素，外來毒素有些是來自於食物，像我們吃的雞、豬要被宰殺時，在驚慌中也產生毒素，內在毒素則是本身不好意念所產生的，所以人比較短命，雖然現在醫學發達會讓人比較長壽，但是到了一個年紀時，就會活得不健康、不自在、不快樂，出門隨身帶著藥物，因此我們要活得健康遠離藥物，就要從自己本身做起，每天要有固定的時間，將心思、身體靜下來好好的排毒，排毒並不是做一些動作或是吃一些東西就能夠排出的，而是讓身體自然排毒，所以要固定時間排毒，最好的時間是下午五點到七點，亦是所謂的「卯酉沐浴」，把不必要的清除掉。

太上章第十七

太上．不知有之．其次親之．譽之．其次畏之．其次侮之．故信不足．焉有不信．猶兮其貴言．功成事遂．百姓皆謂我自然．

太上。

「太上」一般指的是太上老君，為「三清」之一，在道教「三清」是指元始天尊、靈寶天尊、道德天尊這三尊神明，其實「三清」是一個「境界」。「太上」的另一層解釋是比我們看到的地方還要更上去，是指在看不到地方，是一個境界，「太上」之前解釋為太上老君，因為你們那時是初學者，是要讓你們先了解，在這裡指的「境界」，亦是「道母」的境界。

不知有之。

我們不知道我們來處的境界，因為看不到，也摸不到，除了知道的人或是有學修的人，才會跟你們說，但是也要有機緣。兩千多年前的社會是封建制度，那時候修道有階級之分，也比較封閉，很多人不知道修道學道，不知道修道的好處，也不知道肉身滅亡後魂歸何處，一般的平民百姓忙著繳稅，為了生活三餐而耕作，連讀書認字都不可能，更何況是修道呢？這就是「不知有之」。

其次親之。譽之。

當時知道修道的人都是上士，因為家裡有錢可以提供上私塾讀書認字，識字之後才知道修道的好，便會想要親近「道」、讚嘆「道」，「其次親之，譽之」與「不知有之」是對照的，有錢三餐沒有問題就可以修道學道，但是沒有錢三餐有問題，顧肚子都來不及了，怎會顧到佛祖及道呢？各位至少都是高中、大學以上畢業的，在以前的社會算是上士，屬於上等社會的人，因此各位要去親道，要修道培德，要珍惜現在修道的環境，當你們得到「道」的時候，就會讚譽道，原來道這麼好，修道是為了百年身後，知道有了之後才會去親之。

其次畏之。

修持到了一個程度，就會有派系分別，有修佛教的，有修道教的，也有修天主教的，各自會認為自己所修的教派是最好的，彼此會互相評比，有句話說：「道不同，不相為謀」，各自有各自的堅持，可是這樣的堅持是好還是壞，就不得而知了，一門深入便是一輩子。當開始修道時，會有很多旁門左道出現，有些會假借宗教之名，行詐騙之實，有些人已經被騙到很害怕了，對於宗教便會畏之，把所有的宗教當作是劣等的，因此而無法明辨是非。

其次侮之。故信不足。

有些人對「太上」不知道，便會對宗教團體產生批評。「太上」可以解釋為「境界」，也可以解釋為「道」，「故信不足」是說對「道」不清楚、不明瞭，信心不足而退了修道的心，失去修道培德的機會，所以我們要認清所有的一切，要有信心，要明白了解自己所要走的路。

焉有不信。猶兮其貴言。

如果你不相信，心存疑惑，那要很小心聽從別人的建議，並且要去求證。

功成事遂。

歷史上最功成事遂便是堯舜禹這三位皇帝，因為堯舜禹懂得讓賢，傳承於賢能的人，後來被百姓敬封為「三界公」。我們修道培德也要跟堯舜禹一樣，要有賢能，做到不居功、不居位而能傳賢能之人，這樣才不會有人事之爭，因為人事之爭會產生不好聽的言語攻擊，也會違反良心與事實，因此而畏之，對修道失去信心，所以我們要認識賢能的人，向他們學習。

百姓皆謂我自然。

因為堯舜禹已經功成事遂，他們一切的行為來自於道，道是自然，即是「太上」，「我自然」的意思是我已經功成事遂已成道了。

四有章第十八

大道廢。有仁義。智慧出。有大偽。六親不和有孝慈。國家昏亂有忠臣。

老子道德經是明傳「道」，也是在講「德」，這段經文是德的行為、道的行為，有道就有德，有德就有道，但是道德之中暗藏著「玄」，經文看似簡單，卻藏著玄機。

仁義與大道，智慧出，有大偽，六親不和有孝慈，國家昏亂有忠臣，這些是相對性，指的是「陰陽」之意，在陰陽相對之下有一個軸心，這軸心是不變的，一陰一陽、一對一錯、有日就有月、有生就有死，這是相對論，但是並不是愛因斯坦的相對論，這一篇經文是在講「相對性」。

大道廢。有仁義。

「大道」指的是宇宙天地，如果宇宙天地廢了，祂還會再重整，因為大道有仁義。「仁」是最好的德性，「義」是正正當當的行為。

我們人在大道之中，處於日月陰陽之下，頭頂著天，腳踏著地，日月對照，天生地養。從大道、仁義、智慧、六親、到國家都是相對的，我們一定要知道這個天理，要了解大道的運轉，天的形成，人要遵循著道及上天的德性，要學習上天的「德」，這樣大道才不會廢，因為人心要有道德仁義，如果人沒有道德仁義，上天會毀滅我們，因為我們沒遵照天理而走。

智慧出。有大偽。

老師有說過「知識加上常識等於智慧」，「常識」是永恆不變的道理，大道廢，有仁義了，道恢復運作，你則要用智慧去明辨、明白「道」，要知天理，要知道「道」是怎麼運行的？日月是怎麼形成的？要合乎於道，這是所謂的「御政」。你要將自己整理好、佈署好，再用智慧辨真偽，要知道哪一條是正道，哪一條是你該走的，要用智慧了解大道、辨別真假，因為「有大偽」，亦指旁門左道，非正道則無法讓我們回歸到本位，所以明辨是非與真偽是很重要的，不然就會枉費我們這一世成為人，下一世還不見得可以成為人，人身是難得可貴的，因為人有頭腦可以思考會產生智慧，因此我們要認清什麼是正道，什麼是旁道，我們要走的是正道。

六親不和有孝慈。國家昏亂有忠臣。

這一篇乍看之下覺得沒意思，可是老師從剛剛解釋到現在，越來越覺得有意思，「極陰之下而陽生」，「極陽之下而陰生」，這是修道的道理，你們一定要知道。「陰極而陽生」、「陽極而陰生」即是「消息」的意思，一消一息，跟我們的呼吸一樣，一呼一吸。

以十二辟卦來解釋「六親不和有孝慈」指的「冬至」，立冬過後即是冬至，立冬的卦象是屬純陰為坤（䷁），六爻都是陰爻，極陰之下而陽生，到了冬至便是一陽開始生，卦象為五爻陰一爻陽（䷗）。

「六親不和有孝慈」即是卦象中有一個不一樣的，六陰爻中出現一個陽爻，一陽開始生，這是生命的開始，即是十一月冬至，生命的開始代表我們人的元神，十月立冬為純陰卦象、為坤卦，坤代表地，大地之母，所以也代表母，坤懷陰指的是「孕婦」，孕婦懷孕為純陰之體，孩子出生即是一陽生，另外一個生命開始，不管是男的或是女的都是「子」，所以十一月稱為「子」，一陽開始生有孝慈，這是運用易經的十二辟卦來解釋的，很有意思，也講得很有道理。

大地從冬至一陽生開始就由地底一直散發出能量，散發到夏至，這時大地陽的能量已經完全散盡，便開始往內吸收，這是大地的消息，一消一息是地球的呼吸。我們的小周天也一樣，我們的元氣是從生命點開始上升，有人說要把握每一天的時間，因為人每一天都在慢慢消耗自身的元氣、體力、歲數，一點一滴的消耗，所以人要「益生曰祥」，從遠古到現在，所有的帝王都知道「益生曰祥」的道理，因此他們都在求長生不老之藥，希望自己能夠延年益壽，「益」是延壽的意思，人生有兩件重要的事：第一是「死後之身後事」，第二是「現在的事」，現在的事就是如何讓自己的身體健康、萬事如意，這是每個人想求得的願望，再來就是死後能成仙成佛，不受輪迴之苦，這是人的兩大願望，所以益生曰祥很重要，祥是「返食」的意思。

經文中暗藏「玄」的意味，明傳道德，暗藏玄，怎麼看也看不出來，如果對於易經及老子的思維沒有深入了解的話，根本不知道在講什麼，只能照著字面上解釋，無法得知暗藏的玄外之音是什麼，如果要講道理的話，不需要老子來講，當時的哲學還有墨家墨子、儒學孔子，他們的道理也講了很多，所以老子道德經是運用道理來暗藏玄機，到目前為止只有老子道德經在講「體」、「用」，講元神的內息法如何配合宇宙（道）的消息以及大地的消息而運作，其他的經典只是講「內息」，講元神如何提升及消耗而已，並沒辦法做到外援，目前你們所學的小周天也是屬於內息，內息一定要先學會。內息學會了便能「君子以自強不息」，當你是一個君子、是一個有德者時，才能夠得到道法，得到了道法之後要自強不息，再經過很長的時間運作之後，才能夠配天合地，得到天地的外援，這些都是老師要教的，你們學到現在也只是剛開始而已，所以老師常說學道修道是一輩子的事，不能急於一時，修道是時時刻刻的、二六始終，二十四小時配合二十四節氣，二十四節脊椎配合十二對神經、十二經絡，所以各位現在開始要學習內息，將你們的元神提升起來，讓身體的細胞活絡、氣血暢通，讓各位能夠益生曰祥。

再以個人的層面來解釋「六親不和有孝慈」、「國家昏亂有忠臣」，「六親不和」的意思是指我們的五臟六腑不和，人的五臟六腑有金木水火土的屬性，當我們起心動念無法心平氣和時，會牽動著這些屬性造成氣不順暢，那這些金木水火土便會產生相剋而生病，本來是要益生曰祥，經過一個衝動，讓六親不和，結果需要很久的時間來調整。

當六親不和時，則需要用「孝慈」來處理，意思是說要運轉周天氣入中宮調息身體內的金木水火土，「孝慈」是指上天的「七政」。

人是陰五行與陽五行結合而來的，陰五行來自於母親，陽五行來自於父親，二五成形，三五成性，成性後要用三五來養我們的性（自性），即是稱為「養性」，「三五」亦是五行靈子的精華。天上的金星、木星、水星、土星、火星，加上日月，稱為「七政」，則是所謂的「自然」，六親稱為「六宇」，「七政六宇」，將天上的七政配合我們的六宇就是「有孝慈」的意思，孝慈是平和、和樂融融的樣子，所以人的五臟六腑要合七政，五臟六腑才能和樂融融不會生病，這就是小周天配合大周天運轉。

老師常提到「陽逆陰順」，陽逆即是大周天，是地球逆著繞太陽走，陰順則是小周天，是月球順著地球跑，小周天為陰曆，一個月為三十天，大周天是陽曆，一年是三百六十五天又四分之一，二十四節氣是陽曆，中秋節則為陰曆，地球、太陽、月亮的關係各位要很清楚，「天心不改」的意思是地球傾斜二十三度半的軸心永遠不會改變。

在御政中「國家」指的是「首腦」，比喻我們的頭腦、心，「有忠臣」則是有智慧的意思，我們亂了思緒則需要靠智慧調整、需要依靠太上（道）的能量。自然界的能量最忠誠，你要什麼，祂便給你什麼，隨時在旁邊，「忠臣」也是指綿綿若存的能量，來自於宇宙自然的能量，當你思緒亂的時候，要利用自然界的能量來調整你的五臟六腑，天心無改，八卦不改，運作不改，這些都是自然的東西，祂是忠，旁邊的人事隨時都會改，只有天事改不了。

樸素章第十九

絕聖棄智．民利百倍．絕仁棄義．民復孝慈．絕巧棄利．盜賊無有．此三者．以為文不足．故令有所屬．素見抱樸．少私寡欲．

每一個宗教都強調要由後天的肉體修回先天之性，亦是修回我們的來處，所以重視延年益壽、返老還童，一般宗教是先修延年益壽，再修自性，而各位比較幸運，因為我們雲旨玄學是延年益壽、返老還童、自性回歸本位同時修持，沒有分段落，所以各位要知道自己學修的是什麼。

絕聖棄智。民利百倍。

「聖人」是指有道德的人，聖人用智慧、德性利益眾生，教導眾生仁義道德，行有道德的事，讓眾生不會犯規矩做犯法的事。有聖賢治理的國家，百姓才能夠安樂，在安樂太平的環境才有辦法修道，這是很好的事，為何要絕聖棄智？為何要將聖人的智慧去除掉？因為聖人還是凡人，只是其智慧比一般的眾生還高，而聖人的德性是屬於後天人世間，用於人與人之間，聖人雖然現在稱為「聖」，但隨時都可能會有所變化，人世間的變化是無常，而且人的智慧是有限的，聖人的政策是否完全正確，不得而知，因為用於人事的管理會有所變化的，所以用人管理人，要先將「人性」去除掉，去除後天的智慧，這就是「絕聖棄智」的意思。

所以當我們在好的環境時，要懂得把握機會修持，回歸於先天的智慧，合乎於自然、合乎於道，再用先天的智慧來後天用，利益於眾生，先天智慧的境界是無窮無盡，而且合乎於道，因為「道」才能夠利民，有道即是有德，有德性才能夠利民百倍，道就是自然，合乎於道，才會有德。

絕仁棄義。

「仁義」是聖人所做的事情，「仁」是有道德、有德性的人，「義」是正正當當的行為，仁義道德、禮義廉恥這些仁的行為是屬於後天的仁義，要將後天仁義行為去掉回歸於先天，絕仁的「仁」是指後天的仁。

先天的仁是指地球的軸心，「天心無改正子時」就是先天的仁，一劃開天，將無極劈成兩半，分成陰陽，「一劃」即是軸心，與地球二十三度半的軸心一樣，這個軸心就是「仁」，這軸心沒有改變，所以這個仁亦是一劃開天的軸心。

民復孝慈。

當去掉後天的仁義時，道會給予最好德性，也就是貴為食母，回歸道源，攝取「道」給予我們一切的能量。我們小周天應付大周天運轉時，要回歸於道源，伏食道母的能量，這樣才能夠延年益壽、返老還童。

「絕聖棄智」、「絕仁棄義」、「民復孝慈」是雙關語，「絕聖棄智」、「絕仁棄義」是要我們去掉後天的思維來成就先天的，「民復孝慈」是貴為食母。

絕巧棄利。盜賊無有。

以前科技不發達，是靠巧藝賺錢生活，為了爭取很好的利益，手藝就要很好，誰的手藝好，賺的錢就會比較多，也因而導致盜賊的產生，所以為了保有生命，能夠夜不閉戶，沒有盜賊產生，我們要回歸於樸素，要有樸素的行為，不要去爭取很好的利益。

此三者。以為文不足。故令有所屬。

以上所講的三項，不要單看文字上的解釋，其實還有另外一層的意思。

素見抱樸。少私寡欲。

我們要去六慾，六慾不生，三毒便不入侵，慾望越少就能夠民利百倍、民復孝慈，不能夠抱樸就會有盜賊，如果一天到晚只為了生活的利益而努力追求，那你的思想會一直執著於民生育樂之中，就不會想到要修道學道，也不會為了百年身後做打算，因為你已經沉醉於利益當中，唯利是圖，所以要絕巧棄利，不要一直想要做什麼工作或是做什麼生意。

老子道德經中一直強調「樸素」，是要我們以樸素為基本，不要貪求榮華富貴，不然的話，思想便會被拉著走，當你求得金玉滿堂，就會怕有盜賊，如果絕巧棄利，便沒有盜賊，樸素沒慾望的話，便能往修道這條路走，好好修道學道。

這一章是在說：修道學道到最後是要捨棄後天的行為及智慧，要拿先天的智慧來利益自己，可以讓我們延年益壽、返老還童，可以讓我們的本性回歸於本位。

食母章第二十

絕學無憂．唯之於阿．相去幾何．善之於惡．相去何若．
人之所畏．不可不畏．荒兮其未央哉．眾人熙熙．如享太牢．如登春臺．
我獨泊兮其未兆．如嬰兒之未孩．乘乘兮．若無所歸．
眾人皆有餘．而我獨若遺．我愚人之心也哉．純純兮．
眾人昭昭．我獨若昏．眾人察察．我獨悶悶．
忽兮其若海．漂兮若無所止．
眾人皆有以．我獨頑且鄙．我獨異於人．而貴食母．

絕學無憂。唯之與阿。相去幾何。

「絕學」是要斷了現在所學習的，也就是說學習到聖人的仁義禮德之後，然後要回歸於先天，那便會無憂，可以用自己的自性回到境界當中，吸取虛空境界的智慧。以後天之體修回於先天，就是「絕學無憂」的意思。

你們唯有靠後天之體才能夠修回先天，因為你們都不是開悟者，所以要從下往上學修，先依循聖人先賢的腳步學道修道，才能夠回到先天的境界取智慧，才能夠來去自如。

善之於惡。相去何若。

做善事的時候，你會用心去做，做壞事的時候，你也會用心想盡辦法做，因為同樣是用心計較，所以兩者之間差異性不大，因為善惡都是在用心、用功夫。如果你想要一直沉淪於人世間，不想回歸於來處，那你便會在人世間一直輪迴當人，這是你用心於做人的事。如果用心於修道學道，只想回歸於本位，以後不要再輪迴轉世，這也是用心，所以要注意自己的心態用於何處，因為本身差異不大，同樣是一個人，在做一件事，只是這件事是好事，還是惡事，善與惡全在於你的心，這是一體兩面的，就像你要上天堂，還是要下地獄，看你用心在哪裡，這是在於你心態上的用功。

人之所畏。不可不畏。

人會怕下地獄，也怕會再來輪迴，怕沒辦法成道，所以人都用心計較於百歲年老之後，但是我們沒有計較百歲年老之後，因為我們從現在開始修道學道。

荒兮其未央哉。

「荒」是荒廢，「其」是主要的意思，「未央哉」是一套功夫，未央是中央，指的是「中央戊己土」，我們體內的五行要還虛合於七政，再歸於中土，所謂的「中宮」，人的自性稱為「金性」，金水相濟性命全，金代表自性為先天，水代表腎臟屬於後天，左手代表五金，右手代表五水，金水相濟合於十歸於中土（中宮），胃屬土，即是歸於我們的胃，所以修練成道是「戊己之功」。

荒兮其未央哉，是說你沒有將你的性命歸於中土，先天跟後天沒有合而為一修練修道的意思。金是屬於我們的性，屬於先天，水是屬於命，屬後天，性命一定要歸中土，「歸中土」便是「還虛五行合七政」，亦是「水火既濟」的意思。

衆人熙熙。如享太牢。如登春臺。

「熙熙」是快樂的樣子，「太牢」是指「牛」；眾生非常快樂是因為去年一整年都豐收，所以利用春季的時候，殺牛來祭祀天地，希望來年能夠豐收。

在春天祭祀天地是因為一年之計在於春，所有的百姓都在計劃春夏秋冬的種植與收成，希望能風調雨順，能有豐收的一年，同時也感謝去年給予的豐收。

春是正月為寅、屬於泰卦（䷊），其卦象內卦為三爻陽卦、外卦是三爻陰卦，泰卦是一個陰陽平衡的卦象，顯示地球內部是熱的，地表外還是冷的，屬於春天的天氣，是最好種植的一個季節。過年常看到的「三陽開泰」也是因此典故而來的。

我獨泊兮其未兆。如嬰兒之未孩。

我像是獨自一個人在湖泊裡面非常安靜，沒有什麼預兆，這意思是說修道要能夠靜，因為靜的時候，就是在修復我們身體的細胞，睡覺也是靜，靜靜的睡覺便是在恢復疲勞，修復我們的細胞，所以獨泊兮其未兆，要靜到沒有任何徵兆，像我們靜坐一樣，靜而定，定而凝神，靜到另外一個我出現，就像嬰兒一樣，代表你的自性已經離開了你的肉體，這是要靜到寂靜沒有任何動作才能夠產生的，這是一個修道功夫。

乘乘兮。

意思是說如果凡事太多，就無法做到修道的功夫，如一國之國君要修道，是不可能的，因為國事太多了，古代的王陽明三次磕頭求道都修不成，因為他太忙了，沒辦法修道，所以凡事不要太多，要放下一切凡事，才能我獨泊兮其未兆，如嬰兒之未孩，如果乘乘兮的話，就沒有辦法，因為事情太多無法靜，就不能產生另外一個我，所以我們要能靜到出神入化。

若無所歸。眾人皆有餘。而我獨若遺。

因為如享太牢，如春登臺，眾人便皆有餘，餘有財產、物質等等。「我獨若遺」是說我與這些眾生不同，因為我知道要如嬰兒之未孩，指的是靈性的歸屬。「乘乘兮」則是因為凡事多，沒有時間修道學道，只能等退休再來修行，但是那是「養生」，並不是在修行。修道一定要趁年輕，因為當我們陽氣還未盡的時候，才能發動那股陽氣的力量推動血氣運轉周天，小周天與大周天相符合，這樣才能做到修道的功夫。

我愚人之心也哉。純純兮。

我如愚人一般沒有其他想法，一日復一日，只知道要修道，只為了要延年益壽、返老還童、回歸本位。人身只有百年，如要能延年益壽、要成道，便要少私寡欲。

「純純兮」是心中沒有其他想法，沒有為善為惡之心，保持單純的心，只知道修道，與一般眾生不同。

衆人昭昭。我獨若昏。

昭昭是「清楚明白」之意；眾人很清楚明白春耕秋收，為了生活、為了金玉滿堂而努力，而我沒有在這些欲望上花心思，也沒有任何打算。

衆人察察。我獨悶悶。

察察是很仔細的樣子；以前是農業社會，以務農為主，所以眾人在春天時會仔細計劃打算今年要種植的農作物，希望風調雨順，收成能夠大豐收。

「悶悶」以二十四節氣來說是指到了正月立春之時為「泰卦」（䷊），卦象是內卦為三個陽爻，外卦是三個陰爻，地心的熱能量已到達地表面，但是地表以上還是屬於寒冷的，地熱外冷產生了悶悶的感覺，所以春天的天氣是屬於悶悶的，因為這樣的天氣，我們的脾氣比較容易上火，尤其是十八、九歲的年輕男女，會比較不定性，因為受到氣候的影響，情緒容易起伏大，人的心理狀況也會悶悶的，這時候的節氣是陽陰同時存在，地底下陽氣盛，地表上寒陰之氣正要消退，有陰有陽，是陰陽調節之時，亦是最好修道的時候。

忽兮其若海。漂兮若無止。

如果我修道的功夫能夠達到靜定而凝神，便能產生另外一個我（自性），當我的自性離開肉體能來去自如時，這空間境界就好像海洋一樣廣闊，不會受到任何約束。

衆人皆有以。我獨頑且鄙。我獨異於人。而貴食母。

所有的眾生都可以修成道，但是要循規蹈矩、一步一步由下往上修而成道，而我跟眾人不一樣，因為我比較樸實，不會為了生活而春耕秋收冬藏，沒有所有的一切，也不去追求名利，我的生計不在於後天的一切，而是在於吸取先天道源（道母）的能量。

從道章第二十一

孔德之容．惟道是從．道之為物．惟恍惟惚．惚兮恍兮．其中有象．恍兮惚兮．其中有物．杳兮冥兮．其中有精．其精甚真．其中有信．自古及今．其名不去．以閱眾甫．吾何以知眾甫之然哉．以此．

孔德之容。

「孔德之容」老師之前的解釋是拿著外圓內方的古錢幣，從方孔看出去，外圓內方則代表「陰陽」，也代表「規矩」，其意思是以陰陽來看道，但是還有另一層的解釋。

「孔德之容」另外解釋是透過有孔的竹管看天，所看到的只是一點點，意思說我們修道者的心胸與智慧、知識不要像拿著竹管看天，因為所看到的道只有一點點而已，這樣容易產生執著，也容易走入旁門左道，好比我們用望遠鏡看遠處，從這裡到遠處好像很近，但是卻看不見中間段，而省略了中間段，所以修道學道要按部就班，不能省略中間段，修道如果好高騖遠跳過中間段求快速，那便會想很多的方法，這樣很容易走入旁門左道之中，因而偏離了正道。

惟道是從。

我們要成道一定要合乎自然之道，效法自然的一切力量，道法自然，道即是自然，要成為成道者要法自然，運用方法攝取自然界的能量，自然界很大，包括了天上的日月星辰，宇宙也是自然，宇宙中有太陽系、銀河系以及其他星系，在這些星系當中，有紫微垣、太微垣、天市垣、二十八星宿，紫微垣是在星系最深處，紫微星代表「君主」，太微垣代表「丞相」，天市垣則代表「將軍」保護著紫微星，二十八星宿是所謂的「大臣」，每一個階層都有，另外還有南斗星、北斗星，而北斗星的勺柄帶動整個宇宙的運轉，所謂的「權柄」即是指北斗七星的勺柄，這個勺柄決定著春夏秋冬四時的變化、也運轉著所有的星系。「惟道是從」亦是我們要了解宇宙自然，宇宙自然即是道，要順從宇宙自然的生態，人要遵循著道而走，自然界祂有祂的方法，我們要了解那個法，要知道用自然的方法來修持本身的自性，要懂得取自然界的能量來修持。

道之為物。惟恍惟惚。

道即是自然界的所有一切，包括有形、無形，這些都是道的精華，我們要取這些物的精華。

惟恍惟惚是指「朦朧的境界」，恍惚是「不是很明亮，也不是很黑暗」的意思，就像是早晨黎明前的灰暗狀態，下午夕陽西下、月亮未升時，亦是惟恍惟惚，這兩個時段皆是在灰暗狀態，也是陰陽在交替的時段，即是卯時（早上五點到七點）與酉時（下午五點到七點），這是自然界的景象。

惚兮恍兮。其中有象。恍兮惚兮。其中有物。

「象」是圖樣、景象的意思，看這宇宙自然的景象，月落日出、日落月出灰暗霧霧的圖樣，這是一天當中日月陰陽在交媾的時間，「其中有物」，我們要知道在灰暗中所存在之物，要懂得方法去取它。

這個圖相其中有物，「物」即是日月陰陽交替產生的精華，日屬陽為離卦屬火代表眼睛、心臟，月屬陰為坎卦屬水代表耳朵、腎臟，左邊腎臟掌管我們的性，右邊腎臟掌管我們的命，左性右命，所以恍兮惚兮，其中有物，當陰陽水火在相交時，我們要知道裡面有什麼物，才知道我們要取的是什麼。

杳兮冥兮。其中有精。

「杳兮冥兮」即是陰陽交媾的意思；「惚兮恍兮，其中有象」，「恍兮惚兮，其中有物」，這兩句話剛好是相反，一個是指黎明之時，一個是指黃昏。杳兮冥兮是陰陽在交媾的時候，其中有精，陰陽交媾時會散發出精元，「卯酉沐浴」，在卯酉之時就要趕快取精華來用，早上五點到七點、傍晚五點到七點是最好的時候，不過一般人早上跟傍晚都在趕上下班，沒有空修道，要修道等退休才有空，但是老師有講過，男生到五十六歲退休後來修道，那已經不是在修道了，是在養性、養身子，所以修道要趁年輕。

其精甚真。

陰陽交媾所產生的能量是最好的，黎明時屬陽屬火，我們的心臟屬火，所以黎明的精華是在補充心臟的能量，補充心火，早上就會有原動力，但是火太旺也不行，因此黃昏的精華是歸於腎，是在補腎水，水火平衡，日出而做，日落而息。陰陽交媾的精華是「真」，「真」即是宇宙一切能量的來源，亦是一真法界的能量。

我們正子時十二點到中午的十二點，這是屬陽，從中午十二點以後到晚上的十二點，這是屬陰，但是陰陽交媾是在早上的五點到七點卯時，下午的五點到七點酉時，這兩個時段也稱為「二六始終」，早上六點跟下午六點，從開始到結束都一樣，亦是沒有開始也沒有結束，像圓一樣循環。

其中有信。

「信」是消息、訊息的意思，也可以解釋為「誠信」，一消一息就像呼吸一樣，消息亦是呼吸。不管白天或是夜晚都是在一消一息之中，我們活著也是一消一息，天地之間給了我們訊息，我們要進入到天地消息之間取天地的精華。

自古及今。其名不去。以閱衆甫。

從以前到現在，如果能惟道是從，就能夠入列仙班留名千古，例如釋迦摩尼佛、觀世音菩薩等等，祂們成道後則留名至今也有兩千多年，其名不去，所以你們要惟道是從、道法自然，你們便能其名不去。

吾何以知甫之然哉。以此。

我怎麼會知道你們在這名冊裡面有名字呢？那就要看你們有沒有惟道是從，如果沒有的話，在名冊中便不會出現你們的名字，如果有惟道是從則能榜上有名，所以修道學道要趕快，把自己的名字先登錄，日後便能金榜題名。

抱一章第二十二

曲則全．枉則直．窪則盈．弊則新．少則得．多則惑．是以聖人．抱一為天下式．不自見故明．不自是故彰．不自伐故有功．不自矜故長．夫惟不爭．故天下莫能與之爭．古之所謂曲則全者．豈虛言哉．誠全而歸之

曲則全。枉則直。

「曲」是彎曲不直的意思；樹木沒有直聳便不能成材做棟樑，所謂的「棟樑」，即是房子四根主要的柱子，其功能是要撐起屋頂的橫樑（脊樑），棟樑與脊樑需要很直的樹木，樹木如果彎曲做不成棟樑，只能成為所謂的「神木」，所以樹木要長得直聳，在還是小樹苗時就要用「則」架直。如果說人不成材，亦是說人不直不會有成就，不能成為棟樑。

「曲」指的是旁門左道；「則」是法度、原則；「全」是直的意思，指的是「法規」；修道者要成材，要用法規、法度規範，要按部就班，不能好高騖遠，如果好高騖遠截直取彎，則會走入旁門左道。「法度」則如佛家的戒律，在雲旨玄學稱為「培德」，要用德性來規範才能成材、成道，如果沒有按照法度走就無法成材成為棟樑，那便會成為神木永遠存在於人世間，沒辦法離開，意思是說靈魂一直在人世間輪迴，人的自性歸位於陽的境界，才稱為「自性」，如果在人間輪迴則成為「靈魂」，你們不知道已經做了幾次的靈魂，老子道德經有提

到「善復為妖」，靈魂一直輪迴就會成為妖怪，難道各位要做妖精嗎？

窪則盈。弊則新。

「窪」是凹陷的地方；下大雨時，凹陷之處的水便會滿出來。「窪則盈」以我們人體來解釋的意思是指腎水過多，水旺心火便會被澆熄，那我們體內的水火就無法既濟，以陰陽來說，腎屬水屬陰，心屬火數陽，陰盛陽衰時便會往陰的方向走，而無法走入光明正大的修道之路。心火弱，腦火便旺，會導致自律神經衰弱，因而松果體就無法分泌荷爾蒙，可見人體內的水火一定相濟，這是很重要的。

處於陰的狀態不走光明大道時，只會想往捷徑走，不遵循著法度直走，那便會產生很多的旁門左道，修道是一門深入的事，所以本身一定要認清楚自己到底在做什麼？到底在修什麼？是不是合乎法度與自然？如果沒辦法合乎自然，就像窪則盈，水太多滿出來了，開始有弊端產生，想東想西，因為當本身水火不能既濟，思想便會有問題，感官看得到或是自己感覺好的、有花樣的小法，就跟著修行，其實修道是沒有花樣的，但是現在耍花樣的小法很多，這些無法用法規規範，也無法走上正道。

少則得。多則惑。

「少」即是去六慾，當欲望少時得「道」就會很多，慾望與道是在一個天平上，這是一個平衡，欲望越少，「道」就得很多，欲望多，「道」就得很少，所以修道者一定要去六慾。

老師常講「少則得」，進到雲旨玄學，便要認雲旨實修，一門深入認道認理實修，如果是一隻腳踏在雲旨，另一腳又踩到別處去，接觸到每一樣都想學，結果學到最後疑惑就產生了，其實所有的宗教法門皆有其魅力，會有自己心裡想要的魅力，這個也要，那個也想要，各門派公說公有理，婆說婆有理，到底是哪個所傳的道是對的？因而產生了疑惑，對與不對都已分不清了。

台灣的宗教如雨後春筍般的多，因此則需要用心觀察再認定，因為一門深入是一輩子的事，其影響是深遠的，所以疑惑應該是在還沒有深入之前，一旦沒有了疑惑，深入認道實修，則要堅定修道的心，不要有退轉的心態。

是以聖人。抱一為天下式。

聖人是指有德性的人；「抱一」即是守中，「一」是指一劃開天，即是一真法界，聖人做任何事都是以「德」為一，而修道者則是以「道德」為一，德中有道，道中有德。

不自見故明。

意思說不要以為學會幾本經典，能夠講幾堂，便認為自己成道了，「修道如牛毛，成道如牛角」，不能說自己稍有一些知識，就覺得自己很厲害已經是成道了，一個老師在課堂中所講的每一句話都是非常的重要，其影響非常深遠，可見身為一個傳道的老師並不容易。

不自是故彰。

不自是故彰即是「標新立異」的意思；修道者不要標新立異，讓人感覺與眾不同，也不要自認為已得道，道行很高深，便顯示人，修道者應該要像稻穗一樣，越飽滿越重，要像竹子一般，高風亮節，竹代表德，要有謙虛的心態以德利人，不該是標新立異顯示自己。

不自伐故有功。不自矜故長。

不管修道或是與人相處，內斂的功夫一定要好，不要以為學會了三腳貓的功夫，便自認自己很厲害，就可以與別人相鬥，其實一山還有一山高，厲害的人非常多，所以人要懂得內斂，不要惹事生非，更不要展示自己有多厲害。

夫惟不爭。故天下莫能與之爭。

輕鬆自然過生活不與人爭，本身做好內斂的功夫不爭，自然便不會有人與你相爭。

古之所謂曲則全者。

我們從出生開始便遵循著法規、循著陰陽走，從小時候就要教育好，台語有句話說：「小時候偷採瓠，長大偷牽牛」，因此從小的規劃與教育很重要，依循法度、遵循陰陽。

豈虛言哉。

意思是說不要光靠嘴巴講；另一層的解釋則是在教育小孩子或是教育自己時，要用無形的智慧與法度來教導規範。

誠全而歸之。

不管是在有形界或是在無形界，人與神，肉體與靈性，皆需要培德，要用德性規範一切的行為。

同道章第二十三

希言自然．飄風不終朝．驟雨不終日．孰為此者天地．天地尚不能久．而況於人乎．故從事於道者．道者同於道．德者同於德．失者同於失．同於道者．道亦樂得之．同於德者．德亦樂得之．同於失者．失亦樂得之．信不足焉．有不信焉．

希言自然。飄風不終朝。驟雨不終日。孰為此者天地。

我用自然界的生態來告訴有情的眾生所謂的「自然」，風是一陣一陣地吹，並不會從早吹到晚，也會有停歇的時候，而暴風雨也會有停歇的時候，大地自然能消化風和雨，這是自然界的現象，也是天地的自然運作，即是「自然定律」。

如果風雨不停歇失去了自然界的規律，地球會因此而毀滅，自然無定律即是陰陽不分，沒有太陽，沒有月亮，天地都變黑暗了，天如果要滅地球，只要下七天七夜的大雨，就能毀滅，聖經有提到上帝創造天地與人花了六天的時間，第七天休息，所謂的「禮拜天」，「一是開天闢地，第六成之」，自然界的一切則在第六天完成，八卦的每一卦有六爻，到第七爻是變卦，第八爻是回魂卦，人有六識，即是「六根」，皆與「六」數有關係。

天地尚不能久。而況於人乎。

天地總有一天會毀滅，何況是人呢？老子也說過天以下的一切萬物都會毀滅，人的歲數也只不過百歲而已，所以我們一定要把握有限的歲月。人的肉體會因時間而毀壞，但是人的靈體不會毀壞，人的靈體是一團靈光，靈體進入到肉體，會分佈於全身，指揮著我們的大腦，靈體即是人的「自性」，所謂的「元神」。

故從事於道者。道者同於道。

「故」是指從有歷史記載以來；從以前到現在的成道者是與自然界同在，將其自性回歸於自然、回歸於道之中。我們要利用自然及有限的肉體來成就自己的自性。

德者同於德。

當你成道之後，要如「道」一般地厚德載物，道最好的德性就是生天下的萬靈萬物以及創造日月星辰，道上惠其下，授惠於萬靈萬物，這是道的慈。

我們利用形而下（後天）的身體與自然同在，吸取自然力量來成就靈性，這是我們的德性。上對下施予恩惠稱為「慈」，下向上取得恩惠則是「德」，當我們成為有德者時，要能夠上惠其下，再將上天的道與德傳播出去，所謂的「傳道佈德」，本身有自性的功夫，亦是所謂的「功德」，有德者用自身的功德來做利益眾生的事，即是所謂的「公德」，有德者是功德與公德並行的。

失者同於失。

成為人免不了要經歷生老病死的過程，從出生到終老也只不過百歲的時間，這是人的過程，如果在這過程中不知道要修持「道」，無法了解「道」的重要性，沒辦法受到「道」的德性恩澤以及體悟「道」，便會因此而流失了道，當肉體死亡時，自性則無法回歸於本位，便會再次成為靈魂繼續在人世間輪迴。

同於道者。道亦樂得之。同於德者。德亦樂得之。

我們與自然在一起時會很高興，因為得到了自然的恩惠，這是自然的慈，自然不屬於任何人，所有的人都可以親近與修持。

同於道者是所謂的「道伴」；在修道的路途中能夠有道伴一起修持，是非常好的事，因為彼此可以互相學習與提攜，彼此向道而行。

道與德皆是無私的。

同於失者。失亦樂得之。

知道修道的便會與修道之人在一起，不知道要修道的則與凡夫在一起，凡夫不開明、不開智慧，因而無法明白自然界的奧秘，也沒辦法得到道，即是所謂「物以類聚」的意思。我們修道、學道要求進步，要不恥下問，實事求道。

信不足焉。有不信焉。

修道者相信自然奧妙而去追求自然的能量，知道自然界奧秘的人也會去研究。有德者知道修道，但是還沒有力行修道，也只是知道而已，還是與有德者在一起，不相信的人依然不相信，這是有一個階層性。

老師希望各位都是同於道者，道亦樂得之，同於德者，德亦樂得之，彼此都是好的道伴，能互相提攜。

不處章第二十四

跂者不立．跨者不行．自見者不明．自是者不彰．自伐者無功．自矜者不長．其於道也．曰餘食贅行．物或惡之．故有道者不處．

跂者不立。跨者不行。

「跂者」是指很多隻腳或是在地上爬行的、無法站立的；「跨者」是指用跳的，不是用腳行走的；「跂者不立，跨者不行」指的是動物界，動物有些是用爬的，有些是用跳的，而人是頂天立地站立著，動物不能像人一樣兩隻腳站立，便無法與天地精神相往來，因此無法修道成道。

在天地之間以人為貴，人的靈性高於動物，而且有智慧能夠組織社會產生人文與信仰，在信仰之中了解自然之道，能用之於法與天地精神相往來，所以能夠成為一個人，真的非常不簡單，要好好珍惜人之身。

「子時開天，丑時闢地，寅時生人」，開天闢地之後，萬物萬靈便存於天地之間，萬物之中人佔有很大的優勢，人體有二十四筋絡、二十四節的脊椎、十二對神經，神經成放射性分佈於全身，還有五臟六腑，其屬性與天地的屬性一樣，這是人的構造，與六道中的動物不同，動物的身體結構都有缺失，因而無法修道將自性回歸到原來的地方，可見人是多麼珍貴，能夠起而行，走正道。

人體的骨頭裡面皆有一個太極，與身體的經絡連接在一起，頭頂的「泥丸宮」離天最近，腳底有「湧泉穴」離地最近，人頭頂著天腳立著地，立於天地之間。天為乾屬於陽，地為坤屬於陰，天地之間的地磁與陽氣結合成為「先天之炁」。

以人體來說，頭頂以上是屬陽，頭頂以下是屬陰，人體屬於陰，鼻子呼吸的氣是屬陰氣，氧氣供給細胞養份維持肉體運作，氧氣經過體內的運作排出於體外則為廢氣二氧化碳，另外我們要會伏食頭頂上的陽氣來供應自性所需，這是人很大的一個作用，人有智慧懂得利用自然界的氣與能量供給自身的靈體，人的肉體來自於父精母血，靈體（自性）來自於上天，人最大希望的是活著的時候可以延年益壽，死後自性能夠回歸本位，這是每個人都想要的。

每個人都希望能夠長壽、健康、富有與擁有權利，但是人不可能十全十美，不可能所有的希望都能集於一身，因此要延年益壽或是要富有過一生，我們要能夠有所選擇，是要眼前的好？還是要未來的好？則要有智慧抉擇，成為人有很多的好處，有智慧可以做選擇，也能夠利用自然界的力量，借由後天之體來修回先天之性，回歸於本位，這是人跟動物最大的差異性。

自見者不明。

「自見」的意思是憑著自己所知、所想的過生活，只知道日出而作，日落而息；「不明」是指不知道天地之間的能量，也不知道要回歸來處。只知道為了生存過生活，卻不知道需要一位明師來教導陰陽之道、了解天地自然，學習如何延年益壽、返老還童，死後自性能夠回歸於本位，即是不明，沒有明師的指導便無法成道，只能生生世世成為人。

自是者不彰。

「不彰」是不明顯的意思，「彰」為明白、彰顯之意；自以為是的話，就無法顯現自身的需求而獲得更多知識與常識，所以我們不能自以為是，要明白表達自己的需求，這樣別人才會知道要供給我們的需求。

自伐者無功。

「自伐」是誇張自己很行；修道者本身要有內斂、內德的功夫，越誇張自己，話就講得多，話多便會傷氣、傷神，無法凝神聚氣，我們一定要做到六根大定，六根即是六識，六識要大定於中宮，不要讓本身的精氣神散發出去，精氣神耗散就沒辦法凝丹，「精氣神」是人的上品丹藥，是我們的「自家丹」，所以我們的精氣神是非常的重要。

精氣神要能夠凝成丹，本身一定要靜，靜才能夠凝神聚氣、結合精氣神成丹藥，這是修道者最重要的一環。一直在吹噓自己有多棒時，其實精氣神已經在渙散了，無法凝神集中，那就沒辦法與天地精神相往來，則會產生不明，會有自己的意見，那就會不知道天地之間的陰陽正反，渙散後如要將氣凝結起來，是需要費很大的功夫，所以我們一定要靜，不要把我們的自性的光芒一直往外放射耗散熱量，如果我們沒辦法收住自性光，精氣神便會像流珠一樣四散，精氣神會放射是因為我們的念頭，所謂的「流珠」即是人的念頭，人的念開始想就傷精神，想到要去做就傷耗體力，陽極而陰生、陰極而陽生，當我們的陽能量散發完，身體累了，便要靜靜地休息補充精神恢復體力，我們每天都是在消耗能量，自性光散發也沒有辦法鞏固住，因為意念太多，永遠無法結丹，所以「靜」是很重要的。

自矜者不長。其於道也。

「矜」是自誇自己功夫好的意思；到處自誇自己的功夫，便會有比較心出現，與人較量長短，這樣會落於「法術」方面，因為法術才會比長短，這不是修道者的功夫，這只是在比神通而已，比誰的神通厲害，這是自矜者不長的意思。

一般所稱的「神通」其實是法術，真正的「神通」是「神」（自性）通往虛空境界，拿取虛空境界的智慧，並不是指會移形喚靈或是能看見人所看不見的，那是屬於法術方面，不是道法，道法沒有「術」，「道法」即是自然，日出日落是自然，地球運轉是自然，風自然吹起，雨自然落下，自然是大家同時擁有，在自然當中如何論長短呢？你有二十四小時的時間，我也有二十四小時的時間，每一個人都平等無法比較，如果能夠比較及論長短的話，便是落於「術」中，往往一般人會將「術」當作是「道」，這是一種掩蓋的作用，有些人墮落在術之中而不自知，這是非常不好的，因為那不是在自然之道當中。

如果能做到不論長短，把自性光內斂不顯現，能夠守住精氣神自然結丹以及知道陰陽，即是在道之中。

曰餘食贅行。

「餘食贅行」指的是旁門左道的意思；「餘食」是吃剩要丟棄餿水桶的食物，一般餿水桶會放置在廚房的門邊，則是旁門的意思；「贅行」是多餘的行為，亦是左道，道路旁邊多出來的路。如果與人論長短、展示自身的功夫，墮入術之中，這已是屬於旁門左道了。

老師講過，莊子思想是與天地精神相往來，如果我們的五行能夠合七政，讓體內的五行相生沒有阻礙，順暢到沒有其它的感覺，這即是與天地精神相往來，如果有感覺到什麼，那表示五行相剋有阻礙，真正的修道是與自然同在，因為我們在天地之間，學道修道要走先天大道，不要落於「術」當中，便會墮入旁門左道。

物或惡之。故有道者不處。

「物」、「惡」代表「法術」，修道者修的是先天形而上的功夫以及自然之道，與道、自然同在，不主張學習「術」，也不會與學習旁門左道的人相處在一起，不墮入「術」之中。

混成章第二十五

有物混成．先天地生．寂兮寥兮．獨立而不改．周行而不殆．可以為天下母．吾不知其名．字之曰道．強為之名曰大．大曰逝．逝曰遠．遠曰返．故道大．天大．地大．王亦大．域中有四大．而王居其一焉．人法地．地法天．天法道．道法自然．

我們修道、學道就是為了要探討宇宙及這個世界，在一個國家中皆會設有天文部門探索宇宙的奧秘以及了解所有星球的運作、運轉，也包括氣候與人文的了解，宇宙與一切的萬物是息息相關，所以宇宙對我們來說非常重要。

宇宙已經形成了幾十億萬年，到底「宇宙」是怎麼形成？我們非常想知道，因為怕地球毀滅之後，我們不知該往哪個星球居住？所以一直在宇宙當中尋找與地球相同環境和氣候的星球，適合人居住，由此可見，地球是多麼得天獨厚及寶貴，現在地球上有七十多億人口，這數字是很驚人的，但是地球的運轉並沒有受到影響，不管人多或是人少，運轉都一樣，如同宇宙一樣厚德載物，宇宙能夠承載無數個星球，其能量是驚人的，宇宙已經運作了幾十億萬年，並不會因為萬物的生死而來停止或是改變，所以宇宙對人而言是奧秘、無法得知的，人才會有好奇心想要去了解。

有物混成。先天地生。

當宇宙有「東西」存在時，是先有「天」的開始，天即是宇宙，亦是空間，有了「天」之後，才有地球與所有星球的形成。「圖於易」，星球懸掛在半空中佈滿整個宇宙，如同一幅圖畫，國外有十二星座，而中國古天文學所記載的則有二十八星宿、七政（五行金木水火土日月）。從古至今世界各國都有天文專家在研究宇宙、觀察星球的變化。

寂兮寥兮。獨立而不改。

宇宙運作的聲音很大，但是我們是聽不到的，所以感覺到宇宙是非常安靜，星球與星球之間的距離很遙遠，恆星永遠不會移動，地球是繞著恆星走，有一定的運行軌道，宇宙寂靜，任由星球各自運轉，或是任由星球脫離軌道，即便是相撞，宇宙也不會管，任由星球自生自滅。

一劃開天闢地之後，天地渾沌未分時是為「無極」，變成一個圓而生兩儀，兩儀即是日月，天地日月已固定，再產生四象、五行、八卦。無極生兩儀，兩儀生四象，四象生五行、八卦，這些圖象是固定的，永遠不會改變，因此我們要去了解天地日月的形成，要知道天地之間存在的奧秘，天地為什麼會長久？這是修道者所要學習的理念，我們要向天學習，了解「因」。

周行而不殆。

星球在宇宙當中皆有各自運行的軌道，這即是「道」，如果脫離了軌道，星球便會滅亡，好比「慧星」。我們人也是要依循天的軌道，如果脫離了軌道就如同流星一般滅亡，所以我們要遵守天的軌道運作，才不會滅亡，因此了解天地之間的形成是很重要的。

可以為天下母。

宇宙在渾沌時產生了一切，由天的形成到所有星球的產生，然後才有人類的出現，所有一切都是天所生的，則可以為天下母，我們要向天學習，拿到天的資源。

以人來說，人是二五成形、三五成性，肉體是由父精母血而來，就像太陽的真精落在坎卦（月亮屬陰），即是所謂的「陰陽交媾」，再經過懷胎十個月才成為人，十月懷胎的階段便是有物混成的時候，在這階段中有些人會知道，但是大部份的人是不知道的，人的「出生」則是陰極而陽生時，所謂的「十一月冬至一陽生」，人在臍帶剪斷時大部份都處於迷糊狀態，不過有些人是半夢半醒，有的會知道過去，有的會知道未來，因此才會有「因果論」的產生。

宇宙在孕育這些星球，就像我們人懷胎十月一樣，這是由小（人）來比喻大（宇宙），人與宇宙的形成過程是一樣的。

吾不知其名。字之曰道。

天不言，地不語，宇宙沒有「言語」；「子時開天，丑時闢地，寅時生人」宇宙形成有天地時還沒有人的出現，當環境運作穩定適合人生存時，才有人的出現，寅時生人，子時到寅時是要經過很久的時間，人的靈性是來自於宇宙，星球在宇宙中繞著軌道運行，並沒有名字，因此我們不知道「宇宙」叫什麼名字，只能將星球循規蹈矩運行的行為，勉強給祂一個名字稱為「道」。

強為之名曰大。

這個道很大，所以用「道」來比喻祂的大，「道」長成什麼樣子也不知道，因為是自然混成的，「道」已經形成幾十億萬年，沒有人知道祂的名字，「道」也只是代名詞而已。

大曰逝。逝曰遠。遠曰返。故道大。天大。地大。王亦大。

道的範圍包括人的肉眼所能看見及看不到的範圍，看不到的地方已經是超出人可以想像的範圍，大曰逝，逝曰遠，遠曰返是在比喻道的大。

道大，天大，地大，而「王」是指人的自性。

域中有四大。而王居其一焉。

「域中」是範圍、區域的意思，在區域中有道、天、地、王四大。這段經文言下之意是指人的肉體，在我們肉體中有道、天、地、王，「王」即是我們的自性，天這麼大，地這麼久，竟然我們的身體可以將其包括在內，其意思說我們可以與天地精神相往來，道生成人，而人是天生地養，所以人體包含了道、天、地、王，我們的身體跟宇宙一樣有五行金木水火土，心屬火，肝屬木，胃屬土，肺屬金，腎屬水，如同一個小宇宙，也是一個小周天，自然界是一個大宇宙、大周天，所以我們的身體要跟宇宙同在、要跟天地同在。

「王」即是我們的自性，對人而言自性最大，所以屬於王，我們的自性要回歸原來生我們的地方，回歸於本位，所以要了解自然界所有的一切，才能了解自己的王及域中所有一切的眾生、天地，然後呼應宇宙，讓自性回歸於自然。

人法地。地法天。天法道。道法自然。

人要效法地，地有山川海、有風、有雷、有日月，我們要效法自然界的一切，地再效法天，一層層的效法，天法道，道法自然，意思是要從人最基本的動作回歸於天地、回歸於本位，要懂得利用大地所給予的資源，不能傻傻地出生，然後傻傻做、傻傻吃，一輩子就這樣傻傻地過，每個人都是這樣的過日子，沒辦法洞悉天地，而我們的小宇宙無法應對大宇宙，所以我們修持要從本身立足點開始，要效法自然界，要知道大自然的變化以及我們身體的變化。

在大周天裡面，地球繞著太陽走的行度有三百六十五天又四分一，有二十四節氣的變化，月亮繞著地球跑的行度有三十天，在二十四節氣當中，每一個月則有一節跟一氣的變化，小周天指的是月亮的行度，一天之中也分為一陰一陽，這是自然界的運作，我們都了解的，這不是一個祕密，也並不深奧，只是我們用自身的想法看待自然，因而產生很多的誤解，萬物皆在自然界當中，跟著自然在運作，所以我們要了解「道」及天地之間的形成過程，也要知道人的形成，這樣才能夠呼應宇宙的一切，讓我們延年益壽、返老還童、讓自性回歸本位。

輜重章第二十六

重為輕根．靜為躁君．是以君子終日行．不離輜重．雖有榮觀．燕處超然．奈何萬乘之王．而以身輕天下．輕則失臣．躁則失君．

重為輕根。

我們都知道重的東西一定會在下面，輕的則會在上面，這是很自然的，因為地球有地心引力，也有南極跟北極，兩極相斥而運作，如同磁鐵會吸住所有的東西，所以重的很自然會在下面，輕的則在上面，這代表者地球本身有吸收與放射的能量，地球就像人一樣會呼吸。

人要效法天地、效法自然，天為乾屬於陽，地為坤屬於陰，我們要和天地陰陽與地球的能量同時存在運作。

人跟天一樣都是周天，人是小周天，天是大周天，人與天要同時存在，但是天是寂靜、沒有思想，而人有思想，人會思考以及群居生活在一起，人與人之間則會有人事的問題，那便會產生思想，因此我們要與宇宙同在，就要將思想放空，即是「無念」，因為宇宙是寂兮寥兮，是寂靜的，我們的思想、念頭也要寂兮寥兮，要無念頭，才能與宇宙的能量同在，小周天才能呼應大周天，如果念頭多、有惡習的話，人自然會變得沉重，濁者下降，念頭是濁重的，會污染宇宙的寂靜，就無法與宇宙同在，那我們便會往陰的方向去，無法回歸宇宙，我們是從致虛極而來，就要回到致虛極去，但是我們越重的話，就回不去了，所以要將念頭修到無念的境界，自性變輕之後才能回歸本位。

人有肉體會受到地心引力的吸引而有所限制，肉體是我們後天的命，而自性是先天的，重為輕根的意思則是要我們先養命來成就自性，性命是一體的，將身體顧好才能夠力行修道培德，這樣才能夠回歸於先天的本性。

靜為躁君。

老師有說過，頭頂以上是先天之炁，頭頂以下是空氣的氧氣，我們吃的食物也是一種氣。「二五成形，三五成性」，人是由自性及肉體結合而成的，靈性需要先天的炁，呼吸的氣及食物的氣（養份）則供給肉體所需，這三種氣是性命所需要的來源。

人除了自性以外還有人性的存在，人性在遇到事情時，心火容易上升直衝到腦門，產生煩躁而失去判斷能力，同時心火也會燒到自性。

「靜為君，躁為臣」，修道者的心情與情緒不能有任何的起伏，因為情緒起伏時會把人性的心氣往腦部注入，那先天之炁就無法進到體內，所以我們要好靜保持情緒平穩、頭腦清明，讓體內的水火能夠既濟，才能延年益壽。

是以君子終日行。

「君子」即是有德性、知「道」的人，與「天行健君子以自強不息」中的君子相同，天行健在，君子要以自強不息，與天地同在，所以我們要像君子一樣，要明白天地之間的天文地理，時時刻刻與天地同在。

不離輜重。

自性不能離開我們的肉體，因為自性要修回本位需要靠肉體，靈性離開肉體，人就會變成植物人，就無法靠肉體修行，所以人一定要靠命成就自性，讓自性回到致虛極。

雖有榮觀。燕處超然。奈何萬乘之王。

修持沒有分貧窮貴賤，也沒有分富貴權勢，天下眾生皆可以修持，修道者沒有分別心，眾生皆平等，如果你是一個君子也是要沒有分別心。

而以身輕天下。

如果人的性命能夠跟大周天同在的話，那表示已經修成道了，因為輕者上升，濁者下降，輕者上升到天，才能與周天同在，成道的人身體都很輕盈，因為成道者時時刻刻保持與天地同在，也不會囤積能量在身上，這即是「正道」。

如果是修持旁門左道的人，身就不輕了，因為會把能量囤積體內或是集中在某個部位，讓身體產生一些變化，自認為這是修練的成果與眾不同，但是這都不是正道，因為這樣身體會變重不輕盈。

當我們自然保持好心情時，就會有好的性情，身體也自然會很好，那走起路來肯定會是輕快，這是自然的。我們修道就是為了能與天地精神相往來，與天地保持暢通時，身體自然就會輕，如果沒有保持暢通的話，某部位積久了就會長出東西，把細胞弄壞產生毛病，那身體就會生病了。

輕則失臣。躁則失君。

身體的細胞就如同眾生、臣子一般，身體輔助我們自性修道，當成道身體輕盈時，便不再需要身體的輔助了，所以輕則失臣。

「君」代表自性，因為自性控制人體的一切運作，就像域中的王；急躁則會產生心火，躁火衝到腦部時，自性便會失去判斷力，如同失去君主一樣，那就很難成道了。

躁火是屬於體內的火，則是密宗講的「拙火」，「拙火」只是修行的開始而已，我們要學習控制自身的拙火，也要能運用拙火，不然這一把拙火會燒到自性因而失君。

襲明章第二十七

善行無轍跡．善言無瑕謫．善計不用籌策．善閉無關鍵．而不可開．善結無繩約．而不可解．是以聖人．常善救人．故無棄人．常善救物．故無棄物．是謂襲明．故善人者．不善人之師．不善人者．善人之資．不貴其師．不愛其資．雖智大迷．是謂要妙．

善行無轍跡。

古代有一個「黃粱一夢」的故事，是呂洞賓修道前所做的一個夢境，描述他的人生從赴京趕考到終老，走完人生只用煮一道黃粱的時間，以現在的時間來說大約是一個小時，當他醒來時一生就已經過完了，夢中的他，榮華富貴集於一身，權高望重、子孫滿堂，但是醒過來時卻是一場空，他本來要趕京赴考，從此放棄而選擇了修道，我們的人生就如「黃粱一夢」，到頭來還是要醒過來的，也會是一場空。

「善」是指最好的事，那什麼是最好的事？「修道」則是最好的事，比黃粱一夢、位居宰相、金玉滿堂更好，所以呂洞賓拋棄所有的一切，去做他認為最好的事。

人要修道並沒有規定要以哪一條路當作修道的起點，每個人都是來自不同的家庭環境，只要自己從此發心要修行，便可以修道，善行沒有軌道，修道沒有一定的規矩，我們都在自然之中，修道的法門為自然之道，只要得一法門便可以成道，所以修道成道沒有軌跡。

善言無瑕謫。

修道學道本來就是要講好話，當我們選擇了修道的善行，成道的時候，我們則要善言，所謂的「善言」是說要將自身成道的方法傳承下去，要告訴及度化別人，教別人修道的功夫。瑕疵就是「瑕謫」，「無瑕謫」是沒有瑕疵、清澈無比的意思，這是指修道的方法，這個方法便是「醍醐灌頂」，「醍醐」代表人體的腎臟左性右命，腎臟屬水，我們體內一定要水火既濟，要將腎水提起來，讓心火在下，如同煮開水一樣，水滾了便會有水蒸氣往上升，直升到泥丸宮及松果體，松果體則會開始分泌，分泌下來的是屬於最清澈無瑕疵的水，再與我們的精氣神結合便會自然結丹，這是所謂的「玉液還丹」。

所以當我們成道能夠來去自如進入境界的時候，就要告訴別人，要教導人醍醐灌頂的方法，讓人也能夠玉液還丹、返老還童、返璞歸真，將最好的事說出去、傳承下去。

善計不用籌策。

「籌策」是買賣的意思；「道」沒有買賣，不能用金錢來衡量，教人成道的功夫不能計算，也不能計算教一堂課要收多少錢，如果「道」當成買賣來計算的話，則會墮入到旁門左道，因為人會為了利益關係而產生餘食贅行，以要花樣來吸引人，將「道」變成花樣成為賺錢的方法，那就已經違反了自然之道，已不是「正道」了。

善閉無關鍵。而不可開。

「道」並沒有鎖在箱子裡，也沒有設立密碼來開啟，更沒有關卡在而不可開，道就在自然之中，所以最好的修道方式，不需要鎖在箱子裡或是設關卡，因為教人修道是最好的事，能夠讓人返老還童、返璞歸真，讓人的自性回歸本位，因此我們要將好的修道方法講出去並度化他人，讓別人的自性也能夠回到本位，不要淪為「靈魂」。

老師講過，在世修在世成，自性回歸於本位稱為「自性」，亦是「自性佛」，如果再次於人世間輪迴則稱為「靈魂」，現在的各位開始在修持已是在往自性這條路走了，「回歸本位」這是我們最終的目的，所以你們要把這套修持的方法講出去。

善結無繩約。而不可解。

「善結無繩約」可以解釋為「返璞歸真」；以前還沒有發明文字時，如要記事則是單純用繩子打結作記錄，大繩結即是大事，小繩結便是小事。當我們去教化別人、引導別人修持時，不要有希望別人記住的心態，也不要有求回報的心態，以一顆單純的心度化他人修持。如果有了結繩的記錄，那便是有了計算與籌策。

是以聖人。常善救人。故無棄人。

「聖人」是有德者，亦是修道者，修道者修德培德是要在常規之下，不要標新立異。修道者最怕的是「佛魔」，就如披著羊皮的狼，包藏禍心，出門在外都慈悲，一旦回到家裡，對待家人卻是兇惡的一面，魔性就出現了，這是一種假慈悲，所以修道者一定要表裡一致。

修道者要度化眾生，雖然修道者本身在培德當中，但是還是要救不知道修道的眾生，讓他們的自性可以回到本位，不要再次成為靈魂，再次輪迴。道不會放棄人，因為我們都在道中。

常善救物。故無棄物。是謂襲明。

「常」是永恆的意思；「常物」指的是地磁與天的陽氣結合形成的「炁」，亦是「吾有一物」的物，這是天地所散發出來的能量，是屬於永恆不變的先天能量，我們要懂得利用先天的能量來修持自己。

用自然界的能量來補充我們的能量，讓我們能夠一陽生顯現自性，能量醍醐灌頂之後，松果體會產生分泌，讓我們返老還童、長生不老、返璞歸真，這是自然界的東西生生不息，我們要一代一代傳下去。

「襲明」是指十月懷胎之後再蹦一個你出來，亦是人世間一代傳一代的意思；「襲明」以修道的方式解釋是指我們聚氣成形產生另外一個我（自性），如何產生另外一個我？則要能靜、定、安，才能夠聚氣成形得到另外一個我，這即是雲子百字真言中「止璣入定真人現」

的意思，這是我們修練的方式，「璣」指的是北斗七星的勺柄，「止璣」是說北斗七星的勺柄停止運轉，我們要靜到天地皆停止運轉，才能聚氣形成一個真人（自性），如果氣渙散的話，便無法凝神了。「我再另外產生一個我」，「我再傳承另外一個我」，則為襲明傳承的意思。

故善人者。不善人之師。不善人者。善人之資。

「善人」是指最好的人，亦是修道有德性之人，如果我們能夠做到經典所說的方式，就能成為一個善人，即可稱為仙、稱為聖。

「不善人之師」的意思是指「道侶、道伴」；是說有人想追求，有人想要修持，而修道者是這些人的寶庫，就像老師是各位的寶庫，也是各位的道伴，各位遇到不明白的或是不懂得都可以問，老師是各位的資源。

不貴其師。不愛其資。

如果是一個明師的話，會下鄉與眾生在一起，開導人修道沒有分別心，因為眾生皆平等，靈性皆平等，不分男女老幼、不分貴賤貧富，也不會用金錢來衡量。

雖智大迷。是謂要妙。

「大迷」是惟恍惟惚、其中有精的意思，所謂的「玄黃」，即是天地日月交媾所產生的精華，而精華產生時是灰灰暗暗的時候。

「雖智」的「智」是指虛空境界的智慧，我們要用自身的精神與天地精神相往來，取得虛空境界的陰陽交媾之精華。我們人有自性亦是靈魂，這一世修成回歸本位便稱為「自性」，如果這一世沒修成而再次輪迴進入到後天日月當中，則稱為「靈魂」，「靈魂」即人的魂魄，「日為魂」，「月為魄」，所以在日月中的我們要懂得取日月精華來修持自己，要能體會道的妙用及妙處。「妙」則代表「道」，道德經第一章「道玄妙」中「玄」跟「妙」皆是在講道的妙處。

常德章第二十八

知其雄．守其雌．為天下谿．為天下谿．常德不離．復歸於嬰兒．
知其白．守其黑．為天下式．為天下式．常德不忒．復歸於無極．
知其榮．守其辱．為天下谷．為天下谷．常德乃足．復歸於樸．樸散則為器．聖人用之．
則為官長．故大制不割．

知其雄。守其雌。

「知其雄、守其雌」，這是在講形而上、形而下、德中有道、道中有德。「德」在道中稱為「道」，「道」在人世間稱為「德」，即是所謂的「道德」。我們修道人一定要有「道德」，不能只是修道而不修德性，如果本身道修不夠，德性也不夠，又不修德性，那距離成道的日子會很遠。

天地日月皆是在道中，是先有道才有乾坤日月、宇宙，道是很自然的東西，誰也不知道是怎麼發生的，也沒辦法去追究，道是很自然就有的。

「知其雄、守其雌」，雄屬於陽代表乾（天）為動，雌屬於陰代表坤（地）為靜，地為「創生」，因為地創造了萬物的生命。萬物中有男有女、有雄有雌、有公有母，也是屬於陰陽，人分為男女，陰陽結合才能延綿下一代，一男一女合起來是一個「好」字，所以人為「好生」，則是一代傳一代的意思，也稱為「襲明」。

為天下谿。

「谿」是一個形容詞，用山間彎曲流水的相來形容太極的「兩儀」，彎曲的流水把山分成兩邊，如同太極圖中間的那條線，一邊的山代表黑色，一邊的山代表白，黑與白則為陰陽兩儀，太極生兩儀，兩儀生四象，四象生五行，五行生八卦，再產生八八六十四卦。

伏羲氏創造八卦，再創立重卦，即是八八六十四卦，三百八十四爻，以爻的符號重覆交叉使用而產生的，伏羲氏利用重卦創造了很多的東西，制定五倫，有祖譜的傳承，訂定一夫一妻制以及庖廚，這些都是從八卦演變出來的，黃帝也是利用伏羲八卦發明了指南車打敗蚩尤，因此天下所有的生活發明都與易經及兩儀有關，這即是「天下谿」的意思。

宇宙是有生命的，人在大地生活，大地創造了人的生命，人要守住這個「雌」，要再回歸「雄」，回歸到宇宙中的另外一個空間，所以我們要知道陰陽兩儀。

常德不離。

「常德」是永恆的德，「德」在形而上稱為「道」，「道」在形而下則為「德」，亦是德中有道、道中有德的原理，稱為「道德」，上天給予我們的厚德，我們則要遵循著「德」回歸於「道」。

復歸於嬰兒。

我們要修長生不老，返老還童，不要等到退休，因為退休時生命也已經過了一大半，身體狀態大部分也呈現於停滯狀態，「臨老投僧，臨死抱佛」，這是很多人到年老時的心態，所幸上天有好生之德，只要我們想要的，都不嫌晚，所以不管是年輕或年老，也不分男女，都要把生命與身體養回到嬰兒時的狀態，復歸於嬰兒之後，要知其白，守其黑。

知其白。守其黑。為天下式。

「白」代表白天屬於「陽」，「黑」代表黑夜屬於「陰」，白天有太陽，晚上有月亮，日為離為火，月為坎為水，所謂的「日月坎離」，八卦及我們的開始是從離卦跟坎卦開始，「始於坎離，終於離坎」，即是始於既濟卦、終於既末卦的意思，生命始於震卦，震卦代表「生命」，是生命的開始，八卦中每一卦你們皆要了解。

宇宙的生命是一個圓，地球是圓的，太陽也是圓的，地球繞著太陽走是一個圓，月亮繞著地球跑也是一個圓的，皆離不開圓，因為天下都是這個樣子，宇宙由兩儀開始，有黑跟白，亦是生命的開始，我們要知陰陽，要陰陽合併，純陽或是純陰都不好，要於復歸生命的開始。

為天下式。常德不忒。復歸於無極。

天下就是一個圓，這個圓是所謂「一真法界」，在一真法界中有道、有德、有天下的一切。

宇宙是永遠不會改變的，並不會因為我們的出生而改變，也不會因為我們的死亡而改變，宇宙是永遠存在，我們要循著道的規矩返歸回去。

太極生兩儀，兩儀生四象，無極即是太極，兩儀是有生命的開始，生命的源頭來自於無極，復歸於無極亦是要回到我們生命的源頭。

知其榮。守其辱。為天下谷。

我們的靈性是從上天降下來，來自於無極，並不是從靈魂而來轉世的，我們是由自性而來的，這是我們的榮譽，這是知其榮的意思。

守其辱就是說我們既然來到了人世間，就要能忍受人生中的酸甜苦辣、七情六欲，有幸成為人來到人間歷練，便要能夠經得起這樣的歷練，如果經不起歷練，日子隨波逐流一天過一天，這樣的人生是不會非常圓滿的，雖然自性是從無極而來，降世成為人，但是不知道修道，不知道如何守其辱，只是隨波逐流追求物欲，那就無法回歸於無極，你如果覺得做人很舒服，便會忘了回去的路，即便知道自己前世來自何處，但是忘了修持，還是無法回歸。

人的境界是一場歷練，老子道德經左契章有提到的，我們是與上天簽了合約因債務而來，來人間歷練清償債務，再拿借據的左契回去符合右契還債，如果有未還清的債務或是有不足的地方，則再來輪迴於人世間繼續清償，所以人是背著債務來的，並不是來人間享受的。

我們要把人世間當成是一種歷練，不要當成是一種災難，「人生是苦海、回頭是岸」，要懂得回頭看看來處，人要向後看（來處），不能向前看，一直向前看的話，便會沉淪於追求當中。

為天下谷。常德乃足。

「天下」是指天以下；「谷」代表陰陽；人是腳踏著地，頭頂著天，立足於天地之間。天地之間有陰陽兩儀，道是兩儀的源頭，人是在兩儀當中，要回歸於道的話，就要藉由陰陽之炁及陰陽的一切，順著自然界的序，順著春夏秋冬、二十四節氣來調節我們的「形而上、形而下」。

常德是指永恆的德性，德在道中稱為「道」，在人世間將德性修持足夠了，就能回歸於道，這便是「成道」了。如果德性不足的話，那就無法回歸，依然要繼續在人間歷練。

復歸於樸。

「樸」是指樸樹，它是非常堅硬的樹木，以前都用來磨東西，如同現在的磨砂紙、磨刀石，這種樹很堅硬，但是很醜，除了磨東西以外，並沒有其它的作用，復歸於樸意思是說我們要用常德來磨人性，即便是德修足了，還是需要再磨練。

樸散則為器。聖人用之。則為官長。

樸散則為器則是把樸樹砍下當作磨東西的器具；聖人是指常德已經俱足的人；「官長」的意思是說當一個領導者或是當一個可以請益之人；我們要拿著磨刀石磨去自己的稜稜角

角，修心修道，修德修脾氣，把自身的脾氣修掉，不好的習性、習慣，用樸磨去，才能成為讓人請益善知識的聖人。

故大制不割。

「大」是指宇宙以下，也是道、自然的意思；「不割」是說沒有辦法割捨；道不會把我們割捨掉。

在自然之下，人都會有脾氣與毛病，用磨刀石把稜角去掉，就能夠圓滑不傷人，我們修道要把本身的脾氣、毛病修掉，把不好的脾氣去掉，以常德做規範，才能夠把德性顯現出來。

自然章第二十九

將欲取天下而為之．吾見其不得已．天下神器．不可為也．為者敗之．執者失之．故物或行或隨．或呴或吹．或強或羸．或載或隳．是以聖人去甚．去奢．去泰．

將欲取天下而為之。吾見其不得已。

如果想要取天地陰陽之炁及自然界的能量，要無為而為，但是我們要先從有為法回到無為，不過有些事情是不可以做的，如「天下神器不可為」，我們要順著自然之道，要修自然的德，清靜無為，金剛經中有說到「一切有為法如夢幻泡影」，因為成道時有為法就不再需要了，當我們還沒成道時，還是要藉著有為法來成就「無為」，這是老師要教導各位的，讓各位依循有為法進入到無為的境界，但是要進入到無為的境界，則要把有為法全部拋開，如同太空梭登陸月球一樣，推進器一節一節的脫落，最後才會進入到月球上面。

人的靈魂中有累世的因果業報，這些都是包袱，我們要藉由自然界的力量及德性，將累世因緣全數去除，不能結怨，我們要行功了愿，俱足天的德性與人的德性，將因果業報一件一件的除去，才能進入到無為的境界。

天下神器。不可為也。

老師有講過，眾生有兩種，一種是人，一種是無形的鬼神，人的自性也是神，只是兩者的自性下降到不同的地方，既然神與人皆是眾生，那在天之下則一樣平等，只是神與人的差異性在於有無神通而已，不過我們人也是有在修持修為，但是人不能因為在世有修持，在肉體滅亡之後，就不回歸本位覆命，而是要當所謂的「神明」。

人要成為神，肉體需要經過歷劫，所謂的「歷劫」則是肉身要經歷滅亡，而稱為聖人或是仙者，其肉體並沒有經過歷劫，但是成為神之後，在人世間也只不過最多百年而已，而先天之性也無法回歸於本位，所以人修道不要一心想要成為神明，而是要能夠成聖成仙，要能返老還童、反璞歸真，自性回歸到本位，所謂的天下神器不可為，便是這個意思，人的肉體也是神器，當時候到了產生另外一個你時，也是要不可為，放下肉體回歸於本位。

為者敗之。執者失之。故物或行或隨。或呴或吹。或強或羸。或載或隳。

如果修道者想要當神，很容易走入旁門左道，學習非正道的法，如果是這樣就不好了，一心執著要當神，便會失去一切，會再次輪迴於畜生六道。

是以聖人去甚。去奢。去泰。

一個修道者要培養德性，才能夠反璞歸真，這個「德」包含很大、很多，四維八德、五倫都包括在內，並不是指有公德心的「德」，這個小德，我們要將修道者的德性展現出來，才能夠回歸於本位，不然便會墮入「六道」當中再次的輪迴，現在的各位既然成為人就要好好地修持。

不道章第三十

以道佐人主者．不以兵強天下．其事好還．師之所處．荊棘生焉．大兵之後．必有凶年．故善者果而已．不敢以取強．果而勿矜．果而勿伐．果而勿驕．果而不得已．是果而勿強．物壯則老．是謂不道．不道早已．

「眼睛是靈魂之窗」，眼睛為目、屬於八卦的離卦，離卦為日屬於陽，屬於南方，日光照射下來有七彩的顏色，眼睛才能夠看到這個世界繽紛的五顏六色，人使用最多的器官便是眼睛，再來就是頭腦，我們的眼睛通往神識，為靈魂之窗，當眼睛看到時，色受想行識五蘊、七情六慾便會產生，所以眼睛非常的重要。

離卦（☲）是兩個陽爻包住一個陰爻，陽爻代表我們周圍的能量，陰爻代表人的肉體，肉體屬於坤為陰卦，人的肉體是被陽能包圍住的，八卦的六子坎離震兌巽艮各有其用處。

修道者對於自然界的現象，要能了解明白，現實界的「有」一切來自於「無」，人的形骸有一天一定會毀滅，我們的靈性來自於「無」，所以靈性（自性）也要回歸於「無」，因此在大道當中要了解自然中「無」的生命，從「天自然的發生」到「地的創生」、「人的好生」都要清楚明白，各位所學習的並不是只有人生道理而已，要學習的還有很多，不管是生前或是死後皆是要學習了解的，我們來自於哪裡要回歸於哪裡，一定要知道，這是很重要的。

以道佐人主者。

修道者了解了天文地理，也要以自然輔佐君主合乎於道、合乎於自然，因生而生，因滅而滅，生滅之中有自然界循環的道理，有些事情是不能強求，所謂「強摘的水果不會甜」，強求並不會得到好的結果，因此要合乎於自然，順應四時而走。

「四時」是春夏秋冬，所謂的「少陰、少陽、老陰、老陽」，兩儀生四時，才會有五行金木水火土，再產生八卦、十二辟卦，十二辟卦則是以太陽為主，有春夏秋冬四時，產生了二十四節氣，每一個月有一節一氣。月亮的行度有三十天為一個月，所謂的「三十輻共一轂」，三十天當中月亮有晦、朔、望的變化，在這當中有很多能量的產生。

地球的地心引力有磁場，宇宙之中有氣場，彼此相生才能夠運轉，地球因此才不會毀滅，地球中心軸傾斜二十三度半是有其原因的，再靠著八卦的「巽卦」推動，巽卦屬於風，風把氣場吹開，佈滿整個宇宙，我們所要學習的便是要把宇宙的氣再凝聚成神，產生另外一個自己，這是自然界的現象，所以我們修持要合乎於道。

「以道佐人主者」則是以天時地利輔佐，跟著自然的定律走，不能違背自然，不然便會滅亡，如同星球沒有遵循道而運行，離開軌道就會毀滅成為流星，因此人要依照上天的德來培德、行德並輔導人行德，再回歸於上天德性，德在天為道，道在地為德，天地厚德載物，所謂的「培德」是要培養上天自然能源的力量，即是要培養厚德載物的德性，老師很注重「培德」，「培德」有兩種功能，第一個是以一人之功利益於眾生，即所謂的「功德」，第二個是以眾生之利來利於眾生，則為「公德」，功德與公德是要並行的，各位現階段首先要以一人之功來利益於眾生，是我們目前所要學習的，即是「以道佐人」。

我們一定要符合天時地利，這是所謂的「元亨利貞」，易經的第一卦是「元亨利貞」，即是通天的意思，元是乾卦，亨是亨通的意思，利是利益於眾生，貞是堅定順從；堅定順天是「元亨利貞」初步的解釋。

我們行德也是行道，培德也是培道，「道德」是要力行的，各位已經開始在實施「體」了，先讓各位了解宇宙天體的運作，再將我們體內的小周天合於七政，一切成就即是「戊己之功」，「戊己」是我們的中宮，屬於土，胃為代表，一切成就亦是胃的功勞，老師會在課程中慢慢講解給各位知道，希望各位能夠將各章節串連起來。

自然界的奧秘是能量跟質的結合，天地奧妙稱為「神」，人的自性也稱為「神」，老師說過，人的精神能夠與天地相往來，即是所謂的「神通」，人的神通天地的神，這也是一種奧妙，能夠與天地相往來，便能長生不老、返老還童，各位一定要努力學習。

不以兵強天下。

如果你得到與天地精神相往來的神通，則會變得很強壯，已經是一個有成就的人，可以稱為聖人或是仙者了，可是當你已擁有這種能力時，不能用這能力去害人，這會違背上天的德性，這能力就像是一把刀，因此老師教導各位是非常地謹慎，希望各位慢慢地學習，能夠把自己脾氣毛病去除，一步一步的走，把根扎穩，這樣便不會違反自然界的道德，在人世間也不會違反德，各位要了解其中的道理，老師希望各位能夠與天地精神相往來，得到天地的奧妙與道的智慧。

其事好還。

修道者得到與天地精神相往來的神通，便是掌握了自己的利器，就要以一人之功利益於眾生，這即是「功德」。如果以一人之功利危害於眾生，則會成為「魔」，佛變成了魔，那已經是「走火入魔」了，人性即是魔性，需要用德性把魔性去除，才能夠其事好還，多做一點功德與公德，兩者同時並行，人事的功德是要去掉我們的五蘊色受想行識、七情六慾，去除魔性成為有德性的人，便能夠成為一個聖人，所以我們在世能夠成為聖人來去自如，順利的回歸本位，那是最好的事，這是「其事好還」的意思。「好還」是回歸本位的意思。

師之所處。荊棘生焉。大兵之後。必有凶年。

「師」在以前指的是軍隊，「荊棘」是帶刺的植物，意思是指困難的環境。

故善者果而已。不敢以取強。

老子道德經左契章有講過「執左契」，在人世間是一種歷練，是在磨練人的心性，我們的自性本來就是佛性，佛性來到人世間就被蒙蔽了，因為我們的眼睛可以看到日光照射下來的五顏六色，非常的漂亮，看見漂亮喜歡的東西，便會有貪念的心，感受與感覺則會直達自性，如蒙塵般日積月累，那自性則會被蒙蔽，善性也會被蒙蔽，在貪欲的環境下便產生你爭我奪，所以我們需要用上天的舍利子（能量）來洗滌心靈。

有因就有果，修道者很注重因果關係，因此修道者知道結果則不敢強取，因為強取便會造因果。人因為眼睛看到，便會馬上產生念頭，但是這個念力已是污濁的，氣同時也濁了，便不能用了，那就無法外陽內陰與自然界能量相配合，便無法取到外在的自然能量，所以少欲、少念頭對我們來說是很重要。

果而勿矜。果而勿伐。果而勿驕。果而不得已。是果而勿強。

「矜」是指矛的長柄，意思是說要有謙虛的心；我們修為好則要謙虛不張揚，修為越好的人，其德性是會由內心向外散發出來的，同時也會讓人有所尊重，如果學會皮毛的修為功夫就開始張揚，那便會產生不好的後果，所以本身修得越好，功德越好，那內斂功夫更要做好，如果還只是在淺修階段，內斂功夫不夠時，更是要虛心學習。

虛心不張揚的內斂功夫，以八卦來說是兌卦，兌卦是屬於金、屬於口，口代表說話，當話很多時，氣容易渙散，自然的能量則無法與我們的體內相通，因為氣一直散發出去。

太陽的能量是放射性的，人的自性也會放射光的能量，所以要將自性光鞏固好，不要一直向外放射，當我們驕傲時與人較量長短，那便是在放射自性光，只是在消耗自己的能量而已，同時外面的能量也無法進來，因此我們要矜持、內斂、閉口，同時思想、念頭也要沉靜下來，不要亂想，那外面的舍利子能量才會進到體內。

太陽的能量無所不在，不管地下室或是山洞都有太陽能量，因此不管你有多麼的忙，也要給自己一些時間靜下心，花三、五分鐘的時間靜下來，不要有念頭，思想不向外放射，閉口、眼睛垂簾，外在的能量就能進到我們的體內補充能量，不然的話，因為我們的念頭，自性光會一直放射與太陽能量相牴觸，吸收不到的太陽能量來補充自身的能量。

物壯則老。是謂不道。不道早已。

人從出生開始便已經在消耗自身的生命，幼少壯老，一個階段一個階段走過，最終則老去。

「不道」是指沒有修為，沒有培德；如果沒有修為培德的話，人早早便會終老而去。心中有道，心靈與自性自然保持年輕，然後帶動肉體有衝勁，即便是年紀大，心態也是能年輕、有衝勁的，不能說年紀大的人就沒有用處了，人活著皆是有用，天生我才必有用，所以人一定要保持年輕的心態，要有道，要培德，德即是道，道即是德，所謂的「道德」，不能分開的，所以要培德，不然就不道早已。

貴左章第三十一

夫佳兵者．不祥之器．物或惡之．故有道者不處．君子居則貴左．用兵則貴右．兵者不祥之器．非君子之器．不得已而用之．恬淡為上．勝而不美．而美之者．是樂殺人．夫樂殺人者．不可得志於天下．吉事尚左．凶事尚右．偏將軍處左．上將軍處右．言以喪禮處之．殺人眾多．以悲哀泣之．戰勝則以喪禮處之．

老師是用言語以心契心、以心應心，將各位帶到老子道德經每一個章節的境界裡，希望各位在當下能專心，才能夠進入到另外一個境界，所謂的「境界」是宇宙的生命，即是「太極」、亦是「太一」，「一」代表宇宙的生命，因為「一」的兩端是陰陽，陰陽連結成為一個生命，我們要用自性的生命進入到宇宙的生命，與宇宙同在，這便是「境界」，只是各位現在還不會用自性進入到境界，與宇宙同在，所以各位上課時不要把心分散於抄寫方面，只要心靜下來，老師便會把各位帶入境界，讓各位熟悉境界，以後能與天地精神相往來的時候，就會知道這就是境界，老師的方法是「引人入勝」，將各位引入勝地，所以上課要專心、要契心應心，各位在百忙中能夠抽出時間來學習，為的就是能夠「入勝」，一旦分了心，念起氣就濁，便無法入勝開智慧。「專心」、「專一」是修道者最重要的事，「一」是太極，即是渾沌的境界，境界是惟恍惟惚、恍恍惚惚，是灰色的，不暗不黑不白。

當要專一時，則要把所有的凡事放下，將心往下沉，把不好的心念沉到腹部（中宮）將它消化排出，人體的腹部屬於坤、屬陰，屬於「地」，代表「藏」。

夫佳兵者。不祥之器。物或惡之。

修道者要合乎於天道，跟天道往來，天地的能量取之不盡，用之不竭，靠著自然界的舍利子、質跟量來修為就已經足夠了，不需要靠外物，但是有些旁門左道的小道則是靠一些外物來修持，比如石頭、海水、山的能量等等，或是做一些損人利己的事，我們走的是正道，取之於自然，用之於自然，回歸於自然，不需靠外物修持。

秦始皇要求長生不老，派徐福帶著童男童女到日本去取長生不老之藥，這是做損人利己的事，這樣並不能得到長生不老的藥，因為這是不好的事，因此只要是讓人厭惡的事都不要去做，所以我們要如地一樣厚德載物，要有地的德性。

故有道者不處。

我們走的是正道，要靠自己本身努力，不要像旁門左道靠一些外物，老師重視的是「實修實練」，自然能量是大自然給我們的恩澤，「澤」代表兌卦屬金，我們的肺臟也是屬於金，我們的一切是要靠著氣的能量輸送，「精氣神」是人體的大丹藥，我們要合乎於天道，將自然能量引進身體內與精氣神合而為一，要靠著我們的肺氣才能夠一陽生。兌卦代表「恩澤」，澤是指窪地有水的地方，有水便會有生靈存在，有生靈則有生機。

大道不會跟旁門左道走在一起，修大道能夠元亨利貞，與天地自然相通，不需要靠外物。

君子居則貴左。用兵則貴右。

思想分為左派與右派，右派是屬於穩重的保守派，左派是屬於激進派。君子是指修道者、有德者，貴左的意思是我們把握時機趕快修道，把握當下激進規劃自己，貴右則是要懂得用方法養性及伏食天地之間的能量。

兵者不祥之器。非君子之器。不得已而用之。

亦是易經所說「潛龍勿用」，意思是說備用著可用或是可不用，何時要用不知道，但是最好都不要用到。

恬淡為上。

安靜平淡叫「恬」，「靜定安慮得」，我們要靜而定，定而聚氣凝神，產生另外一個我，就能與天地精神相往來。

頭頂泥丸宮以上是氣場與磁場所結合的炁，而鼻子呼吸的氣是空氣。恬淡為上是說當靜的時候，清者則會上升，濁者便下降，濁氣會下降藏於地，清氣則上升安於神、安於陽，再回歸於乾。

勝而不美。

當自己戰勝自己成道時，就可以進入到境界，但是境界並不美麗，並不是像龍宮、皇宮一般美麗，這是人的妄念幻想出來的，「勝而不美」就已經明白告訴我們「境界不美麗」，人的世界才會美麗，因為陽光照射下來有五彩繽紛的顏色，人的眼睛看見美麗時就開始傷神，永遠沉淪於人世間，其實境界是昏昏暗暗的，並不美麗。

而美之者。是樂殺人。

這是在講「因果關係」，有因就有果，有因果亦是輪迴的開始，濁者下降，自性濁了下降成為靈魂，則會墮入於輪迴當中。

夫樂殺人者。不可得志於天下。

「殺人」是指意念與妄想會產生因果；「天下」是天以下地以上，指的是「境界」；如果意念、妄想多則會產生因果關係，因念力濁了沒有培德，就無法成道回歸於境界，因為德即是道，道亦是德。

吉事尚左。兇事尚右。

吉事尚左的意思是說我們要趕快去修道；兇事尚右是指祭天，祭天時會用羊來祭祀，羊犧牲自己的生命而奉獻於天，羊屬於兌卦，兌卦為口，「兇事尚右」解釋的意思是「閉口」

是修道的行為。

偏將軍處左。上將軍處右。言以喪禮處之。殺人衆多。以悲哀泣之。戰勝則以喪禮處之。

以上的經文意思是講「禮節、禮數」。在此不加以引申及論述。

知止章第三十二

道常無名．樸雖小．天下不敢臣．侯王若能守．萬物將自賓．天地相合．以降甘露．人莫之令而自均．始制有名．名亦既有．夫亦將知止．知止所以不殆．譬道之在天下．猶川谷之於江海

所有的一切皆是從形而上而來成於形而下，在宇宙當中有三樣東西「靈、能、質」，這也是構成「人」的要素，產生人的性命，有命才有性，有性才有命，這兩者合為一物，老子道德經說吾有一物指的是「性命」這一物。「命」是我們的形骸，「性」則是我們的自性，亦是靈，形骸注入了自性（靈）之後，人才能夠動，一切動物皆有靈。

道常無名。

道在宇宙開始但還沒有人出現時是無名，人還沒出生是在道中，也是沒有名字的，這時候的宇宙只有存在著「能」跟「質」，當宇宙乾坤一破，墮落於坎離當中，靈與質的結合產生了人，有人之後則有了神話的產生，神話是來自於宇宙的奧秘，神話再產生文化，有文化才有名字的開始。

坎離代表「陰陽」，在天為「陰陽」，在地為「剛柔」，陰陽、剛柔、乾坤是看要用於何處，那代表的名詞就會有所不同，其實剛柔跟陰陽是相同的意思。

天行健，君子以自強不息，「健」是剛的意思，屬於陽，天體是逆著運轉，地球是順著在運行，「天行健」表示宇宙是不斷地運轉，並不會停止的，只有人的生命才會停止，人的形骸是會毀滅的，天以下的物類都會毀滅，但是我們的靈不滅，不過沒有修為的話，靈還是會滅亡的，所以我們要吸收天地之間的能量，讓靈性返回本位，靈性才不會滅亡。

性去人亡，命去也是人亡，在形而下性與命是同時存在的，如果兩者無法同時存在的話，是會毀滅的，有靈沒有形骸也成不了事，因為沒辦法獲取能量，有形骸卻沒有自性，也是推動不了能量，因為能量是供給我們的靈所用，我們的質是吸收物質的能量，人的能量來源有兩種，一個是太陽的能量；另一個是攝取食物的熱量，這兩種能量要結合為一，因為人是由靈（自性）與質（形骸）的結合，需要吸收這兩種不同的能量。

如果在形而下人的形骸不能攝取這兩種能量，人必將滅亡，因為自性與形骸都沒有能量，俗話說「要顧肚子也要顧佛祖」，肚子亦指我們的肉體，而佛祖代表自性，兩方面都要顧及到，但是要得到這些能量是要用智慧，不要走錯方向，不要為了獲得能量走捷徑入了小道，我們不能不擇手段的獲得。

樸雖小。天下不敢臣。

「樸」在前幾章節有提到，它是一種樹木，可以磨東西，把東西的毛邊去掉。「樸」代表自然的法則，不要小看這個法則，它是可以磨光很多東西的，在宇宙之下，所有的生命都要有這個「樸」，我們的自性、肉體、人性都要修為，遇到任何事情要磨練、要實修實練，去除不好的，用人性修回我們的自性，回到致虛極，因此命與性兩者密不可分。不過因為這兩者的差異性，可能會產生進入境界或是進入空相的分別，空相的產生是人性有七情六慾，會胡思亂想，做不到則用想的，因而產生了幻想，那就變成了空相，如西方極樂世界去不了，你就用想像的，同時也希望別人認同你，你便會闡述西方極樂世界是多麼美好的，但是境界是無法用言語講的，只能用感覺、感受，自性感受到能量，回歸到本位時，這才是所謂的「境界」，境界是屬於自性所在的地方，這是境界與空相的不同之處。

侯王若能守。萬物將自賓。

宇宙是乾坤陰陽，亦是太極，太極轉動而生萬物。易經八卦中乾為父卦，坤為母卦，乾坤交媾產生六卦「坎、離、震、兌、艮、巽」，合起來成為「八卦」，六卦即是「侯王」。人的自性與質（肉體）結合之後，落在日月坎離之中，亦是落在六卦當中，在有相界雷為震卦，山為艮卦，風為巽卦，月為坎卦為水，日為離卦為火，澤為兌卦，這是六卦的屬性，是形而下看得到的自然界，這時侯人已經產生了，才能將自然界的相產生八卦。

「侯王若能守，萬物將自賓」的意思是說自然界的能量，若能守住的話，萬物便會自己生長，因為萬物是遵循著自然界的運作。

天地相合。以降甘露。

天地亦是乾坤，乾坤相合之後，有了自然界的卦象，乾是純陽卦，坤是純陰卦，降合在六卦當中，每一卦當中皆有陰陽，陽中有陰，陰中有陽，陰陽是要自然的調和。

天地相合即是「陰陽調和」；甘霖是指「水」；之前有提到過「醍醐灌頂」修練的功夫，醍醐灌頂才能玉液還丹，這是心性法門，以十二辟卦而言指的是「一陽生」，密宗講的是「拙火」，道學說是「水火相濟」，拙火升起，水與火便要能相濟，才能以降甘霖，水火既濟，水火未濟，既濟之後到了未濟。

人莫之令而自均。始制有名。名亦既有。

「人莫之令而自均」這是所謂的「調和」；人的質與能調和演練之後，便有名字的產生，自然界的相也有了名字，八卦亦有名字，那就可知道其相生相剋的原理，這樣才能知道如何攝取大自然的能量來調和。

夫亦將知止。知止所以不殆。譬道之在天下。

「止」指的是艮卦，代表「山」的意思，連山、歸藏的「連山」，從山開始止於山，所謂的「有始有終」，開始結束的循環是無止盡的、是無始無終的，從艮開始又止於艮，又從艮開始又止於艮，這就是神農氏的「連山易」。

「夫」是修道者，「亦將知止」是指卦的相生；艮卦（☶）代表山，上面是一個陽爻，下面是兩個陰爻，一陽二陰（☵），地是屬陰，宇宙是屬陽，這是陰陽卦象，中間的陰爻代表人。八卦的卦象即是道在自然界的演練。

猶川谷之於江海。

所有的河川最終皆匯入於江海中，如同我們的靈來自於宇宙本位，最後我們還是要回歸於本位。

自然界中水遇熱變成水蒸氣往上升，遇到冷空氣變成雨，再匯集於河川流到大海，太陽一照射，水蒸氣又往上升，自然界就這樣一直循環輪迴著。

我們心性的修為也如同自然界的循環，從體內一陽生開始，熱能往上升，水火既濟時，水蒸氣往上升到松果體，松果體便會分泌唾液到我們的下顎（華池），松果體分泌的唾液即是玉液，玉液再結合我們的精氣神，便能自然結丹，這樣的修為並非修持一次，是要循環不斷地修持，這是內體的修為，到了一定的程度，各位自然就會「伏食」，伏食並不是用口，伏食是用泥丸宮攝取能量來結合精氣神，這是更高的修持方式。

目前各位所要學習是「猶川谷之於江海」的內在功夫，但學習內在功夫時，一定要合乎大自然、合乎易，要始於艮、止於艮，我們要知道攝取自然界的能量，利用形而下的能量給予我們的靈跟質用，讓我們能回歸本位。

盡己章第三十三

知人者智．自知者明．勝人者有力．自勝者強．
知足者富．強行者有志．不失其所者久．死而不亡者壽．

知人者智。

知道與了解人的日常生活及行住坐臥，則是一位智者，了解人與人之間的關係，或是利用本身日經月累的經驗來告知後輩，這是屬於自己本身的智慧，智慧是經驗的累積、是循環不變的道理，就像看到天出異相便可知道會有事情發生，這是所謂「智慧的預知」，所以能夠將所知道的變成文化傳承下去的人，那就是一般說的有智慧者，但是這是在講形而下的功夫。

「形而上，形而下」出自於孔子的《周易繫辭傳》，「形而下」即是實相界，就是我們看得到的有形世界，包括人、動物、植物，「形而上」是指虛空境界。

天下萬物孤陰不生、孤陽不長，一切的物類非純陽純陰，皆是陽中有陰、陰中有陽，萬物都會毀滅，這是在形而下所有物類的狀態。我們要去了解自然界的循環與這些相存在的道理與作用，把它記載下來，轉化成為智慧再傳承下去，智慧是靠累積、一代傳一代而保存的，就像中華文化就有五千年的傳承，這也是智慧，現在的科技及文明皆是智慧的結晶。

自知者明。

「自」是自己；自己本身要知道自然界的形成，要懂得「近取諸身；遠取諸物」，所謂的「近取諸身」是指我們就是一個小周天，自己離自己最近，我們的肉體是父精母血結合而成的，結合靈性成為一個人，靈能質的結合在形而下生活，我們需要物質與靈子的能量，所以要用自己的肉體取得一切的能量及運用能量。

「遠取諸物」則是以我們的小周天配合大周天，人的自性靈子來自於虛空境界，宇宙的「能」即是五行之氣的能量（金木水火土），自性靈子要與五行的能量結合在一起，攝取五行之氣。太極生兩儀（陰陽），兩儀生四象（老陽、少陰、少陽、老陰），即是春夏秋冬，再來就是五行生八卦，五行之氣配合運行，宇宙的五行靈子與有形世界的質結合，產生地的五行，人在五行當中，所以我們的體內也有五行之氣。我們本身要知道陰陽，要了解人是靈能質所構成的，要知道自己是一個小周天，要以小周天應付大周天。

勝人者有力。

「勝人者有力」是指在於形而下人與人競爭的行為，與人競爭時會運用自己的智慧或是力氣來爭取勝利，競爭會產生勝利與失敗的結果。

以前要攻下一個國家或是一座城池，都是要靠人力來攻打，人的力量越大力氣就越大，這是勝人者的力量。

自勝者強。

這是指「形而上」的修為，我們本身要去了解自己，在自己身上做修持的功夫，「自勝」則是要勝於修持功夫與延年益壽，人從出生開始就在消耗生命，要補回自己的生命及中止損耗，便是要能夠返回去，即是返老還童，因此要懂得利用自然界奧秘的能量來延續自己的生命，「強」的解釋為「陽」，「強」在八卦是屬於「乾卦」，代表「陽能」，即是「究」，與「天行健，君子自強不息」的「強」是相同的意思，所以懂得攝取「陽能」給自己用的人，便是自勝者。

知足者富。

我們在欲望方面要能夠知足少欲，每個人皆會有貪嗔痴，因為人不可能安於現狀，好還要更好，一定會追求物質上的需求，但是我們不要過份的追求，適當就好，「知足」即是適當，但是「適當」很難定義，要依自己能力範圍所為，但是自己本身也要能夠知足，因為每個人的標準都不一樣，我們一個月生活費一萬就可以，可是別人生活費要二十萬，同樣是過一個月，標準不同所追求也會不一樣，所以我們要恬淡少欲，不要想擁有太多的物質。

如果心思一直在追求物質的話，心念就會被這些物質佔據了，一切唯心所造，眼睛看到的、心裡所想的直接通往我們的自性，「道神德行」，「道」與「神」皆是奧妙之意，需要用德去行，當自性（神）被利益薰心時，心被利益蓋住了，那我們的自性就無法與道的神相通，便無法攝取宇宙靈子的能量，那自己勝過自己就很難了，所以我們的心要有與無形界力量相通的空間，並保持暢通。

強行者有志。

「天行健，君子自強不息」，要行強，則要當一個君子，要天行健，就要修道，走入修為的人便是強行者。

「強」有兩種含意，一種是「天行健，君子自強不息」，另一種則是恆心與意志的意思。「強行者有志」是說修道者要以小周天應付大周天而運作，攝取無形界的能量，而且要有恆心把修道當作畢生力行的志向。

不失其所者久。

修道不是一天兩天的事，是一輩子的事，到臨死的那一刻也是要修道，所以我們要有恆心，不要失去意志力，真正的修行是要靠一點一滴的累積，滴水能夠穿石，我們的修為好比水滴，道就像石頭，每天滴石，日積月累便能夠穿透石頭，但是沒有修為的話，就另當別論了，因為天下沒有白吃的午餐，所以要外功內德兼並持之以恆地修為，如果其中一項不夠的話，要用德性來補，上天有好生之德，要用我們的德性感動上天，道與德是並行的，如果修道修為的功夫很好，但是德性不夠，還是會被列入魔道，難以成佛。

「久」就是所謂的「延年益壽」、「返老還童」、「返璞歸真」，讓我們的身體能夠健康。在宇宙當中太極之後就是兩儀陰陽，我們的修為就是要所謂的陰陽消長，新陳代謝，生生不息，我們要保持細胞的新陳代謝，讓我們生生不息，這是要靠著陰陽的消長，回歸於太極，我們要生生不息，新陳代謝，才能夠「久」。

死而不亡者壽。

當我們在人間住膩了，想回去了，死的時候會比一般人來得健康長壽，我們不求好生但求好死，能夠健健康康的走，能夠健健康康的留下，這是我們希望的，唯一的還是要顧及到能夠生活，要顧到自己的肚子，把自己的本份先做好，欲望不要那麼多，要知足者富，但是在現今的社會競爭非常的強，不進則退，現實的社會就是這樣，所以我們也要達到一個平衡，維持平衡，不跟這社會競爭，也是會被這社會淘汰，因此我們要運用智慧去平衡驚濤駭浪的環境，讓自己能夠生存下來，然後才能夠修道求道，知人者勝，我們要利用智慧知道現今社會，要用智慧去平衡現在的環境如何去競爭，然後再用智慧去平衡環境與我們的修為之間如何去運用，才能夠死而不亡者壽。

成大章第三十四

大道汎兮．其可左右．萬物恃之以生而不辭．功成不有．愛養萬物．而不為主．常無欲．可名於小．萬物歸之．而不為主．可名於大．是以聖人．終不為大．故能成其大．

《經典》是先人走過所留下來的經驗，我們修為重於實修實練，一定要身體力行印證經典中所寫的，如果只是靠著前人的腳步走，照著經典修為的話，會有差距產生，就像寫書法，不會寫字之前就會用擬摹，但是擬摹有很多種方式，花樣百出，所學習到只是字的形狀而已，卻是無法得到字的精髓，所以身體力行很重要，「迷者師渡」，當各位在迷失時，老師帶領各位入門，但是修行則是要靠個人實修實練，以經典為基礎，驗證經典所講的一切。

大道汎兮。其可左右。

先天大道是一個圓、是一真法界，包羅萬象，非常地寬廣，人在大道這個圓之中。人站在圓的上面，可以畫出點線面成為四方形，可是大道這個圓沒有辦法畫，因為人有思維才能計算畫點線面，所以人屬於方為矩，方則屬於陰，圓為規屬於陽，「規矩」即是「陰陽」的意思，矩是在規的裡面，一個圓點四個點畫成四方，先有圓才有四方形，所以先有先天形而上，才有後天形而下，形而下為順屬於坤，坤順著天，人在形而下生活，天為乾，所以乾在我們的左右，我們則是在乾坤陰陽之中。

萬物恃之以生而不辭。

宇宙是自然的發生，而地則是創生，創造了萬物的生命，人是好生，這是所謂的「三生」，人好生於乾坤陰陽當中，這是上天給予我們的恩賜。

功成不有。愛養萬物。而不為主。

萬物來自於道，依賴陰陽而生長，這是宇宙自然給予我們的恩惠，所謂的「慈」，上惠其下是上天的慈悲，上天的恩惠是公平的，也不會左右萬物，任萬物自生自滅，因為愛養萬物，而不為主。

如果我們能了解大道的奧秘，利用宇宙的能量，就能會回歸於大道，宇宙能量就在我們的左右，綿綿若存，任由我們攝取，沒有任何限制，這就是大道的慈悲。

常無欲。

人因為有心思則會產生欲望，人是形而上與形而下的結合，各佔一半，當你著重於形而下，形而上則會缺少，著重於形而上的話，形而下就會減少，這就要看自己是重於行而上？還是重於行而下？

「常」是永恆；道沒有人的欲望與私心。

可名於小。

不管道有多大，道雖無名，常名曰道，所以可名於小。能夠成就自己利益於眾生，是可名於大，因為成就比較大，如果只成就自己，那則是可名於小，成就比較小。

萬物歸之。而不為主。可名於大。

「萬物歸之，而不為主」這是指「道」，我們從道而來，要回歸於道，萬物歸之，但是道不為主，想回歸便可以回歸，不想回歸則留下，道不會干涉，不過道已經準備好回歸的物資，要不要用則是取決於我們，我們要用，知道這個常（永恆）便可以回歸，但是如設限於人的利益，便會永遠沉淪於行而下的世界，回歸與不回歸，決定在於自己，道只是靜靜地不會干涉我們。

是以聖人。終不為大。故能成其大。

無我執、無欲望的人，才能夠成為聖人，成聖已經是天人合一了，其心胸可以容納整個天下，心胸大到沒有界限，天下的物類都可以讓聖人運用，因為不為大，才能夠成就其大，這是博愛、大愛的精神。

本身要有博愛的心胸，心胸寬大成就越大，相對地，心胸狹窄成就越小，我們自性會隨著心轉，想輪迴就輪迴，想往生則往生，因為我們的思想、行為是以神應神，當然會如我們所想而願，所以我們要如同聖人般，心思開闊，與天地同在，天人合一，這是要靠我們的修為，修為不是一天兩天、一年兩年的事，「滴水穿石」，老師希望各位能夠一點一滴修為，修為沒有捷徑，需要一步一腳印，一夜成道的人少之又少，不要把自己設限在此，要將自己設在平凡人的範圍，雖然是平凡，但是也會有不平凡的行為，要做不平凡的事，希望各位能努力，不要懈怠，一旦懈怠下來，心思就會改變，將會自毀前程，努力是必定會有結果。

大象章第三十五

執大象，天下往。往而不害，安平泰。樂與餌，過客止。道之出口，淡乎其無味。視之不足見，聽之不足聞，用之不可既。

夏至是陽極而陰生，陰極而陽生則是冬至，與夏至相反，夏至過後，環境中的陽能開始在消退而陰能量漸長，未來的半年到十一月是陰進陽退。

陽極而陰生，陰極而陽生，這是「年」的陰陽分判，也是地球能量的消長，陰陽消長產生新陳代謝、生生不息的作用，這是自然界的現象，人也要適應這自然的環境與其共同生存，日出日落，春夏秋冬的循環，一冷一熱、一陰一陽、一消一長很自然地替換，如同人的一呼一吸，地球、宇宙也在自然呼吸。

執大象。

「執」是掌握、了解的意思；「大象」可以解釋為「圖象」，是指有相界；相信有相界的一切皆是來自於「無」，再從「有」回歸到「無」，有相界即是「有」，亦是眼前所看到的一切，包括由近而遠的大環境及所能感受到的一切。

天下往。

我們要往宇宙的方向去，而不是著重眼前的就是「有」，所以我們要了解自己身體的奧妙，也要了解宇宙的奧妙，即是要「近取諸身，遠取諸物」。

「近取諸身」則是要培養自身的德性，在於人事物要有德性，自己也要了解與運用體內小周天。「遠取諸物」是要知道宇宙的運作，了解自然界的奧秘，一切從自身開始了解。

「近取諸身」在於德，「遠取諸物」在於道，所以我們要用我們的德性、理性、智慧回歸於「道」。

往而不害。

往宇宙大道去，對於有形或是無形的，皆是有利沒有弊，我們一定要先從自己本身開始，在於人與環境之間要能與宇宙奧妙心神意會，了解宇宙的奧妙。無形宇宙當中有靈與能的存在，而我們的「近取諸身」、「天下往」則是能與質，我們要用能跟質回歸於靈跟能，攝取虛空境界的能與有相界的質來供給我們的身體（質）跟靈，再回到致虛極本位。

安平泰。

「安」是說知道修道能夠讓我們心安，我們就要有知識與智慧，要了解自然界運作的原理與道理，才能夠知道我們走的是正道，因為合乎於自然，便能真正的安心，如同我們要吃一樣東西，要知道它的營養成份，要知道它是沒有毒性的，這樣吃下才會安心，所以當我們近取諸身時，天下的物類，我們要知道哪些可以用？哪些不可以用？用了之後我們才能夠安心。

太極是一個圓，是純陰純陽同時存在，太極滾動則產生兩儀，分化了純陰純陽，太極滾動即是「一」，「二」的一邊是陰、一邊是陽，是陰陽平衡的狀態，天下的物類孤陰不生、孤陽不長，一切有形有相皆非純陰純陽，人也是非純陰純陽，所以要藉由自然能量讓我們的陰陽能平衡。

「泰」是指十二辟卦的泰卦（䷊），這時候是三陽生，剛好是陰陽對半，地底下陽的熱量已經上升到地表，但是地表上還是屬於陰冷之氣，地陰中有陽能，地表陽氣中含有陰冷之氣，陽中有陰，陰中有陽，此時陰陽平衡，為正月立春之時，這也是「三陽開泰」的由來。

樂與餌。過客止。

「樂與餌」即是利誘的意思，在現實世界中有很多利誘心性的東西，「樂」是所謂的「眼耳鼻舌身意」、「七情六慾」，看到自然界形形色色的東西，便會想要，意念一動浪傳十方，不止是會影響自身的自性，周邊的一切也都會被影響。

「餌」是利誘之意，當人心不足會產生貪念，會被人世間的形形色色牽絆住，當嚐到甜頭時，還會想要更多的甜頭，貪念是一個誘餌，讓心無法堅定，貪嗔癡是絆腳石，會絆住我們走向正道，「樂與餌」講的便是「近取諸身」的道理。

人只不過是百年身而已，每個人在人世間皆是過客，時間一到便要離開，不可能永遠存在，所以我們要去除自身的貪嗔癡、七情六慾，把握時間力行修為。

道之出口。淡乎其無味。

「道之出口」即是「乾坤之門」，乾坤是道的門戶，返乾坤便是返回道，乾坤亦是陰陽，陰陽結合會產生先天之炁，即是「究」，屬於形而上，陰陽之炁沒有味道的，「炁」並不是靠嘴巴吃，是要用伏食的。

視之不足見。聽之不足聞。用之不可既。

先天之炁存於空中舍利子當中，肉眼是看不到的，耳朵也聽不見，道的乾坤之門也是看不到、聽不見。

舍利子是無窮無盡的，綿綿若存在我們的身旁，我們可以用它，但是無法追究其數量有多少，所以我們要掌握目前的一切回歸於正道。

微明章第三十六

將欲歙之．必固張之．將欲弱之．必固強之．
將欲廢之．必固與之．將欲奪之．必固與之．
是謂微明．柔勝剛．弱勝強．
魚不可脫於淵．國之利器．不可以示人．

學修是一刻都不能停的，天時是不會等人的，要隨時隨地警惕自己，一旦心思鬆懈下來，學修的心便會減弱，修為的進度也會停止，各位要抓緊時間，人的時間只不過百年，扣除睡覺、做事的時間，能花在專心修為的時間是少之又少，時間是很有限的，其實學修是無時無刻的，因為在生活中的人事物皆是學習的對象，人事物都有其的作用，是值得我們學習，所以各位一定要把握時間用心觀察與學習。

將欲歙之。

「欲」是欲望，人的欲望想在心裡面則稱為「念頭」，各位不要小看自己的念頭，當念頭升起時會牽動身體內五臟六腑的五行，內五行開始運轉，同時我們的念力會反應於宇宙之中的舍利子，而舍利子與宇宙的五行之氣相通結合，再由日月運作，好的念頭便成就好事，不好的念頭則成就壞事，人的念頭在一念之間，我們要培養好的念頭，因為好念頭能夠通天徹地，與外五行之氣相呼應，人的內五行無法與外在五行相通時，那體內的物質會滅亡，而我們的生命也會滅亡。

「一念三千」，念力會影響三千大千世界產生波動，因為我們的念頭是一種放射力，也會影響我們的生命力，念頭升起時，自性便會開始放射自性光損耗生命力，所以不好的念力不能隨便亂發射，我們要時常培養好的念力（正念），才能夠使我們的神（自性）與外在的神（宇宙奧妙）相通，我們的內五行也能與宇宙的能量相呼應。「歙」是通氣的意思，亦是保持暢通的意思。

必固張之。

「必固」則是要鞏固我們自身的四個城門，鄞鄂要做到不外漏，把內在不好的氣清空，鞏固好四個城門，四個城門即是我們的前後左右，亦是「鄞鄂」之意。

「張」是擴展位置的意思；當自性要催動內在五行之氣與外五行相通時，要把我們的身體鞏固好，再把形而下不好的氣息清空，騰出空間，讓先天之炁進到身體裡面，如果形而下的廢氣沒有排放清空，先天的炁是無法進入的，形而下的氣即是肉體（質）所用的氣。

將欲弱之。

人的欲念要減弱，但是不可能沒有欲念，為了生活、家庭、事業，還是會有「好還要更好」的念頭，時代在進步也要能跟得上時代的腳步，只是不要為了要更好，將欲望放在不好的地方，想法因而走偏做了犯法事情或是將意念導向另外一個方向去，這樣就不好了，所以要減弱一些不需要的欲望。

必固強之。

「固」與必固張之的「固」是相同的意思；有強壯的身體，才有美好的未來，所以我們要把自己的身體先照顧好，因為有這個身體（質）才能夠修為，要借這後天之體修回先天之性。

人的靈與質是宇宙五行之氣靈子的精華，把身體每一個細胞及器官照顧好，五臟六腑的屬性才能跟外宇宙的七政相通，便能必固強之。

我們修道要趁身體健壯的時候，老師常說女性過了四十九歲、而男性過了五十六歲之後則不是在修道，那是在「養生」，因為精氣神已經損耗太多了，需要再次把生命養回年輕的階段，養回生命需要靠內外五行之氣相通，以小周天應付大周天，所以我們的欲望一定要減少，欲望來自於食衣住行，但是人也不能沒有這個念頭，因為會失去生命力，因此保持好的念頭，這是生命的原動力。

以前的人稱修道者為「貧道」，其實修道者並不貧窮，也不是沒有錢，修道者貧窮的是欲望、欲念，是欲念不富有，但是欲念不富有，生活又怎能富有，這是矛盾的，其實站在法的立場及正常的軌道上，生活中該取得是一定要有的，這樣才能維持後天之體所需的生活。

將欲廢之。必固興之。

「將」是假如、快要的意思；去除不必要的欲望，不要多想，老是想一些身外之物是沒有用的，要往內想，觀想自己，即是所謂的「內修」，亦是佛教說的「止觀」，這樣才能保有健康的身體，想很多又做不到，好高鶩遠便會生煩惱，煩惱會造成心理問題直接影響生理，影響到內五行的運作而產生相剋，那五臟六腑就會出問題，身體便會產生病痛，可見要有健康的身體，則先要健康的心理。

將欲奪之。必固與之。

我們對事情的欲望強，會影響到身體的健康，如果去除了欲望，就不會造成身體不健康，如有不好的欲望則要積極處理，必固與之。

欲望好或不好需要靠教導，要學習道德而行之，做好五倫，這樣才能守規矩，便不會產生不好的欲望。

是謂微明。

人在這宇宙當中是非常微小的，我們也只是地球七十億人口其中的一個，非常地微小，微明的意思是說在這七十億人口當中，我們要能夠成就自己。

柔勝剛。弱勝強。

道在天謂之「陰陽」；道在地謂之「剛柔」；道在人謂之「仁義」；所謂的「柔勝剛」指的是地之道，地是創生，在地之道當中的有形物質皆是非純陰純陽，皆是陽中有陰，陰中有陽，所以稱為「剛柔」，表現於外是屬於剛，隱藏於內是屬於柔，剛柔並濟，剛柔相吸。

「弱勝強」是說將不必要的欲望都減弱，少欲會勝過欲望多的，欲望少的話，自性會催動我們的內五行之氣，讓五行之氣相生與外在五行相呼應，但是欲念越強的話，就會損耗我們的生命，並將外在五行之氣擋在身體之外無法進入，欲望越強生命越短，越沒有慾望身體越健康，就能夠返老還童，長命百歲，當我們延長了生命、身體也都調整好了，就能吸收天地日月的精華，增強自性的靈氣，借假修真來成就自己，所謂的「假」是指四大假合「地水火風」，人的肉體是「地水火風」構成的，這個肉體百年之後就會滅亡，「真」是指「自性」，即是五行靈子的精華。

魚不可脫於淵。國之利器。不可以示人。

當我們本身有成就時，不要顯示於人，不要學會了三兩下的功夫，就認為自己道行很高、很厲害，不要像路邊攤的小吃店，會的菜單都貼在牆上，牆上沒有的菜單，便不會煮，我們要做一個沒有菜單的廚師，樣樣都要會煮，樣樣都會變化，要像魚不可脫於淵。

「淵」代表深的意思，水越深魚越大，水深不容易看見魚，水不深魚就現，而深水看見魚則不祥。

所以當我們成道時，要如稻穗般飽滿則會低垂，要內斂培德，由內在散發出德性的光芒，如同電燈泡的鎢絲沒有燈罩包圍住，是無法放出光明，我們的內斂培德就像燈罩，內在才能散發出德性的光明，我們修道學道不是要示人，而是要修練自己，以內德散發出的氣質示人才是真功夫。

無爲章第三十七

道常無為．而無不為．侯王若能守．萬物將自化．化而欲作．吾將鎮之以無名之樸．無名之樸．亦將不欲．不欲以靜．天下將自正．

道的意境是無法用人現有的知識與想法而想像的，人從出生開始便在環境當中學習人所需要的知識與觀念，學習生活之道以及人的道德倫理，受到環境、家庭、父母及其他人事物的影響很大，但是當我們在學習形而下的生活之道時，往往會忽略了形而上這層面的重要性，人是靈能質所構成的，所以學習形而上的常識以及要了解「道」的意境對我們來說也是非常的重要。

道常無為。而無不為。

道是一種奧秘、一種德，祂是自然發生而且永遠存在的，祂博愛眾生，對大眾一律平等沒有分別心，道常無為，道無私奉獻於眾生，祂設立這個宇宙給眾生用，地之道創造了生命，人道因好生便開始生生不息，道不求一切的回報，只希望我們能夠利用道的創造，明白道的創造，深知「道」的奧秘，回歸於「常」。

我們要為這個「無」而為，如果我們沒辦法為這個「無」而為的話，那我們永世會在輪迴當中成為「靈魂」，我們所稱的「鬼」是「靈」的殘靈，是自性意識所殘留下來的殘靈，自性靈與意識靈是不同，意識靈是所謂的「鬼」（殘靈），自性靈是要回歸於本，但是自性靈太重殘留下來則會成為意識靈，所謂的「清者上升，濁者下降」，這是自性靈與意識靈的分判。

侯王若能守。萬物將自化。化而欲作。

「侯王」是指天地人三才；「王」的上面一橫代表「天」，中間一橫代表「人」，下一橫代表「地」，這是天地人三才，中間的那一豎為「陽」，代表陽光的意思，屬於乾，乾是直射，甲骨文畫的陽卦是畫直的一豎，代表陽光直射下來，貫穿天地人。

在三才中人是得天獨厚的，因為能夠頭頂著天、腳踏著地立於天地之間，吸取天地精華，而萬物將自化，我們會獲取很多能量能源，所以我們要把生命保護好、把身體照顧好，才能夠守住天地的能量，這亦是「侯王」的意思，用這樣來比喻，我們人的身體能夠把生命保護好，能夠把身體照顧好。

萬物將自化的「化」即是所謂的「道化」，我們人能攝取天地之能量，也包括動植物給予的能量，不管是動物、植物或是礦物，它們都會自化也各司其職。所謂「自化」的意思是能夠升級，即是佛家講的「菩提」，亦是智慧升等的意思。

如要智慧的升等，那欲望一定要少，要用心觀察自然界一切的運作，包括所有萬物的運作。

吾將鎮之以無名之樸。

天地之間一切萬物各有其長處，我們要去學習它，好比樹木如何吸取日月精華？石頭是如何的形成？自然界的物類皆有其長處與好處，我們要去學習與了解。

「樸」亦是我們學習萬物的長處來去除本身不必要的欲望，成就我們的修為。

無名之樸。亦將不欲。

天不言、地不語，萬物也不會言語，只有人會言語、有智慧能夠行動，因此人的欲望大過於萬物，如石頭可以存在幾億萬年，是因為石頭沒有欲望，樹木可以成長幾千年，而宇宙也已經存在了幾百萬年，亦是如此，欲望越少成就便越大，人的生命在這些萬物當中卻是最少的，因為我們會講話、有思考因而產生欲念消耗本身的生命，所以我們的欲望要少，不要把念頭、心思用到別的地方去了，樹為了生長，一定努力向下扎根，不然風一吹便倒下，同時可以攝取更多的水源，枝幹向上生長吸取陽光，行光合作用，這是樹木的生長之道，如同神木般活上千百年，而人也只不過百年。

不欲以靜。天下將自正。

我們的念頭一定要靜，不要亂動，念頭一動，三千大千世界便會跟著動，頭腦想到什麼，便會開始行動去做，如果我們靜下來，宇宙天地皆會靜下來，所以我們不動，天下將自正，這是很有玄機奧秘的。

因此現在各教派都在提倡「靜坐」，「靜坐」是沒有欲望讓身體靜靜地，可是我們的身體不動時，內在的念頭卻是動得非常厲害，此時別在意內在的念頭，這時是在清除我們的念頭，一旦清除完自然就會靜下來，當內在心念與外在的身體不動時，便能夠出神入化與天地同在，吸取天地所有的能量，這便是「天下將自正」。

處厚章第三十八

上德不德．是以有德．下德不失德．是以無德．
上德無為．而無以為．下德為之．而有以為．
上仁為之．而無以為．上義為之．而有以為．
上禮為之．而莫之應．則攘臂而仍之．故失道而後德．失德而後仁．
失仁而後義．失義而後禮．夫禮者．忠信之薄．而亂之首也．
前識者．道之華．而愚之始也．是以大丈夫處其厚．不居其薄．
處其實．不居其華．故去彼取此．

在行善積德當中我們一定要先培德，「培德」即是體，在老子道德經中的「德性」指的是上天的德性，道無私的德性讓人、動物、植物及萬物能在地球上生活。

道形成了宇宙，開始有了地球，地球的形成是由水開始，一團水氣在外面，中心是火，宇宙是左旋逆著旋轉，而地球是右旋順著旋轉，一個是向外旋轉，一個是向內旋轉，再將水慢慢地往中心推，把火凝聚於地心，水凝結於表層成為冰，產生了「冰河期」，再由冰演化成土壤慢慢形成山川海，地球的演化經歷了幾十億年，宇宙的形成，也是如此，這是環境演化的過程。

環境演化好了才有人的開始，有人之後才能記事成為歷史，最早的記事歷史便是伏羲氏創立八卦，伏羲氏觀察了上天的德性，畫成八卦記錄下來，把日月山川海天地鑿在圭壁上為純八卦，之後再設一個八重卦，八八六十四卦，「乾坤日月」為正卦，扣除正卦則等於六十卦，這是伏羲氏創立的八卦。

上德不德。是以有德。

「上德」是上天無私的德性，是大德；「不德」則是指人行為的小德性；我們要學習上天的德性，天地無言並不會教我們德性，但是上天的德性永遠顯示在宇宙當中，讓我們以心契心與祂相印，我們要自己觀察與學習。

伏羲氏把天的德性鑿在圭壁上，遵照著宇宙自然的運行產生了六十四卦的重卦，教導人生活，生活開始有了畜牧、農業、烹煮，漁業、耕作，人類最早的家禽是雞，「司晨之雞」是指公雞，因為公雞早晨會報曉，雄性為陽代表父，公雞的毛很炫麗、漂亮為「美麗」，「麗」為離卦為日，所以公雞看見太陽會叫，母雞則抱蛋孵蛋，雌性為坤代表母性。

宇宙即是陽，陽為乾為剛，在陽中設一點陰便開始發生，形成了太陽、地球及其它星球，太陽一震產生了陽光，地球地心一震，形成山川海，便開始創生運作一切，開始生靈生萬物。我們修道者要納取宇宙自然之能量，五行八卦之氣一定要知道，這是修道者要修持的，震卦屬東方，兌卦屬西方，離卦屬南方，坎卦屬北方，巽卦屬東南方，艮卦屬東北方，坤屬西南方，乾屬西北方，一切的生命皆是由震卦開始，這是五行八卦，與先天八卦不同，我們要配合五行八卦之氣的運作。

君王是坐北朝南，背著坎面著離，離是日代表光明，坎是黑暗為陰，君子一定要面向光明背對黑暗，自然的現象是上天給予我們最大的德性。

下德不失德。

眾生不能失去德性，要學習上天無私的德性，上天德性沒有分別心，並不會分好人、壞人，也不會分男生或女生，不會因為我們出生而存在，更不會因為我們滅亡而滅亡，上天的德性是永遠地運作不會停止，這是上德。

人不能離開自然界，不能失去上天給予的德性，我們是上天宇宙所創造出來的靈性，一旦失去上天給我們的德性，便不能以後天之體修回先天之性。

宇宙當中有靈能質，我們的肉體是一個質，載著靈性，我們的靈性是上天五行（金木水火土）的靈子精華，靈性是一團靈光，自性要回歸於上天，要靠攝取上天給予的能量來充滿我們的靈子，不失上天給我們的德性。

是以無德。

是指來自虛空境界的德性、來自宇宙間的德性，是以無德，「無」的德性，我們要多少就拿多少，這些是無法用金錢去攝取與衡量的。

上德無為。而無以為。

「上德」是上天、宇宙之間的德性。就是所謂的「德」、「道」；「無為」是說上天的德性是沒有選擇性，是不會分好人、壞人或是男人、女人，只要是眾生，上天就會賦予德性，人人都有機會，人人都有希望。道用「無」來給予，即是給予我們「靈能質」。

下德為之。而有以為。

我們要用有為的方式回歸於無為，要懂攝取宇宙之間的能量，讓我們五行靈子的精華充滿陽能，再回歸回去。清者上升，濁者下降，眾生的靈魂與氣皆是濁的，而宇宙的能量是清新的，所以我們要用陽光之氣、五行精華汰換身體內的氣，讓我們的細胞新陳代謝、生生不息，讓靈子變清新，提升自己的能量。

我們要學習功德跟公德，當我們功夫的功德還不夠時，則需要以眾生之力來利益於眾生的公德補足，這是無私的公德，在人間形而下的境界中要先無私，那在形而上的境界才能夠無私。

上仁為之。而無以為。上義為之。而有以為。

天之道為陰陽，地之道為剛柔，人之道為仁義，仁即是德性，人一定要履行德性的義務，實行仁義禮智信，信在中間，用虛空境界的智慧帶動仁義禮智信，回歸到元亨利貞，乾在中間，乾亦是「天行健」為剛，以乾運轉，人要以仁義禮智信為主，但是要用虛空境界的智慧、自性的智慧了解宇宙之間的「有」跟「無」。

上禮為之。而莫之應。則攘臂而仍之。

「攘臂」是要力行的意思，既然我們知道了上德、仁義禮智信、元亨利貞，知道了陰陽、剛柔、仁義，就要趕快身體力行。

故失道而後德。失德而後仁。失仁而後義。失義而後禮。夫禮者。忠信之薄。而亂之首也。

老師一再的強調要各位培德行德，因為培德行德很重要，行德亦是行仁義，人曰仁義，仁義禮智信是非常重要的，如果這些全都消失了，則會亂了朝綱，沒有了法律，也沒有了德性，那五蘊就會產生，殺盜淫妄賊皆會出現，便會成為禍亂之源。

前識者。道之華。而愚之始也。

「愚」不是傻，是沒有二心、沒有其他的想法，為「心」的意思；仁義禮智信要從心開始做起，心存善念便會有善良的面相，相由心生，一切從心開始。

是以大丈夫處其厚。不居其薄。

「厚」是指「厚德載物」；不居其薄的「薄」即是鑽漏洞、取巧之意。

我們要學習地球上一切動植物的生態，建立在仁義之上，攝取形而上的能與形而下結合。

處其實。不居其華。故去彼取此。

我們要除去欲望，不要華麗，如同「樸」，生活簡簡單單，思想簡簡單單，以仁義厚持著仁義禮智信的信，回歸於元亨利貞的乾，乾在中間，然後回歸於先天，所以我們要培德行德、要行仁義禮智信，才不失上德，才不居其華。

得一章第三十九

昔之得一者．天得一以清．地得一以寧．神得一以靈．谷得一以盈．萬物得一以生．侯王得一．以為天下貞．其致之一也．

天無以清．將恐裂．地無以寧．將恐發．神無以靈．將恐歇．谷無以盈．將恐竭．萬物無以生．將恐滅．

侯王無以貞．而貴高將恐蹶．故貴以賤為本．高以下為基．是以侯王自稱孤寡不穀．

此其以賤為本耶．非乎．故致數輿無輿．不欲琭琭如玉．落落如石．

人都會有念頭，但是如果將念頭建立在七情六欲上，而不是建立在道德倫理上，又沒有以培德為基礎，那所散發出來的不好意念會感染到周邊的人，像身為父母的人意念充滿了七情六欲，便會直接灌輸在孩子身上，小孩子很單純、沒有思維、也沒有自制力，如同海綿般會完全吸收父母的意念，所以作為父母的人一定要有好德性，要培養好的念頭，父母親有德性，孩子便會正直、有德性，孩子總是會長大，他們也會像我們一樣在生活當中培德。

培德亦是在培養我們德性的內力，相由心生，內心有德性、有慈悲之愛，就會顯現出慈悲的面相，如果我們本身德性好的話，就會以「慈」去感化別人，「慈」是上惠其下，「德性」真的非常重要，因為我們會感染我們的下一代及上一代，因為有德的話，我們本身一定會孝順父母親，也會上惠其下慈愛子女。

昔之得一者。

太極生兩儀，兩儀則是純陰、純陽，也稱為玄陰、玄陽；「一」是指「太極」，亦是「太一」，「一」是純陰、純陽同時存在，但是尚未結合之前，「一」就像扁擔，一邊是純陰，一邊是純陽，是陰陽的平衡。

天得一以清。地得一以寧。

天是一個純陽的地方，聚陽成乾，天得到純陽、純陰則以清。「一」為陰陽。地屬於陰，聚陰成坤，地在得到純陽、純陰平衡時則寧靜。聚陽成乾，聚陰成坤，稱為「乾坤」，宇宙為「乾」，大地為「坤」，坤是「土」「申」組合而成的，我們中國字是非常地奧妙，「申」中間的一橫一豎剛好是經度緯度，四方框代表地球，從於土便是大地（坤），「乾坤」則為天地。

地得一以寧的「一」也代表著「消息」，冬至是地球離太陽最近的時候，為近日點，此時太陽壓迫著地球，地球能量的原子旋轉力則是由內向外放射，夏至是地球離太陽最遠的時候，為遠日點，地球能量的原子旋轉力則是由外向內吸收拉回，上半年為陽，下半年為陰，開始吸收、放射，這是消息也就是所謂的「闔闢」，即是十二辟卦的二十四個節氣。

神得一以靈。

「神」代表宇宙的奧妙，這個奧妙得到純陰、純陽的平衡，便開始有靈，「靈」也是奧妙，各有各的歸處，人的自性也稱為「神」，這個「神」並不是代表神明，而是奧妙意思。

宇宙的奧妙是指三垣、二十八星宿、五行、七政，我們要去了解宇宙之間的奧妙，我們的神要去得到這個「神」，才能夠靈。

谷得一以盈。

兩山之間稱為「谷」，但是在這裡解釋為「神」，「谷神」即是我們的自性，如果我們的自性能夠與天地奧秘相通，便能得到宇宙的純陰、純陽，讓松果體分泌唾液充滿我們的下顎，這就是所謂的「盈」。松果體所分泌的唾液是真正的「甘露」，也是所謂的「瓊漿玉液」，非常地香甜。

我們年輕的時候，松果體分泌是非常地旺盛，年紀越大時，這些分泌就會慢慢乾枯，而唾液便會越來越少，容易口乾舌燥，那表示我們的生命也慢慢地逝去，如果我們的華池充滿著瓊漿玉液，則表示生命力旺盛，人有分男女，負陰而抱陽、負陽而抱陰，所以我們要借由外在的陰陽調和自身的陰陽，讓腦下垂體（松果體）活絡，讓瓊漿玉液能夠旺盛充滿華池。

萬物得一以生。

萬物得到這個陰陽，便開始生生不息，萬物生長在日月陰陽當中，而大地長養著萬物，因此不管是人、植物或是動物皆需要陰陽，都需要這個道。

侯王得一。以為天下貞。

「侯王」代表人的自性，也是指天地人三合，三合得到一即是「王」，上面一橫代表天，下面一橫代表地，中間一橫代表人，王的一豎為「乾」，代表陽光直射貫穿天地人，陽光的能量即是舍利子、為「究」，天地人都需要這些靈子的能源，而太陽的能量是永遠直射在天地之間，不會改變，「貞」是「不變」的意思。

其致之一也。

「致」是從底下往上推到極致，也是在講「一」、「太極」，「一」是單一名詞，只是放在不同的地方，其作用是完全不一樣。伏羲氏所創立的純八卦是從八八六十四卦而來，伏羲氏觀察「形而下」的一切，畫成符號歸納成為六十四卦，再由六十四卦歸納成八卦，八卦再往上推即是四時（四象），四象推上去則是「兩儀」，兩儀再往上推是「太一」，從有為到無為。

天無以清。將恐裂。地無以寧。將恐發。

「清」是指陰陽；天沒有陰陽，天就整個毀掉了。地沒有陰陽，便無法平衡，火山則會爆發，海嘯也會發生。

神無以靈。將恐歇。

「歇」是停止的意思；宇宙沒有「一」的話，就不會有靈產生，那一切將會停止。

谷無以盈。將恐竭。萬物無以生。將恐滅。

我們的自性沒有「一」，陰陽不平衡時，松果體就沒辦法分泌充滿華池，那我們的生命便會枯竭了。萬物沒有得到陰陽平衡，萬物也將會滅亡。

侯王無以貞。而貴高將恐蹶。

玄陰、玄陽、太極對我們而言是非常重要的，太極生兩儀，兩儀、四象、八卦，由上而下一路產生下來。

故貴以賤為本。高以下為基。

在古代帝制之下，人有貴賤之分，並不是平等的，奴隸便是奴隸，農民就是農民，官就是官，身份地位是一個不平等的世襲，也因為古代帝位的世襲，造成中國人有一種奴性。

萬丈高樓平地起，千里之行始於足下，高以下為基的意思是說要有出發點。

是以侯王自稱孤寡不穀。此其以賤為本耶。非乎。

「侯王」前面有講過是指「天地人」也代表人的「自性」；我們這個宇宙以侯王自稱，

「穀」是所謂的「稻物」，「不穀」的意思是說我們的細胞需要穀物的營養，而自性則不需要，自性需要的是宇宙的能量。

故致數輿無輿。

這是在講三十輻共一轂，即是我們的「小周天」以陰曆的三十天為主，陰曆在十九年當中會有七個潤年，月亮繞著地球走是三十天，地球繞著太陽走是三百六十五天又四分之一，所以陰曆才有潤月、潤年，潤年有三百八十四天。

車輪是三十輻共一轂轉動著，而我們也要由自性（神）主導周天的運作，如同車輪的轉動。

不欲碌碌如玉。落落如石。

我們的心、意念不要一直往外擴散，不要像玉撞擊所產生出來的清脆聲音，心要像石頭落地般的沉穩，不要心煩氣燥。這一章的「一」（陰陽）放在不同的地方，其解釋都不一樣，我們要能夠了解其不同的意思。

反覆章第四十

反者道之動．弱者道之用．天下萬物．生於有．有生於無．

在課程中各位已經學習到非常多的哲學理論，老師也講得很多，那「反覆章」到底是在講什麼呢？「反覆章」講是正跟反與易經八卦，五行八卦的「炁」是氣場與磁場所結合的，即是「宇宙能量」。

八卦中有正卦也有反卦，正反卦加起來是為「十」，這是屬於五行八卦，河圖洛書的數字，奇數為陽，偶數為陰，陰陽加起來剛好是四十五數，由一加到九剛好是四十五數，四十五裡面暗藏一個十，五裡面暗藏一個十，加十則是五十五數。

反者道之動。弱者道之用。天下萬物。生於有。有生於無。

伏羲氏創立八卦時，他相信一切的「有」來自於「無」，目前所有的一切皆來自於「無」，「無」即是「宇宙」，亦是虛空境界，天下一切的物類都是來自於虛空境界。

一生二、二生三、三生萬物，陰陽交合產生了萬物，所以天下有形的物類皆是非純陰純陽，天下萬物生於有的「有」是指「質」，所有有形的物類即是「質」都是生於有，人的肉體、動物、植物、礦物都是「質」。

有生於無的「有」是指「靈性」，我們的「靈性」是虛空境界中五行靈子的精華，生於「無」，靈子結合了我們的肉體，便可以帶動身體的神經系統，靈合於質再接受上天的能量，靈能質合起來才能夠成為動物，而人是最高級的動物。

弱者道之用指的是「陰極而陽生」，立冬、春分、立夏、秋分這是自然的四時，到了立冬的時候已經陰盡了，這是「弱者」的意思，然後陽就開始生，「陰極而陽生」，陰陽開始一消一息，產生了二十四節氣，陽息陰，陰消陽，這是自然界陰陽消息的現象。

以人而言「弱者」的意思是指要去除我們不好的念頭，「念頭」看不到也摸不到，但是念頭是確實存在的。「強者」是有建立目標、希望，向目標前進，為了三餐、事業、家庭而打拼，不好的念頭會阻礙宇宙能量進入到我們的身體裡面。

人在早晨醒來時，就會有念頭的產生，開始阻礙宇宙能量，人在一天二十四小時當中，只有沉睡時才能夠補進能量，我們在沉睡時則是一個「弱者」，這時候是在補充白天所消耗的能量，也在延續我們的生命，但是沉睡時補進來的能量是很有限的。

「弱者」亦是「靜」的意思，能量會產生智慧，所以人越靜智慧越高，智慧越高欲望就會越少，但是我們動念頭時，便會把宇宙的能量阻擋住。「強者」為「動」，天行健君子自強不息，健為「乾」，宇宙的運作即是「乾」，人的肉體是順生，是地球創造的生命屬於陰，吸收宇宙陽剛之氣進到人體，這是「陽息陰」，而陰在動時則是「陰消陽」，陽氣會被阻礙，便會消耗我們自身的陽氣，所以我們要成為弱者靜下來，讓宇宙能量進到身體，補充我們所需的能量，前面有提到人需要的能量有兩種，一種是食物的熱量，一種是外來的宇宙能量（陽剛之氣），陽剛之氣可以讓我們的細胞活絡起來。

所以我們要利用靜坐的「靜」，把所有的念頭斷念掉，讓自然界的能源能量自然地補充進來，但是當我們靜下來時，內在的念頭依然動不停，所以老師有說過要「收視返聽」，一直保持靜，便會一直去除意念，念頭越少智慧則會越高，因為虛空境界的智慧會補充我們的智慧，並不會因沒有念頭、欲望，就沒有了衝力與智慧，像以前的高僧、聖人先賢，他們都有很高的智慧，因為他們會找時間靜下來，自靜清理，吸收宇宙能源能量轉換成智慧，可見保持靜是很重要的，這便是「弱者道之用」的意思。

反者道之動，人為了生活、家庭、事業及一切的種種，日出而作，日落而息，不斷地消耗生命，卻沒辦法讓自己的肉體及靈性用道，反而被道所用，「道」是自然界的運作，太陽從東邊升起西邊落下，這是道的運作，而人日出而作、日落而息，也在運作自己的生活，人與道沒有交集，不會運用大自然的能量補充自己，只是依循著生老病死的過程而走，只知道用自身的體力、生命換取物質的熱量，卻不知道去尋找日出日落以外的宇宙能量來延續生命，人要生存、要延年益壽，一定要食物的熱量與宇宙能量，所以我們除了依循自然界的運作之外，也要知道攝取自然的能量（宇宙能量）。

反者的意思是說你不知道攝取自然能量，那你便會在生老病死中度過一生，在欲念、欲望當中生存，因為你只知道在人世間爭取自身所需要的欲望，欲望越多，自性回歸本位百分比就越少了，而輪迴於人間百分比則變多了，本來可以百分之百回歸，結果因為欲望，自性只回歸了百分之二十，而百分之八十則成為「殘靈」，繼續留在人世間輪迴。

「清者上升」「濁者下降」，人死亡的那一刻靈性便會一分為二，清者上升，濁者則下降開始輪迴，天堂與地獄是同時存在的，肉體滅亡時才一分兩家，現在地球上有七十億人口，那表示大家的念頭都非常濁，意念多濁氣重便會下降，那表示我們的靈性被欲念卡的很重。

回歸本位時是速度加上時空，如果自性上升的很少，上升的霎那，自性光（靈性）與太陽光結合時，自性就有可能會被熔化，那所剩下的也只是下降的殘靈，可見我們的靈性並不是能全回歸於致虛極，也並非全部下地獄，如果我們的德性與修為能夠越好的話，那自性便會越清，所以這是我們為何要延續生命的原因，修行是為了要延續生命，因為可以將我們的靈性洗滌，讓靈性變清，欲望則會越少，我們有修行欲望便會越少，那自性回歸則會越多，因此靈光的大小要看在世的修為，修為越好，靈性（靈光）會越大，而殘靈則會越少，不然的話，當自性回歸本位之後，還要再回來度化我們的殘靈，因為那是我們自身的欲望還留在人間，我們要將其圓滿，何苦哀哉！所以要把自身的欲望減到最低，不要再來度化我們自己的殘靈，不要反者道之動，只有生老病死的過程，而現在已經知道要修行，那在修行當中把欲望去除，去除欲望要靠「靜」、靠「弱者」，不動即是「弱」，「靜」的時候是「弱」，睡覺的時候也稱為「弱」，因此「靜」有兩種的方式，第一個是在靜坐，第二個是睡覺，人沉睡時，宇宙能量會進到體內補充體力，陽極而陰生，我們休息的時候會補充陽能量，陰極而陽生，睡覺補充好體力，早上起來繼續工作，一般沒有修行的人只有在睡眠時補充能量，但是在沉睡中所補充的能量是有限的，我們越老記憶越差，則是因為我們的宇宙能量補充不足，因為念力阻擋了能量，所以能量補充足夠的話，則要靠修為，我們除了過好每一天以外，也要知道修行將宇宙能量歸納進來。

聞道章第四十一

上士聞道．勤而行之．中士聞道．若存若亡．下士聞道．大笑之．不笑．不足以為道．故建言有之．明道若昧．進道若退．夷道若纇．上德若谷．大白若辱．廣德若不足．建德若偷．質真若渝．大方無隅．大器晚成．大音希聲．大象無形．道隱無名．夫唯道．善貸且成．

「聞道」就像是我們的佈道，就如我們雲旨玄學非常地好，我們出去佈道，佈道我們玄學的好，好在哪裡？「玄學」是什麼？我們要跟別人說清楚、講明白，招一些有緣者進來，將我們在雲旨玄學裡所知所學開始放射出去，這就是所謂的「放射力」，我們看到別人的時候，就跟他說雲旨玄學有多好，老師所教的是什麼，師承何處，這就是傳道、佈道，一定要跟別人講，人的知識與常識不同，因為環境及受的教育不同，所以分有等級，我們走的是玄學，玄學有玄學的氣質，道教有道教的氣質，一般民俗活動有一般民俗活動的氣質，我們將玄學跟一般民俗活動敲打唸唱的講，他們是會聽不懂的，因為層次高低有分別，這就是所謂的「下士聞道，大笑之」，「不笑，不足以為道」，因為層次的不一樣。

我們的放射力（念力）一放出去的話，這叫做「佈道」，將我們的思想、思維、理念以及所學的告訴大家，「雲旨玄學是一條正道」、「雲旨玄學是一條大道」，我們要將 雲旨玄學的真理佈道出去。

上士聞道。勤而行之。

「上」是最好的，「士」是指讀書人，有讀書的人能知道天文地理與宇宙觀、知道生老病死，所以有讀書的人非常渴望「道」，當有人告訴他「道」，教他修為的方法，他便會勤而行之，就如同老師教導各位，你們知道了則勤而行之，因為你們知道只有百年身而已，怕時間來不及，因而趕快努力修為。

中士聞道。若存若亡。下士聞道。大笑之。不笑。不足以為道。

對於天文地理、宇宙觀、生老病死認知不夠的人，聽聞到「道」時，並不排斥也不接受，可有可無，但是遇到問題、困難的時候，才會想到「道」，這種情況便是所謂的「臨老投僧」，若存若亡，有需要時則出現，沒有需要時就不出現，這是一般人的心態。

所以我們在佈道時會遇到「上士」、「中士」、「下士」這三種狀況，所謂的「物以類聚」，當我們在傳道、佈道時，我們的放射力與吸引力一定要發揮出來，對雲旨玄學認知的放射力越強，那吸引力則會越大，「佈道」是一種功德，也是一種德性，「開悟者可傳聖道」，你們皆是開悟者，因為當你們在傳聖道時，便已經是一位開悟者了，但是各位一定要去了解與認知雲旨玄學所傳「道」，你們要勤而學習之，也要勤而行之，要非常深入地去了解，這樣你們才可以傳道與佈道。

故建言有之。明道若昧。進道若退。夷道若類。

我們在行德佈道的時候，會遇到以下種種的情形，如果遇到對「道」不明白的人，要對他建言佈道，要告訴他道是光明的，不是黑暗的。遇到反道敗德之人，要將他引入正道，「進道若退」是「反道敗德」的意思。

「夷」代表未開發的民族；一般的民俗活動就像「夷道若類」，如同各地方的節慶活動，這是由民俗團體創立出來的，在每一個國家都有一些民族宗教儀式，像非洲、東南亞一些未開發的國家，對這些民俗活動特別的熱衷，但是民俗活動並非正道，所以要將這些人引入正道，遇到旁門左道時，要將其引入正道。因此我們一定要對自己所學的正道要非常的了解，要認真學習，才能傳道與佈道。

上德若谷。

用有形去培養無形，「上德」是無形的，指「上天有好生之德」；「若谷」是指人與人之間的行為道德，所謂的「法律規範」，代表「人道」。天有天的軌道，地有地的軌道，人有人道，我們要將人道提升為天道。

大白若辱。

「大白」指的是「陽界」，代表「白天」；「若辱」解釋為「有一點瑕疵」；「辱」是指渺小的眾生。

「大白若辱」是說將有瑕疵變成沒有瑕疵，意思是眾生在宇宙當中就像是一個黑點，非常渺小的，所以眾生要將自性回歸於大道中。

廣德若不足。

「廣德」為「天」的意思；當「天」無法照顧到人民時，我們也要去照顧到這些人民，要上惠其下，用慈悲的心，替天行道，將其引回「天」。

建德若偷。

我們要建立德性，替天佈道，替雲旨玄學佈道，不要偷偷摸摸的，「偷來的鑼鼓敲不響」，我們要正正當當的敲鑼打鼓，建立德性佈道是好事，並非是見不得人之事，所以一定要光明的敲鑼打鼓。

質真若渝。

我們的質是真的，如果我們的質改變了，便是我們的行為改變了，因此要將行為糾正，自己要糾正自己。

大方無隅。

「隅」是指太陽、月亮、地球成一直線的時候，即是農曆二十八到初二日月交媾的時候，為「晦」出現在東南方，這時候是灰暗的。

大方無隅的意思是指宇宙沒有日月的時候，即是「晦」的時候。

大器晚成。

「大器」是以前中藥所用的鼎，「鼎」在鑄造好的時候，需要時間去冷卻，要經過一番的歷練才能夠成為「大器」，因為鑄造與冷卻需要時間，所以無法快速成器，這便是「大器晚成」之意。

修道的成就是需要時間的歷練與磨練，不要走旁門左道的捷徑，「天降大任於斯人也，必先苦其心志，勞其筋骨，餓其體膚，空乏其身」，「大器」要經過一番的歷練及磨練才能成就，並沒有天下掉下來的禮物，還是需要自己一步一腳印力行，修為的成就是需要靠自己努力的。

大音希聲。大象無形。道隱無名。

「大音」是指最好的聲音大到沒有聲音，所謂的「天籟之音」，由小聲到大聲到沒有聲音，意思是說我們可以聽到遠方捎來的消息。

「大象」即是宇宙；宇宙是無形無相的，是不存在的一種形相。自然界本來就是沒有名字的，只是強名曰「道」。

夫唯道。善貸且成。

「夫」代表修道者；「善貸」的意思是我們要借自然界的東西來成就，自然界的東西源源不絕，當我們有成就時，便要歸還於自然界，來自於自然，回歸於自然，我們要好好利用自然界。

修為是為了要延長生命，同時也是為了靈性能夠更清淨，清者上升，濁者下降，留下來的殘靈會再次輪迴成為人，

老師常講，人性即是魔性，因為所有的人皆是殘靈的輪迴，所以人才需要用規範教導，人無法自然成就，需要遵循古聖先賢所教導的教條，將我們不好的脾氣、毛病去除，利用宇宙能量洗滌身心靈，讓身心靈能夠清淨、清明，那返回本位的靈性便會越多，就不會受到太陽熱力及時間、空間、速度的摩擦而融化。

所以我們把身體保養好，讓身體靜下來成為弱者，去除我們的念頭，補充宇宙能量給身體用，要善貸，讓我們能夠延年益壽、返老還童，宇宙能量是最好的，而且免費的，用完就還給自然，不斷地循環，「善貸」也是循環、生生不息的意思。

如果我們的念頭多，身體的毒素也會多，因為念頭會讓細胞產生毒素來毒害我們的生命，而我們又不懂得如何新陳代謝時，就無法讓身體的細胞生生不息，身體便會生病，因而無法延年益壽。

沖和章第四十二

道生一．一生二．二生三．三生萬物．萬物負陰而抱陽．沖氣以為和．人之所惡．惟孤寡不穀．而王公以為稱．故物或損之而益．或益之而損．人之所教．我亦教之．強梁者．不得其死．吾將以為教父．

道生一。一生二。二生三。三生萬物。

沖和章講的是宇宙觀、人界的觀念、地的觀念，亦是在講「天地人」的運作，但是天地人的運作差距很大。「道」包括了宇宙、能量、一切物質以及靈的來源，即是「自然」，「道」是自然地發生，道生一，「一」亦是「太極」，也是「太一」，即是一個「圓」，「道」是一個「圓」，裡面是一個「圓」，外面也是一個「圓」，通通都包括在裡面，在道這個「圓」之下，產生了銀河系、太陽系及其它星系，一個星系是由好幾萬顆的星球組成的，這些星球都在道之中，所有的星球是沒空氣，只有我們生長的地球是有空氣的，因為有大氣層包覆的，大氣層中含有氧氣，適合生物居住。

太極亦是「渾沌」，渾沌開始生萬物，而這些萬物有的很大，有的很小，太陽及其他星球就是大的萬物，小的萬物包含了我們肉眼看不到的能量離子（靈子），「靈子」即是在心經所講的「舍利子」這些都在「一」裡面，「道生一」講的是宇宙觀念，這時候還沒有生物的形成，只是宇宙的形成而已，道自然發生了這一切。

一生二，「二」是指陰陽，太極開始分陰陽演變，宇宙產生了陰陽，分成純陰、純陽，純陰不生，純陽不長，需要陰陽配合才能夠生萬物。二生三，「三」是一個象數，天地除了本體（體）之外，還有象及用的演變，所以分為體、象、用。道生太極，太極生兩儀，「兩儀」為「陰陽」，「陰陽」產生了「象」，「象」就是「萬物」，「萬物」亦是有形有相之物，天下的物類已經慢慢的產生，每一次的演化所經歷的時間是非常久遠，並非短暫的時間就可以產生的。三生萬物，這時候地球已經演化成為適合生物與人居住的地方，這也是要演變很久才產生的，地球因為有大氣層包著，有陽離子、陰離子、氫離子這些的宇宙能量，也因為有公轉、自轉以及與太陽的關係，所以才會適合人居住，但是早期的地球是屬於蠻荒時期，經歷了恐龍時期、冰河時期，直到有人的出現，經歷了幾十億萬年的時間，有人的開始也才幾萬年而已，與自然界一切的演變時間相比，有人存在的時期其實是非常短暫的。

地球最早是一團火球，熱氣蒸發與空氣凝結成水氣，霧氣一直往中心凝結，形成地心是熱的，地表以上是冷的，「地」是由水結成冰演化成泥土而形成的，地球一震產生爆炸之後形成山川海、湖泊，開始有了適合生物居住的環境，所以一切的生機皆是由「震」開始，有了水源便有生命，因為水可以維持動植物的生命，因此開始有了動植物，地球最早的植物是「苔蘚」，生長在湖泊旁邊，太陽一震產生了陽光及熱量，苔蘚慢慢演化成灌木，水中的生物則演變成兩棲動物爬到陸地上，生物的演化也是經過很長的時間。

我們常會聽到「恩澤」這個名詞，其實「恩澤」的名詞是指湖泊旁邊的苔蘚，苔蘚是我們所有動物、植物食物鏈的來源。

生機由湖泊開始，因而有了食物鏈，再慢慢地演化到現在的文明社會，所以「震」產生了生機，才有「兌」的開始，「兌」為「澤」，萬物是從「澤」開始演化出來的。

所以萬物是從震卦開始，震卦開始兌卦，然後有坎離巽艮，因此形成了「後天八卦」，乾坤之外產生震兌坎離巽艮，震（雷）、兌（澤）、坎（水）、離（火）、巽（風）、艮（山）是所謂的「六虛」，也是所謂的「六合」，代表萬物。

萬物負陰而抱陽。

地球是屬於陰為坤為柔順，天是屬於陽為乾為剛，萬物生長在地球上，地創造以其長養了萬物的生命，即是「負陰」的意思，「抱陽」的陽是指綿綿若存的陽能量。

人的肉體是屬於質，也是地所創生出來的，人負陰抱陽，「陽」是金木水火土五行靈子的精華，宇宙之中最大的是「星球」，最小的則是「靈子」，「靈子」是星球所放射出來的能量，地球有磁場屬於陰，地表以上五行靈子的精華為陽，五行靈子的精華結合成為我們的自性，再合於我們的質（相），人是負陰抱陽吸收天地陰陽的能量。

萬物負陰而抱陽則解釋為「天生地養」的意思。

沖氣以為和。

沖氣以為和則是「陰陽調和」的意思，孤陽不長，孤陰不生，由震卦開始到兌卦生萬物，這時候天下的物類是非純陰純陽，因為陰陽結合才能夠生萬物，包括氣與質皆是陽中有陰，陰中有陽，如果陰陽要調和的話，則要藉由天地能量的調和，這便是「沖氣以為和」。

氣往上沖跟陽靈子結合成為「炁」，則為和，這是我們要吸收的能量。

人之所惡。惟孤寡不穀。而王公以為稱。

此段經文是在指人世方面，有「道理」與「德」了。

「王公以為稱」是高高在上的意思；領導者如果高高在上，無法照顧到眾生的民生物資，那則會民不聊生。

故物或損之而益。或益之而損。人之所教。我亦教之。

意思說保持單一方面是不行的，如同專心求道而不顧及民生，這樣是不行的，我們維持生命的能量有兩種，第一種是太陽的熱量（靈子），另一種是食物的熱量，這兩種能量不能只重視其中一種，兩種皆要平衡，因為一個是肉體維持生命所需的能量，另外一個則是自性所需的能量，兩者一定要平衡，才能夠延續生命。

修道為的就是要延續肉體的生命，來成就我們的自性，肉體的生命延續越久，那自性的功夫則會越深厚，因為我們在學習中會不停地演變，如同宇宙的演變進化，多活一天則是進化一天，天地人，以人為最尊貴，在天地之間人能夠負陰而抱陽，能夠吸收陽陰能量，如果沒有了肉體會是萬般的無奈，因為什麼都不能做，因此我們要從有為而無為，從現在開始學習延續自己的生命與自性的成長，用有為的意識功夫吸收宇宙的能量成就自性，「留得青山在不怕沒柴燒」。

強梁者。不得其死。

「強梁」可以解釋為「旁門左道」；不管是以前或是現在旁門左道都非常多，我們目前所學的是讓我們能夠返老還童，延續我們的生命，能夠以有為來成就無為，但是在成就無為的過程中，我們要能排除旁門左道（小道）的方法，更不要道聽塗說、人云亦云，因為我們走的是正道、大道。

吾將以為教父。

意思是說「我所說的是對的」，所有的一切皆是我所教出來的，故稱為「教父」。

「靈能質」是構成人的元素，靈與能是屬於陽，質屬於陰，玄學講的是靈跟能，形而上，用我們的靈攝取能量，來成長我們的靈。伏羲氏易經（易學）所講的是能跟質，形而下，我們看得到天地的變化及一切物類的變化，即是「週流六虛」。而我們雲旨玄學講的是「靈能質炁」，是玄學加上易學以及「炁」，是形而上與形而下的結合，各位要了解「靈能質炁」，這是我們所要學習的。

至柔章第四十三

天下之至柔．馳騁天下之至堅．無有入於無間．吾是以知無為之有益．不言之教．無為之益．天下希及之．

天下之至柔。馳騁天下之至堅。

天以下、地以上稱為「天下」，天以下最柔的物類是水、空氣、能量，它們都是無所不在，真空裡面也有空氣；馳騁天下之至堅，能量是跑得最快的，「堅」是「堅定不移」，代表「乾」的意思，指的是陽能量，地球自轉、公轉的軌道從沒有改變過的，也因此產生至柔堅定的能量，隨時隨地都存在。

五行八卦的坎卦為水為月，離卦為火為日為麗，水屬於北邊、黑色為代表，日屬於南邊、赤色為代表，背水面日則是「坐北朝南」，古代皇帝坐的位子皆是坐北朝南，「坐北朝南」即是「子午線」，「北」為「子」，「南」為「午」。

五行八卦亦是「後天八卦」，「子午線」剛好是「晦」這個時候，「晦」是每個月農曆的二十八號至初二，這個時候的太陽、月亮、地球剛好成為一直線，在夜晚是看不見月亮，五天為一候，二十八號至初二這五天為一候、為「晦」，從初三開始有上眉月，十五則是滿月。

冬至的太陽是從東邊升起落於西南方，以五行八卦而言西南方為「坤」，夏至的太陽則是落於西北方，為「乾」，二十四節氣的冬至與夏至也剛好是子午線。

無有入於無間。

能量是沒有間隔的，在大氣層以外的真空中也有，任何一個空間都有靈子存在，不管是無（虛空）或是有（實相）皆存在著靈子。

吾是以知無為之有益。

我知道這些能量有益，雖然看不到、摸不到，不過是確實存在著，我們所要學習的則是「知無」，要知道宇宙能量與智慧。

不言之教。

「不言之教」的意思即是「力行」；力行的同時也要了解宇宙自然界的運作，人的五臟六腑各有其屬性，靈性是五行靈子的精華，所以人是一個小周天，而外在的宇宙是大周天，內在與外在要合乎於道，要力行小周天應付大周天的靈子，這樣便能夠延年益壽，如果沒有力行，便會阻斷了這些靈子，那講得天花亂墜也無用，般若波羅密多心經第一句話就已經告訴我們要行深，因此力行、行深是很重要的。

無為之益。

行深力行是有為的行為，有為之後要無為，「無為」是來自虛空境界的智慧與能量，將無為的智慧與能量用於我們的自性。

天下希及之。

修道要「有為而無為」，知道這一點的人很少，所謂的「求道如牛毛，成道如牛角」，修道者如果不走正道，而走入旁門左道，便會受到外在之術的影響而牽之，那離道則會遠之，我們講的「大道」則是利用自然界的能量成就自身的自性，這些能量是免費的，但是要能夠懂得運用它，如果不懂得運用，那只能日出而作、日落而息渡過一生。

所以我們要懂得與天地精神相往來，但是能夠做到這一點的人卻是很少，天下的物類皆會毀滅，如果能夠運用能量調節我們的身心靈，並且能增長智慧，那身體一定會健康沒有病痛，生命便會因此延續，這即是無為之益。

知止章第四十四

名與身孰親．身與貨孰多．得與亡孰病．是故甚愛必大費．多藏必厚亡．知足不辱．知止不殆．可以長久．

對於學習或是處理事情我們都要用心與花時間，天才也要努力，才能夠成為天才，不然的話，天才還是與平常人一樣，天下沒有不勞而獲的事情，老師在課堂中一直在強調，每一節課、每一個章程都有其精髓所在，你們一定要了解與領悟，老師不講道理，老師教導各位形而上的功夫，但是形而下的功夫則要由各位自己學習，如果形而上及形而下的功夫皆是由老師教導，那老師會忙得不可開交，形而下即是道理、做人的功夫，形而上是自性的功夫，自性的功夫與道理要結合為一，所以老師希望各位能夠用心，要善用此心了結此世。

老師一再的強調「培德」很重要，「培德」是從內心培養德性，德性由內心自然散發出來的，與佛家所講的「慈悲心」並不一樣，上惠其下曰「慈」，父母照顧小孩、父母養育小孩這也是「慈」，一個得道者能夠將自身的功德施予眾生，也稱為「慈」，但是與培德不同。

「惻隱之心人人皆有」，「惻隱之心」與「慈悲心」很相似，但是這兩者是有差異的，「惻隱之心」是因「培德」之後，看到及想到則由心自然起，「慈悲心」是「上惠其下」，培德產生惻隱之心，這是形而下的功夫，形而上的功夫則是「慈悲」，把眾生當作是自己的孩子照顧，培德是要從自己本身開始做起，「培」是在土上挖一口，然後立上去，即是屹立而不搖的意思，如同「標竿」一般，我們要以德為標竿，站在那裡屹立而不搖，培亦是「標竿」的意思，當你有德性成為一個標竿時，人人因而敬仰，德性遠播，那你名聲也會遠播，所以培德是很重要的事。

名與身孰親。

身與名孰親，如果我們沒有身體力行培德、沒有行功了願的話，那就不會有所謂的「名」，歷史上有很多有名的人，如曹操也是名人，曹操講過要不是萬古流芳，就是遺臭萬年，在這兩者之間皆是平凡無奇、庸庸碌碌的人，沒有人會記得，我們現在求的便是萬古流芳，所以要用我們的身體力行形而下的功夫，以後天行先天之事，「先天」與「後天」是孔子的「十翼」所提到的，亦是「形而上」跟「形而下」，指的是人的形體以上、形體以下，「形而上」是指無形的，代表「陽」，「形而下」是指「地」，代表「陰」，人是立於陰陽的中間，這是所謂的「三合」。

想要名留千古、想要行功了願，皆是需要身體力行的，不過我們的身體要有自性，「靈能質」這三樣東西缺一不可，人的肉體要有靈附著，才成為一個有靈性的人。

身與貨孰多。

身與貨則是指「身跟物」，身體是「質」，而「貨」在這裡的解釋是「熱量」。

之前的課程中有提到人的能量來源有兩種，一種是有形的食物熱量，一種是無形的能量，這兩種能量是缺一不可，但是這兩者的比重取決在於我們的念頭，人每天都在追求物質的生活，而念頭必會用於生活的追求，但是念頭卻會阻礙無形能量的進入，老師有講過睡覺是修行，也有講過要無形的能量進入到身體有兩種方式，一種是有為的靜坐，一種是無為的睡覺，但是睡覺要進入到很沉的睡眠狀態，才能夠無為，雖然睡覺也是修行能補充能量，但是我們一天所消耗的生命能量，遠比睡眠所補充的能量還多，睡眠並不能完全的補充，可見一天的念頭消耗了我們太多的生命，這是非常恐怖的事，所以需要有為的靜來補充足夠的能量，可是當我們靜坐時，不要執著「我們要補充熱量」，因為想法、念頭會把能量隔絕在外，因此想法與念頭一定要放空，才能進入寂靜吸收到能量。

我們的身體是需要熱量沒有錯，但是熱量過多的話，上了年紀之後，身體代謝不好，容易產生肥胖，那就是「貨多」了，因為熱量過多。

得與亡孰病。

當你想要得到時，則會用心計想辦法，那思想就會很多，如同帝制時代，皇宮中爭權奪利的戲碼，有許多讓人意想不到的心計，彼此勾心鬥角，這些都是病態，會讓人心與身體生病，所以我們不要有太多的欲望與煩惱，儘量把世俗的煩惱拋開，人事的問題也拋開，人是群居生活，但因為各自的生活環境不同，難免會有人事問題產生，而這些人事問題則需要透過教育、規範來導正，洗滌原生家庭的習性，就像各位在道場中學習團體生活，學習放下自身的個性，大家和樂融融地學習，再把氣氛帶回家，感染家庭中的每一個人，這樣便能夠世界大同了，這是我們最終的理想。

是故甚愛必大費。

意思是說對自己很用心，非常愛自己；「費」是「費心」。

多藏必厚亡。

「藏」是藏私；一生為了金銀珠寶打拼，努力藏金、藏銀留給下一代用。修道者不要有「藏」的心態，要懂得分享，不要有藏私的心態，這種心態非常不好，修道者有道伴可以互相交流，這是修道的好處，能夠將自身的體悟與同學分享，不藏己不藏私，彼此互相交流才能夠成長，透過交流能發覺自己所學的差異性，經由彼此的分享後，自己就能有所進步，所以不要多藏，藏了那麼多不見得有用，因為不知道自身學習到的是對還是不對，一個人的思維總是有限，需要集合大家的思維，團體的力量勝過個人的力量，別人好的，我們要學習，我們好的，則要分享讓別人學習。

「多藏必厚亡」的意思是說錢賺得多，死後厚葬埋得深。

知足不辱。

當你不為了自己的生活而煩惱，則是知足，形而下的人生滿足時，就要往形而上走。

「辱」上方的「辰」代表「龍」，不辱的意思是說心不在眾生身上，心往自性及無形的空間去。

知止不殆。可以長久。

形而下的生活已經足夠時，要知道停止，並且要有形而上的功夫才能夠延年益壽、返老還童，形而上的功夫就是「修持」，要知止就不殆，生命才能夠得到延續，才能夠長久，「殆」是危險的意思。

上天給予我們「靈能質」，「靈能質」是三位一體的，把「質」（身體）保養好，讓身體活得長久，那自性所吸收的能源則會越多，而自性也會越清，靈性會濁是在於我們過多的念頭，所以我們的質能夠活得長久的話，便能利用上天的能量洗滌靈性上的濁，自性就會變清。

歷史上有很多的君王想要長命百歲，是為了能夠掌握所有權力，修道者想要長命百歲、返老還童，是為了自性能夠回歸，兩者的目的是不同的，一個是為了權力，一個是為了自性的未來，「權力」會薰心，會蒙蔽我們的心智，而「修道」會讓我們的心智豁達開朗，更為清明，這兩者是不一樣的，所以名與身何者孰親？我們修道者要明白。

古代君王有權，希望有權之下能有命，而我們有命了希望再延命，這是不一樣的，一般平民百姓貨物不多，只足夠三餐溫飽，無法用金錢或是奇珍異寶換取延年益壽，只能夠靠自然的能量來補充，這是最好的，如果用金錢換取或是衡量的話，那就會產生很多的弊端，自然的最多、最好、也免費，但是現在都是用金錢去衡量，因為認為免費的沒有用，花錢的才是有用的。

念頭、思想是我們身體上的負擔，想要得到的越多，念頭就會越多，一直往想要的方向走，那會造成心智不開而產生憂鬱症，身心靈就不會健康了，所以我們滿足於生活中，放下多餘的追求，追求與滿足要有平衡點，要生活在無負擔的快樂中，有負擔的快樂並不是真正的快樂，而無負擔的快樂需要靠修行，如同剝洋蔥一層一層慢慢地剝，要靠有為來成就無為。

清靜章第四十五

大成若缺．其用不弊．大盈若沖．其用不窮．大直若屈．大巧若拙．大辯若訥．躁勝寒．靜勝熱．清靜為天下正．

大成若缺。其用不弊。

「大成」指的是宇宙，宇宙已經成就了；「缺」是「殘缺、缺少」的意思；大成若缺的解釋是說宇宙這個大周天缺少人這個小周天；其用不弊的意思是指我們不能走旁門左道，還是要用我們的小周天去應付大周天。

地球繞著太陽走的軌道稱為「黃道」，亦是「大成」，地球自轉稱為「赤道」，月球繞著地球轉為「小周天」，我們要了解大周天與小周天的運作，這是所謂的「天文學」，人的小周天如同月球繞著地球轉，而外在的自然即是「黃道」，也是「大成」，我們生活在自然（大成）當中，要跟著自然軌道走，「近取諸身」、「遠取諸物」，我們的諸身要配合大自然運作，如果身體的內五行與外在的五行靈子精華無法相通的話，便是阻礙住了，這就是「若缺」的意思，也就是我們的小周天沒辦法應付大周天。

其用不弊是說我們要走大道，要依循著「黃道」「赤道」走、要跟著自然走，不能走其他的偏門（旁門左道）。

大盈若沖。其用不窮。

「盈」是「充滿」的意思；「若」是「好像」；「若盈」是滿出來了的意思；「沖」是「往上沖」；我們依循著大道走，以小周天呼應大周天的運作，就能夠帶動我們的生命體，那我們的下顎便充滿唾液，所謂的「瓊漿玉液」，其用不窮，這些「瓊漿玉液」能夠讓我們延年益壽，唾液越旺，那生命體就會越旺。

唾液是生命的指標，唾液變少的話，那表示我們的分泌物變少了，也就代表著生命已年老了，老樹枯藤，生命將殆盡，因此我們尋找生命生存的方式，讓華池（下顎）充滿瓊漿玉液，便能夠延長我們的生命，但是不能用旁門左道，即便是在旁門左道找到了，那也只是曇花一現而已，並不是所謂的「成就」，旁門左道會讓人產生很多的欲念，因為有別人沒有的花樣，人因為好奇心強，在道聽途說之下，便會產生欲望，因而發生弊端。

所以當我們遵循大道修道時，不用想太多，不要看見別人有成就，就想自己趕快有成就，別人用什麼方式，也想跟著用相同的方式，可是別人的方法不見得我們能適用，或許別人的方法會造成弊端，這是我們不能得知的，別人有成就，就以恭喜、祝福的心回應，但是要將我們的欲望減少，我們正正當當走在大道中，可遠可久，以小周天呼應大周天，讓華池充滿，延續生命，再用後天之體修先天之性，這才是最重要的。

大直若屈。

樹木如果成為棟樑的話，便會早早夭折，因為房子的橫樑是需要直又壯的木頭，樹木長得直、長得好，則會被砍下來當作横樑，如果長得彎曲、長得不好看，就會變成神木，因為不會被砍來當棟樑，它能夠長久安穩生長。

我們修道要有成就的話，就要大直若屈，如同神木成長千百年。

大巧若拙。

有好的技藝不要隨便展現，如果展現的話，會因人情需求或是其他需求，而忙於技藝之中，變得沒有時間，技藝好又好於表現的話，那便會傷害自己。

修道者修到了一定的修為時，則會具有自性與宇宙奧妙相通的神通，修道者要若拙，不要炫耀自己的修為，如果大巧沒有若拙的話，那你們所帶領的後學也會跟著學習，這樣就不好了。

大辯若訥。

「訥」是說話遲鈍；會講話的人與人爭辯時，總是會巧言令色、信口開河，不經求證的或是做不到的全都說出來辯解，這不是修道者應該有的行為，所以我們儘量不要去與別人爭辯，話多就傷氣，傷氣便傷神，那就會耗散我們的精氣神，事實勝於雄辯，雄辯沒有用，我們還是好好力行實踐，才是重要的。

躁勝寒。靜勝熱。清靜為天下正。

修道者一定要沉靜，本身擁有很好的技藝或是修行功夫，要合乎於大道，也要寧靜以致遠，要木訥內斂，不要形於外，我們的小周天呼應於大成，接收了宇宙的能量，如果沒有若屈、若拙、若訥的話，則會消耗自身的能量與道行，枉費自己這麼努力修行充電，不停的放電只會原地踏步，導致修為停滯無法向前，所以我們一定要寧靜以致遠。

知足章第四十六

天下有道．卻走馬以糞．天下無道．戎馬生於郊．罪莫大於可欲．禍莫大於不知足．咎莫大於欲得．故知足之足常足矣

如果各位沒有把基礎扎好的話，往後的路會非常地難走，沒有好的基礎，那當各位在看任何的經典時，就無法體悟到經典所要表達的，所以各位一定要把根扎好，每一節課皆有其功法，老師是用於言語的傳授，但是各位要付諸於實際行動，並不是你們懂了老師講的就好，而是要能夠會用，懂得啟動開關。

老師感覺像是帶著各位逛大觀園走馬看花，老師所介紹的你們好像都懂，但是「懂」並不代表你們「會」，「會」才是真功夫，「功法」與「用法」是要在非常平靜的心態、心情與環境下執行的，如果因為工作忙碌沒時間，那就無法作功法與用法，因此一天當中要花多少時間做什麼事情一定要安排妥當，不管是修行或是日常工作都要安排，道是在自然之中，修道與工作也在自然之中，要善加利用時間，也要心無罣礙，才能成得了事，如果心有掛念的話，整天掛念未完成的事，那身心靈就無法安靜，阻擋了能量，同時也會耗散了生命，那就真的成不了事。

天下有道。卻走馬以糞。天下無道。戎馬生於郊。

天下太平的時候，馬皆用於耕作或是做平常的事，而不是當戰馬用於戰場上，因為在無戰事發生時百姓才能安居樂業，將馬用於民生的生產中，如果天下不太平有戰事發生時，那馬就要用於軍事。

如果我們的時間沒有辦法做好安排的話，就沒有時間讓身心靈安靜下來，那便無太平可言了，我們的生命會因此而耗弱，我們就像一個國家，國家太平才能有「生之道」，才可以創造我們的生命，每天為了生活忙碌，無法靜下來為自己的事做一番的解決，也會耗弱我們的生命，「解決」則為「創生」的意思，要有時間靜下來創造、延續我們的生命，因為天下有道，大家都在創造生命，繁衍下一代，安頓生活，安居樂業，如果天下無道，就會有戰亂發生，戰爭烽火無情，痛苦的是人民百姓，因為生命會在戰爭中消失。

罪莫大於可欲。

君王有想要將國家變成大國的欲望，就會開始併吞更多鄰近的國家，來擴大自己的國家版圖，因為君王的欲望開始有了戰爭，因此勞民傷財忙於軍事，而百姓的生命也會因戰爭而消失。

當人有了欲望便會勞碌奔波，因為想要累積自己的財富，因為想要的越來越多，年輕的時候並不會注重生命，總認為自己有體力，趁年輕積極創造事業，為了事業勞碌，結果生命力卻是快速消失，人到了更年期，生命就快消耗殆盡了，體力也變差了，我們的體力是一年比一年差，男的、女的都一樣，這便是我們勞碌奔波耗弱生命的關係，生命消耗散了卻不知道要把生命回補過來。

前幾堂課都有講到回補生命的方式，第一種方式是在睡覺沉睡時，我們一天工作勞累，到了晚上是休息睡覺的時候，當我們在睡覺時，自然界的能量會補充我們身體的能量，這是天下有道的自然能量，陰極而陽生，陰到了極點的時候，陽能量開始補進來，讓陰陽達到平衡，天下的物類非純陰純陽，睡覺時便會自動修補缺少的能量。

當我們進入沉睡時是在沒有意念與欲念的狀態下，身體會完全放鬆，好比處於天下太平之下，這時候身體是與天地同在的，能量因此才能夠補充進來，這是所謂的「還虛五行合七政」，我們的內五行要還虛與宇宙的七政（金木水火土日月）相呼應，這是屬於無為的方式，但是沉睡時所補的能量是有限的，當我們早晨醒來時，眼睛還沒睜開，意念就出現了，這些意念會消耗能量，因為修補不夠又在耗散生命，所以我們才會一天一天的老去。

另外一種方式則是「靜坐」，是以有為的方式主導無為，靜坐看起來非常的簡單，就是靜靜地坐著，雖然身體是靜下來了，但是我們的念頭卻沒有辦法一起靜下來，念頭如同電影般一幕一幕的播放，「剛才的事情還沒有做完」、「等一下我要去做什麼」，這些意念會阻斷宇宙能量進來，人在活動的時候，能量是無法進來的，除了睡覺的時候，能量才可以補充進來，但是必須在沉睡無念的狀態下，可是當人年紀越大睡眠便會越少，而且睡眠品質也不好，而年輕的時候，會因為煩惱的事情多而失眠，睡眠品質更不好，在這兩種情況下等於沒有睡覺，所以睡覺並不是不好的事，能夠睡就睡，而且是在沒有煩惱事的情況下沉睡，因此我們一定要少欲，才不會有煩惱。

靜坐可以讓我們減少欲望，開始靜坐時，欲念會產生很多，一幕一幕歷歷在眼前，不過當靜坐了一段時間後，欲念會越來越少，而且會越來越靜，會變得不喜歡講話，因為話講多會傷氣、傷神，會耗弱精氣神，所以有修為者的話並不多，因為要儘量囤積自己的精氣神，精氣神是我們人體的大丹藥與外在能量配合，才能夠養我們的生命，現在最重要的是要將我們的精神、生命補回來，讓我們的精氣神旺盛，當年紀越大時，精氣神會越弱，那就無法與外在能量配合，會浪費外在的能量而無法補回生命，人會衰老是因為罪莫大於可欲，因為欲望太多耗散生命，所以修道要趁早、要趁年輕。

禍莫大於不足。

人心不足蛇吞象，心猿意馬，這是人的垢病，也是因人的感官而起非份之想，看見或聽見別人所擁有的，自己也會想要擁有，但是彼此生活環境的不同，所擁有的也會不相同，在目前的環境當中儘量不要有其他非分之想，自己能力無法做到的，就想要去創造，那便會想很多的方法來創造，如果是想要創造自己的生命，這是很好的事，但是是要創造自己欲望的話，不管是創造金錢的欲望、物質的欲望或是其他的欲望，便會因此而消弱自己的生命，「禍莫大於不足」，禍端起於不知足，所以我們要知足常樂，不知足會生煩惱心而無法快樂，每天都在想很多事情，相由心生，心裡想什麼、想要做什麼皆會由臉上反映出來的。

咎莫大於欲得。

沒辦法成就時，卻一直處心積慮想要成就，這樣會產生不必要的災害，禍害遺千年，我們沒有能力得到的就不要去做，要量力而為，不然的話，不自量力時會產生弊端，而這些弊端會造成災禍，不管是對自己或是對別人造成災禍，都是一種災禍。

不走正道而選擇走旁道，則會禍害自己，旁門左道的花樣（小法）很多，這些小法都是人創造出來的，並不屬於自然界的法，人會因為欲望大而走入旁門左道中，反而對自己產生了傷害，古代的一些帝王為了要延年益壽、長命百歲，而利用旁門左道煉藥丹來服用，結果反而殘害自己的身體，也有的是暴斃而亡，就像王陽明是死於毒物，歷史上有許多這樣的例子。

故知足之足常足矣。

如果我們懂得知足，滿足於現況讓心態安定，那我們的心就能沉靜下來，如果不知足的話，欲望便會一直牽引著我們，因而消耗了生命，是無時無刻的消散，念頭的放射力是非常可怕的，好念、歹念皆是念，這些都不要，要知足現況所擁有的，以現況改變未來，用「常」改變，「常」是「永恆不變」的意思，也就是說用宇宙能量補充我們的能量及改變身體機能，讓細胞新陳代謝，生生不息，所以念頭能消除，就能夠與天地同在，能夠與天地同壽。

老師有說過自性是清者上升，濁者下降，清濁是同時分判的，清者上升會回歸本位，濁者下降會成為「殘靈」，即是所謂的「鬼魂」，所以要善用我們的身體將欲望清除以成就自性，這是延長生命的意義，壽命越長則吸收宇宙的能量會越多，可以洗滌自性因欲望產生的濁，讓自性變清明，同時也可以增加自性的道行，欲望是輪迴的開始，欲望即是我們的魔性，魔性越多便會下降輪迴於畜生六道，還是在人間歷練，所以欲念越少魔性就越少，就不會有殘靈墮落於人間，再繼續的輪迴。

我們的質滅亡時，清者上升時，太陽光加上時間、空間及速度會產生摩擦，如果自性的靈光太小便會被融化，那所剩下的則是濁者下降的殘靈，永遠在人間輪迴，所以我們要靠修行的功夫，將自性光發揮到最大的光明，自性產生最大的能量，便可以和其光、同其塵回歸到本位，我們的靈性是五行靈子的精華，是由無數個靈子所結合而成的，這是難得可貴的，老師希望各位能夠知足、常足矣，能夠讓自性百分之百的回歸，不要因為欲望而留在人世間，人世間因為欲望變成人吃人的世界，釋迦牟尼佛要升天時，也是去魔性成就佛性，如道德經所說的「清者上升」、「濁者下降」，一分為二，各位能夠成就多少自性，便是有多少的成就。

天道章第四十七

不出戶．知天下．不窺牖．見天道．其出彌遠．其知彌少．是以聖人．不行而知．不見而名．不為而成．

人緊張時會流汗，這是生理的反應，因為緊張時會產生毒素，心理防衛則開始啟動，循環就會很快而流汗，再藉由汗水將毒素排出，流汗有排毒的作用，運動流汗是深層的排毒，平常能夠多流汗排毒，身體也會比較健康，所以每天最好能保持半小時的運動時間，讓自己流汗排毒，消除一天當中因意念所產生的毒素，不然的話，會因七情六欲所產生的毒素堆積在身體裡面，而造成身體的負擔形成病痛。

外面有很多養生的課程，但是養生並不是靠有機或是無毒的食物，這只是吃得健康，真正的「養生」是指把生命養回來，並非是靠吃來養生，但是吃得健康也是很重要的。

人是好奇心很重的動物，有窺視的心態，在好奇心使然之下，往往會死於好奇心，我們在誘捕動物的時候，都是在利用動物好奇心的特性，才能夠誘捕到動物，「飛蛾撲火」，點一盞燈，飛蛾就會往燈火飛過去，修道者不要有窺視與好奇的心態，不要自認自己心很正，不會受影響，但是往往都是會受影響，而且影響很大，所以不要用窺視的心態來看待這個世界，如果因為好奇心而窺視，你永遠得不到你想要的，因為看到的只是表面，當我們明白正道時，則要登堂入室了解究竟，才能得知其中是光明？還是黑暗？但是在了解時要保持清明的心態，不受汙染，清者自清，濁者自濁，自身清明遇到清的，頻率便會相同，遇到濁的話，頻率就會不一樣，那就要趕快離開，不要因為好奇心而繼續留下，那受害的會是自己，不好的就不要圍觀。

不出戶。知天下。

不出戶怎能知天下事？現在 3C 科技發達，不出戶也能知道天下事，這些事都是遠方傳來的訊息，也就是「新聞」，這是透過傳播而得知的訊息。

如果不透過傳播得知訊息，想要不出戶又能知天下事的話，就要靠自性進入虛空境界中取妙智慧，你的肉體在這裡，而你的自性已經到另一個境界，自性可以離開肉體到虛空境界是需要「靜」的功夫，肉體要能「靜」，但是你們靜得下來嗎？雖然你們靜靜地坐在這裡，可是你們發射出來的念力卻四處飛，你們的想法靜不下來，想法全都充滿於舍利子當中，人的意念浪傳十方，你們心裡所想的，連住在遠方的朋友都會知道，這是所謂的「心靈相通」，由此可見我們的意念是多麼的強，還好老師會將鄞鄂四個城門關起來，不會受到這些形而下的意念的影響。

「天下烏鴉一般黑」這句話可以形容人的意念，為什麼？因為人的意念都在空中交換，我的意念發出去了，你把我的意念吸收了，然後你的意念放射出來，別人又吸收了，彼此在交換欲念與七情六欲，因此人世間形而下的氣息非常地濁，最濁的地方是廟宇，因為廟宇裡面充滿人祈求的意念，好與不好的意念都有，如果到廟裡修行的話，很容易受到這些意念的影響而產生問題，所以人的意念要少發射，才不會傷害到別人，即便人存好心做好事，但是意念

傷害了別人，自己也不知道，我們常看到佛像後面會有一個圓圈，那代表佛的自性光，以人而言則是意念產生的光，人的意念不斷地往外放射，放射的當下剛好與宇宙能量相抵觸，那就無法吸收到虛空境界的能量來補充自己。

地球繞著太陽走的軌道稱為「黃道」，地球運行於黃道會產生消息，所謂的「二十四節氣」，以冬至跟夏至為主，即是以子午線為主，上半年為陽，下半年為陰，這是地球在放射能量跟吸收能量，如同人的呼吸，地球也在一呼一吸，「消息」亦是「呼吸」。

不窺牖。見天道。

我們要與大自然接近，才能知道地球的消息、能量的消長，並不是在家裡透過窗戶看外面來得知遠方的消息，這是井底之蛙的行為，只會是短視而已，並無法看到遠方，要把門打開走出去力行，與大自然在一起，自然界有五行，宇宙有五行，人也有五行，宇宙有能量，這些我們都要知道與了解。

其出彌遠。其知彌少。

「彌」是「滿」的意思；照字面的解釋是「出去走得滿遠，知道得滿少」，如果真是這

樣，那不如不要出門。

「彌」是「滿」代表「滿月」的意思；「其出彌遠」是說不能枯坐在裡面幻想、做白日夢，要出去外面走一走，看看日月星辰的運轉方式，了解消息的運作。

其知彌少，我們對於這個世界與宇宙了解的很少沒有關係，「讀萬卷書不如行萬里路，行萬里路不如明師指路」，只要去尋訪明師幫忙指路，截長補短，就能了解自然界與宇宙的運作。

是以聖人。不行而知。

「聖人」是指無我相的成道者；此篇的經文上半部是屬於有為，下半部是屬於無為，我們要先「有為」的了解明白宇宙的運作，包括春夏秋冬的運作、地球的消長，但是如果你已經是成道的有德者，便能得知宇宙的奧秘，因為你已經有了虛空境界的智慧，成道者可以由有為進入到無為的境界。

不見而名。

「不見而名」意思說當你成道時就能登堂入祀，你的成就如同孔子的七十二賢弟子、釋迦牟尼佛的十大弟子、耶穌的十二門人，大家都知道你，因為聖人（成道者）是為眾生著想，以眾生著想不為己，這是所謂的「功德」，用你功夫的功德加惠於眾生，則不見而名，你已經眾所皆知了，所以我們要成名立萬，在萬世千秋之上為了眾生。

不為而成。

別人會依照你成就步伐去學習，這是「不為」，你不為，眾生而為之，眾生希望能夠像你一樣有成就，老師希望各位能夠成為佛祖，清者能夠上升，上清時便是成就的時候。

日損章第四十八

為學日益．為道日損．損之又損．以至於無為．無為而無不為矣．故取天下者．常以無事．及其有事．不足以取天下．

老師希望各位在課程當中能夠獲得知識與常識，在課堂中有所進步，一切的道學是隨時隨地運用的，如同老子道德經講的綿綿若存，時時刻刻都在我們的身邊，不管任何的事情，都要拿出虛空境界的智慧來應對。

在世成為人便會有人事問題，事情皆有正反面，卦象也有正卦、負卦，事情的發生並非是絕對的，有正便有負，有陽就有陰，所以在學習每一件事情時，不能只有「單看一面」的想法，要全盤思考，處理事情要有所考量，不能用本身的觀點與執著來看待每一件事情。

為學日益。

為學日益是指形而下的功夫；人從出生時就開始學習如何生活與生存，我們生活的智慧是過去所累積出來的，智慧是跟著時代的腳步與科技發展在進步，每一天都會有新的事物讓我們從中學習成長，或是從錯誤中得到警惕，我們分分秒秒都在學習，日新月異地學習所謂的「知識」，知識可以讓我們進步，因為這些知識是來自於虛空境界的智慧，將虛空智慧帶入到我們的生活當中，生活才能夠進步，這是「有為」的學習，我們要有為而為，要從生活當中返回虛空境界去。

伏羲氏在陳地仰天俯地，觀察自然界一切的景象，將這些形象用符號畫出來，歸納成為六十四卦象，這是從形而下演化出來的卦象，六十四卦象再分類為八個卦象，然後再歸納成為「四時」，往上推演成為「兩儀」、「太極」，這是由形而下的功夫，從有為到無為。

我們要由目前所看到的一切開始學習，從形而下的有為學習到無為，前人的經歷累積成為智慧與知識，這是我們所要學習的，如同伏羲氏八卦也是從生活得到的智慧，並不是憑空而來的，伏羲氏所留下的易經八卦帶給我們很大的啟示，生活中的一切包括看得到的、感覺得到的，都是我們要去經歷與學習的，從中攝取經驗累積智慧。

雖然各位現在在學習玄學，但並不表示生活中的一切事物都可以拋開不要，然後就可以直接進入到虛空境界去了，這是不可能的，親情與生活還是要顧及到，我們在群體生活當中，不可能靠自己自給自足的，現今的社會也是多元化的，是很多人的智慧與知識所集合而成的，每個人皆有其長處，每個人將自己的長處貢獻於社會，成為社會的資源，社會是環環相扣的，每個人都是社會的環節，所以不要小看自己，雖然像是一顆小小的螺絲釘，但是這個螺絲釘對於這部機器是非常的重要，少了它就不能運作，所以日常生活的學習及吸收他人的長處，對我們來說是很重要的，把學習到的知識轉變成我們的智慧。

為道日損。

「為道」是在於「無為」；「損」是不用了、損壞了、丟棄了；前面要我們為學日益，不要離開生活，但這裡又說為道日損，要我們為道而放棄生活，又要生活又要為道，該如何做呢？

「日益」是指日積月累的經驗累積，「日損」則是把累積的經驗全部拋開不要，「日益」是有為，即是為學用知識，「日損」是無為，而修道要用常識，這是經文的意思，知識與常識是不同的，但是很多人不知道，現在有些修道的人認為為了道，生活的一切都可以不用做了，對社會也不用再貢獻了，就由眾生供養三餐而生活，這種行為便是「日損」，修道要為道也要為學，一定要學習形而下的功夫再晉升到形而上，修道要勤於形而下的功夫，修道並不是孤坐在那不學習生活或是只靠嘴巴說不做事，如果是這樣便會有所損失，也會讓社會不進步，所以要在學習中求進步，在生活當中求精，日積月累，這樣才能夠成就自己，以後天之體（命）來成就先天之性，命的存在是需要靠生活，要生活就要學習，萬物皆有其靈性，也是我們的老師，要向萬物學習，這樣我們才能夠進步、成長。

損之又損。

要無為則要損之又損，我們要用累積的生活經驗來判斷，好的要去學習，而且將好的保留，而不好的則要去除，這就是「損之又損」的意思，我們為道時要去除本身不好的七情六欲，將好的七情六欲留下，有得到也有損失，有損失又有得到，己所不欲勿施於人，自己不好的習性，也不要用來引導他人，「物以類聚」，當自己有好的行為自然會吸引到好的道伴，因為彼此為道的目的是一樣。

以至於無為。

生活中的一切要用虛空境界的智慧來做判斷，而虛空智慧是要靠為學日益而來，用有為的方式進入到無為的境界，這是要靠生活中的學習以及觀察萬物的特性，才能夠做到的。

但是要用無為的心態與智慧判斷所有的事情是很難的，因為當人有了情緒之後，東西南北就已經分不清楚，情緒會導致心火（虛火）直衝腦門，頭腦則會昏昏沈沈，而失去智慧的判斷，很多人都無法克制自己的情緒，所以我們才要學習聖人先賢的作法與行為，學習控制突如其來的情緒，以防虛火上升到腦門。

我們很容易受到外在的影響而產生情緒，黃帝內經有提到五臟六腑的屬性，這些屬性會呼應到天上的七政（金木水火土日月）。人會用火煮東西是因為燧人氏發現了火，燧人氏也是從虛空智慧得知水與火的運用，知道火在下、水在上時，才能將水煮沸，知道用火可以煮熟食物，這是先人的智慧，也是萬物的屬性，我們可以運用於控制情緒上，讓體內的心火在下、水在上，水煮沸了會有蒸氣往上升，這一股清氣會澆熄腦火，頭腦清明了才會有智慧產生。

情緒的平穩是要靠日常當中所有事情的學習，而不是外在的行為已經影響到內在心態時再來學習，等到事情發生了才後悔，那已經來不及了，社會新聞常看到許多人在犯罪之後才知道後悔，但是事情已經無法挽回了，所以我們在做任何事情之前，要想想看其後果，要評估事情的損之又損，情緒的管理也要靠日常的行為與智慧的學習。

無為而無不為矣。

「無為」是指將虛空境界的智慧用於日常生活當中；「而無不為」則是我們的行為與行事要以虛空的智慧做判斷，要有智慧判斷什麼事可以做、什麼事不可以做，旁門左道我們不可以行，捨近求遠也不可以做，學習是一步一腳印，不能求捷徑，萬丈高樓平地起，從基礎做好，一切事物皆是學習的對象，更要以他人之心來看待自己的行為，要有客觀與公平的心態。

所以我們的行為與生活要運用虛空境界的妙智慧，但是這些智慧還是要靠人事的學習及修為的學習，這兩種學習是同時並存，如同我們的質跟靈性也是並存的，人學習生活填飽肚子，是為了身體能夠活下去，而人的意識行為是靠自性並肩合作，這是「為道」，所以人的行為與自性會互相影響、牽扯，這是一體兩面。

既然我們已經成為人，為了另外一個自己（自性），我們要學修，將學修所得到知識、常識給予自性，再讓自性指揮我們的行為，彼此並肩生活，因為肉體跟靈性是一體的，當肉體滅亡時，塵歸塵，土歸土，自性則回歸本位，肉體從出生到死亡時，每一天都在耗損，這便是「為道日損」，然後要「為學日益」，學習延長我們的生命，將生命的這一秒變成停損點，停止肉體的老化，讓生命能夠延長，因此需要用「無為」，「無為」則是虛空境界的能量，我們要用虛空境界的能量來補充，能量看不到、也摸不到，但是能量確實存在，想要用隨時都可以使用，而且對我們是有用的，能夠讓我們延年益壽。

學修「無為」不要走捷徑，要明白真理與事理，更要明白大道，一門深入是一輩子的事，走錯一步入了旁門左道便無法認清正道，真理只有一個，我們要認清自己要走的路。

故取天下者。常以無事。及其有事。

「天地人」為「三才」，以人為貴，人頂著天立著地，可以取天下萬物的能量。「常」是「永恆不變」的意思；我們要用有為的方式去獲取無為的能量能源。

不足以取天下。

不足以取天下是「陰陽消長、新陳代謝、生生不息」的意思；我們肚子餓了要吃飯，肉體的細胞也需要新陳代謝，那就需要能量來汰換，人的欲望、念頭會造成細胞產生毒素，毒素會毒害身體，腫瘤就是這樣形成的，腫瘤起先是良性變化成惡性，但是人不可能沒有欲望，只是多與少的問題，或是強烈與不強烈而已，如果欲望多、很強烈，那細胞的病變則會越多，欲望不強烈，細胞產生的毒素就會越少，所以我們要能「子午抽添」、「卯酉沐浴」，讓我們的新陳代謝變好，把壞的、不要的代謝排出體外，「沐浴」的意思就是去除身體細胞所產生的毒素，「子午」即是「陰陽」，「卯酉」是春分與秋分，我們要配合春夏秋冬四時的二十四節氣運作，配合地球的消息，配合太陽與月亮的運作，取天下這些能源能量來補我們的不足，肉體的熱量或是靈體的能量都是需要的，但是我們本身要先有為再無為，然後再用無為的智慧用於生活中，則是無為而有為。

德善章第四十九

聖人無常心．以百姓之心為心．善者．吾善之．不善者．吾亦善之．德善矣．信者．吾信之．不信者．吾亦信之．德信矣．聖人之在天下．怵怵焉．為天下渾其心．百姓皆注其耳目．聖人皆孩之．

本身是一個成道者或是已達到菩薩境界、聖人境界者，才能夠解釋與詮釋經典，因為與前賢有相同的悟道功夫，才能夠體會到當時前賢成就的心態以及了解經典所要傳達的意思，再將經典清楚明白、完整地詮釋出來。

聖人無常心。以百姓之心為心。

「常」是永恆；聖人已是子午抽添、卯酉沐浴的成道者，聖人沒有常人的行為，無常心，當念起時馬上就能念滅，因為這樣才不會傷到身體及細胞。

當起了歹念時，要用「常心」處理，不然的話，沒有傷害到別人，反而殘害自己的眾生了，自己的眾生就是我們的細胞，聖人無常心，才能念起念滅，所以不能累積怨氣，不能讓念頭殘害了我們的生命。「一念三千」，在這三千大千世界的各位，當你們的念頭發射出來時，老師都能接收到，但是老師要接收時會先滌除玄覽，將念頭過濾，把不好的念頭擋掉，因為不好的念頭太毒了，因此當你們在一個環境中感覺到不舒服時，是環境中的念力與歹念太強了，所以這時候你們要有防衛心，要設立防護罩滌除玄覽。

聖人沒有世俗之人的想法，一切以百姓之心為心，沒有自我，為眾生著想，但是眾生還是眾生，眾生會拿著聖人的心來做自己的事，把自己當作聖人一樣。聖人是以眾生為前提，眾生則是以自己為前提，最糟糕的是還拿著聖人的行為來利益自己，把自己講得好像是聖人。以百姓之心為心則是沒有自我。

善者。吾善之。

老師講過了，卦象有正卦也有負卦，正負卦是相對；一個修道者明白宇宙之間所有的奧秘，又能夠利用宇宙奧秘的能量來成就自己，就能夠成為聖人，成聖之後要利用本身的道行功夫來利益於眾生，處處為眾生著想，一言一行皆是為了眾生，而不是為了自己本身著想，一定要清者自清，將不好的念頭全部清除，沒有自我利益的觀念，這樣才能教導眾生行善。

吾善之是說對自己最好的事則是成為聖人，但是成聖後要教導眾生成聖，教導眾生回歸於致虛極的本位，所以我們要從本身做起，學習聖人先賢成道的腳步，聖人先賢是以眾生為優先、以眾生為出發點，而眾生是以自己的利益為出發點，斤斤計較，這樣永遠成不了聖。

如果事情能夠利益眾生，就要排除所有的困難去做，因為這是對的事，這就是聖人的行為，因為聖人走過，知道這樣能夠利益眾生及教導眾生。老師也是在人間歷練，同時看見人心的百態，只是看在老師眼裡、通往老師的神識，不講出來而已。

不善者。吾亦善之。德善矣。

當我們知道與明白了這一切，對於不善者我們要去教導他成德、明德、教導他能夠厚德載物。老師在講「道德」時，比較不會講得精闢入裡，只是偶爾帶過，因為道理人人都會講，但是未必人人都會做，講多少做多少，只要能夠做得到的話，那就不得了，老師慢慢地教導，該做的、該講的，我們都會去做、也會去講、也會去宣導，我們不做偽善、偽德，我們要的是從內心散發出來的德性，原來雲旨玄學的學生這麼有氣質，老師聽了多高興，因為讚美學生等於讚美老師，但是我們不必多說，因為相由心生，所以我們要從心開始做起，要將內心不好的全部洗滌，用子午抽添，卯酉沐浴，子午即是「通天線」，亦是南北線，南邊是離卦為日為陽代表美麗，北邊是坎卦為水為陰代表黑暗，坐北面南，我們要背著陰面向陽，眼前所看到是一片美麗的陽光，心情就會很好，有好的心情，那所吸收的能量則會越多，所以我們每一天都要保持好的心情，才會有好的念力，老師希望各位保持輕鬆的心情，天天快樂過好自己的日子，這是最基本的。

信者。吾信之。

「信」是所謂的「消息」；遠方捎來的消息，就是信，也是「聞」，「聞」是聲音，現在電子的簡訊是透過空中通訊衛星來傳達的，也是屬於遠方捎來的消息，跟寫信的意思一樣。

「消息」亦是「消長」，能夠「消長」的人即是聖人，因為能與天地同在。何謂「消長」？地球中心軸為二十三度半，中心軸則是「子午線」，地球是以八百公里的速度在自轉，自轉一周為一天，是二十四小時又多一點，地球自轉再繞著太陽公轉是一年三百六十五天又四分之一，當中多的時間會產生閏月、閏年，陰曆十九年之中有七個閏年，每一個閏年是三百八十四天，今年剛好有閏月，所以今年的陰曆（農曆）有三百八十四天。

「消息」是地球繞著太陽轉而形成的四時二十四節氣的變化，「四時」是所謂的「老陽、少陽、少陰、老陰」，即是「春夏秋冬」，在春夏秋冬之中有二十四節氣的變化，二十四節氣則是地球吸收太陽能量、放射能量所產生的，這是「消息」。

成道者要教導眾生應對消息（二十四節氣）的方法，要教導眾生了解自然以及跟著自然走，然後在自然當中成道，但是如果眾生沒有了解自然或是沒有用心在此，則可以自身的言行舉止教導眾生，力行「仁義禮智信」的行為，亦是四維八德的道理，要教好眾生的言行舉止，力行人道而成就天道，也是一樣可以成道。

不信者。吾亦信之。德信矣。

教導眾生成道，要用宇宙不變的真理以及自然的厚德來教導，真理只有一個而且是不變，不能用旁門左道教導走捷徑，老師說過修為、修持是一輩子的事，從現在開始到死亡都是要走修為這條路，沒有捷徑，要一步一腳印的走。

聖人之在天下。怵怵焉。為天下渾其心。

「德」在天為「道」、在地為「德」稱為「道德」，聖人是有德者亦是成道者，因此本身的言行舉止皆要非常謹慎，因為怕誤導了眾生，所以成為一個聖者並不好玩，但是眾生雖然過得逍遙自在，那皆是因為愚癡，日子一天過一天，只知道忙碌生活、三餐溫飽過一輩子，但是一輩子過完無法上清下濁，還是繼續在六道中輪迴，所以你們要珍惜寶貴的現在，既然知道了「修道」，則要趕快修持，起步不晚，就怕不走而已，各位要修得逍遙自在，不修愚。

修道、成道是沒有年資可言的，雖然比別人早知道修道，更要警惕自己，不要帶壞後學，要把後學好好地帶好，不要有囂張自大的心態，要怵怵焉，隨時隨地提高警覺，不要做錯事情，同學之間要互相提攜，好的便要互相研究，不好的則要修正，不要有一些自以為是的行為，要有謙虛的心態。

百姓皆注其耳目。

字面的解釋是眾生皆用眼睛、耳朵在觀察聖者的言行，用高標準看待修道者，所以修道者要謹言慎行，才能成為眾生標竿。

另外的解釋是「百姓」即是眾生，指的是我們身體的細胞，「皆注其耳目」則是以耳目為主，「目」通往我們的神識，「耳朵」通往氣海，眼睛看到「這個我喜歡」、「那個我愛」，就開始用盡心思計畫、不擇手段想要得到，結果欲念開始產生毒素，殘害了自己的細胞而不知。

所以眼睛盡量要看近不看遠，想法也不要想遠，在合法之下符合自身所需，該爭取就去爭取，該我們做的就去做，不要有「不為」，因為欲念的毒素會毒害我們的眾生，要小心謹慎。

聖人皆孩之。

「孩」是「亥」的意思，是指二十四小時；修道者要有赤子之心，也要如孩子學走路般步步小心謹慎，各位身為雲旨玄學的學員，你們的言行舉止皆代表雲旨玄學，同時也代表老師，所以各位的一言一行自己要非常清楚也要做好，一切的行為要為雲旨玄學負責，因為我們雲旨玄學是最好的，每一步要走穩、走得小心，要時時警惕自己，無時無刻皆不能有所放鬆與懈怠。

生死章第五十

出生入死．生之徒．十有三．死之徒．十有三．人之生．動之死地者．亦十有三．夫何故．以其生生之厚．蓋聞善攝生者．陸行不遇兕虎．入軍不被甲兵．兕無所投其角．虎無所措其爪．兵無所容其刃．夫何故．以其無死地．

出生入死

「出生入死」是指我們的一生從出生到死亡；「出生」代表人的來處，人的肉體是由父精母血而來，而靈體是從道母來，有兩方面的來處。

靈體還沒有降臨肉體時，人沒有生命並不會動，靈體與肉體結合後才有生命，人死亡時，肉體要入土為安，萬物歸土，肉體回歸於大地寂靜，靈體則回歸於來處－道母，靈體的來處也是寂靜，「死」即是回歸於寂靜，靜的意思，所以稱為「入死」，這亦是出生入死的解釋。

生之徒。十有三。

「徒」是人的意思；地球是由七分的海洋、三分的陸地所構成的，人的性別有分男女，男性有七分雄性荷爾蒙、三分雌性荷爾蒙，女性有三分雄性荷爾蒙、七分雌性荷爾蒙，這是「生之徒、十之有三」的意思，大地與人皆是十之有三。

道德經是老子在二千多年前所留下的著作，當時的天文都還不知道地球是什麼形狀，老子竟然有辦法知道地球是三分陸地七分海洋，知道大地與人是十之有三，由此可見經典是配合自然而運作的，是有科學的根據，所有的一切離不開自然，這是先人留下的智慧，我們要好好珍惜這部經典。

死之徒。十有三。

死之徒十有三與生之徒十有三是一樣的道理；修道如牛毛，成道如牛角，有些人會回歸於陽，而有些人則會到陰界，例如有可能因為沒修好道，能上天堂只有三個能去；同樣地，有修好道的人，下陰界只有三個，所以出生時有分陰陽，肉體滅亡時也有分陰陽，因為靈性不死會分判歸於陰陽，但是靈性並不會不死，靈性也是會滅亡的，老師當初也是以為靈體不會滅亡，我們都受到心經「不生不滅」的影響，後來才體悟到靈體其實是會滅亡的。

靈體是會不斷的提升與進步，靈體藉由肉身體會色受想行識及七情六欲，再將這些資訊帶回靈體的來處，這是非常可怕的，原來人間是災劫的歷練，人受的災劫越深，歷練就越大，然而沉淪在這人世間的機會就會越大，所以我們要將六欲去除，因而不會生貪瞋癡三毒，不能用自性壓制人性，而是直接從人性中去除，做一個擋土牆，不要讓人性污染了自性，不要讓人性世界污染了靈體的境界，人性皆是空相，自性則是境界，這兩者是非常的相似，不易分辨，境界與空相只有自己的心能分辨，可是往往人會將空相誤認成境界，因為只有一線之隔，因此空相與境界要清楚分辨，人世間的歷練是在磨練我們的空相，而境界是會自然產生，空相則是建築在幻想中，不切實際，相信各位有很深的體會，因為各位在還沒有進到雲旨玄學之前的經歷是「我將空相的理想告訴你們，讓你們跟著我的理想進入了我的空相」，這樣的修道經歷能夠成道嗎？各位心知肚明，這就是死之徒十有三，因為七分的人都走錯修道之路。

人之生。動之於死地。亦十有三

空相是不實際的理想，有理想是好事，但是要實際，不能建築在自我的幻境中，有句話說：有夢最美，有情相隨，在追求理想的過程中，不外乎人情，但是修道不能墮入於人情道，修道剛開始是動之以情、止乎於禮，這是沒有錯，也是正常的事，好的修道方式與好朋友分享，這是動之以情、止乎於禮，當朋友進了修道之門，便是修行在個人，修道是個人的事，自己要能分辨所學的道是能將自己帶往境界？還是帶往空相？如果發現是進入空相那就離開，如果是進入境界就留下為自己而修，不要有人情的牽絆。

很多人在修道修中皆是修人情道，動之以情、用之以情，所以成道才會如牛角般的少，人性講情理法，自性講法理情，進了修道之門要依法、依真理而修，不要依人情而修。

夫何故。以其生生之厚。

修道人在生之時，要能夠培德、修道，才能厚德。

蓋聞善攝生者。陸行不遇兕虎。

「攝」是訊息；聽到有消息傳來說善行及有德之人走路時不會遇到老虎，這是個比喻。

蓋聞善攝生者、陸行不遇兕虎意思是說德高望重的行善者會受到人與天地的保護，不會被傷害。

入軍不被甲兵。兕無所投其角。

從軍時不用穿盔甲去作戰，因為天下太平沒有戰爭發生，從軍是為了保衛國家，但是因為無戰事，所以不會取犀牛或是其他猛獸的皮，當作保護兵將的盔甲，沒有戰爭就不會去傷害這些動物，動物因而受到保護。當時抓犀牛只取牠的皮，而犀牛角則被丟棄，如同現在抓鯊魚只取魚翅，再將鯊魚整隻丟回海裡，所以現在在推行海洋環保，不吃魚翅，不殺鯊魚，這是一樣的道理。

一個有德的仁君，是不會動用軍隊發動戰爭去侵略別的國家，因為動用不到軍隊的資源，沒有戰事，那軍隊的將士們也不用穿盔甲，猛獸也不會受到傷害，形成人與野獸和平共存的太平日子，國家處於安居樂業的狀態中。

虎無所措其爪　兵無所容其刃

意思是說要抓野獸做軍隊用品需要設陷阱，而老虎或野獸會用爪子與人對抗，沒有戰爭自然就不用囤積刀槍盔甲，老虎與野獸也不會為了保護自己與人對抗。

有德性的人，不用怕被老虎抓傷，也不用怕被人用兵刃殺傷，同樣地，國君能實施仁政、德政，就不用怕別的國家來侵略，修道者能培養好德性，將內心的功夫學習好，有好的德性就能頂天立地天不怕地不怕，因為有德者會受到天地之護。

夫何故。以其無死地。

修道者不要傷害動物，也不要有侵犯別人的作為，要往修道的方向去，成為一個善者，就能夠與天同壽，不再出生入死於輪迴中。

尊貴章第五十一

道生之．德蓄之．物形之．勢成之．是以萬物．莫不尊道而貴德．道之尊．德之貴．夫莫之命．而常自然．故道生之．德蓄之．長之．育之．成之．熟之．養之．覆之．生而不有．為之不恃．長而不宰．是謂玄德．

道生之。德蓄之。

人的靈性從道母而來，二五成形、三五成性成為一個真人，在人的世界要有德性。道生之為「體」，即是「道」，德蓄之為「用」，即是「德」；「體」是「道」，「用」是「德」。

物形之。勢成之。是以萬物。莫不尊道而貴德。

混沌之後，開始有天、有地、有星星、月亮、太陽及一切物類的形成，萬物皆是由道而來的，由單細胞開始分類、分化、進化，大地載著所有的生物，運轉於宇宙之間，萬物在天地之間生之蓄之，這是上天給予我們最好的德性，即是所謂的「厚德載物」，貴德是仁愛、彼此不互相爭奪的意思；因為在生存的利益之下，便會產生爭奪，因而沒有了倫理道德，所以「道」希望萬物能和平相處。

道之尊。德之貴。

道是尊大不能侵犯的，要用德實施才能展現出道的尊貴。

道是體、德是用。

夫莫之命。而常自然。

修道者生活在永恆的自然之中，人法地、地法天、天法道、道法自然，一切的生命皆是在自然大道中的生活。

故道生之。德蓄之。長之。育之。成之。熟之。養之。覆之。

這是在講輪迴，在道之下一直輪迴；「覆之」是輪迴的意思。

生而不有。為而不恃。長而不宰。是謂玄德。

「生而不有，為而不恃，長而不宰」這是指我們所養的六畜，這是個比喻的意思，因為以前的社會有階級貴賤之分，人的地位是非常不平等，而且地位還有世襲。

「生而不有」則是不要擁有對別人的生殺大權，眾生皆平等，眾生的靈性皆是上天降下的，誰都無法決定與左右萬物的生死。

「為而不恃」是說做事情不能仗著彼此的階級不同，而產生位高權重，位高權重者要以

「德」為出發點，下達一個命令或是說一句話時，皆要想到眾生，不要因為自己的言行傷害到無辜的眾生。

「長而不宰」的意思是我們要發出慈悲心，不管是對人或是六畜都要有慈悲心，眾生皆平等，看看電視劇的台詞，就有男女不平等了，如男人的太太稱為「妾身」，這是很卑賤的名詞，男女高低分的很清楚，所以對於眾生，我們要發出慈悲心。

「玄德」是不要忘記是大道生靈生萬物，天下的物類皆是道母所生，我們靈性的來處出於「道」，所以不要互相殘殺。

守母章第五十二

天下有始．以為天下母．既得其母．以知其子．既知其子．復守其母．歿身不殆．塞其兌．閉其門．終身不勤．開其兌．濟其事．終身不救．見小曰明．守柔曰強．用其光．復歸其明．無遺身殃．是謂襲常．

天下有始。以為天下母。

天地的開始以及天下所有物類的形成皆是道母所生，不管是看得到或是看不到、聽得到或是聽不到，所有虛的與實的都是由道母所創造，道母就是我們的源頭，「始」是源頭的意思。

既得其母。以知其子。

既然知道我們的源頭來自於「道母」，我們就要知道自己是誰，「道母」是萬物的母親，也是有形、無形的母親，天生下我們的靈性，地滋養我們的肉體，我們的一切是天造地設、天生地養，這是自然的現象，所以要知道我們的源頭是從哪裡來，是從哪裡而開始，即是一般民俗說的「慎終追遠」，要知道誰生養我們，這亦是以知其子的意思，「子」即是我們，我們要認清楚來處的源頭，不要認錯對象了，佛跟魔要認清楚，不要認「魔」是我們的來源。在天下間我們要知道「道」是從何處來，「道」的功能是什麼，道產生萬物萬靈，組織我們的肉體，包括大地所生長的石頭、樹木、畜牲六道都皆是來自於道、道母。

既知其子。復守其母。歿身不殆。

道母降下我們的自性，父精母血形成我們的肉體，二五成形，三五成性，自性與肉體結合成為一個人，這即是所謂的「天人合一」，我們要了解自己是如何形成的。

何謂「二五成形」？「五」代表「金木水火土」五行，「二五」是指男性陽五行與女性的陰五行，陰陽交合後產生另外一個五行（肉體）。三五成性，第三個五也是五行，即是靈性，靈性合於肉體則是天人合一。

既然我們是從道母而來，要能守住道母，當我們肉身滅亡時，自性才能夠回歸於道母，這樣自性才不會危險，如果我們不知道「道母」是源頭，也不知道要守住道母，當肉體死亡時，自性會隨便亂跑，則會變成孤魂野鬼，因為在世為人時，沒有修道學道，也不了解人的來處是「道」，沒有記憶印象，就無法帶我們回到原來的地方。

如果在世為人有修道學道，所了解的以及學習到皆是來自於道的常識與理念，這些正確的常識與理念會記憶到頭腦轉成印象，「印象」是自性的記憶力，肉體的學習會轉成印象記入靈體之中，所以平常沒有學道、培德的話，肉體滅亡時，自性離開肉體之後，自性則不知道要回歸何處，就會流浪變成孤魂野鬼。

不過現在社會有一個很好的現象，也是一個很好的民俗活動，則是一般的廟宇都會教導眾生不要做壞事，因為做壞事的話，人死後靈魂會下到地府算帳，這是一般接觸到的民俗活動，也具有教育意義，但是如果是接觸到雲旨玄學，透過修道學道所得到的觀念、理念轉成印象到自性之中，稱為「浸潤」，當我們有常識與觀念，肉體要滅亡時，我們才不會恐慌、害怕，自性會很自然的帶我們回到原來的地方。

修道培德是時時刻刻都要做到，才能加強我們的記憶力，變成自性的印象，這是所謂的「福慧雙修」，修道學道培德是可以得福氣與智慧的，再用智慧帶我們回到來處。

塞其兌。閉其門。終身不勤。

「塞」是塞住的意思，「兌」代表眼睛、耳朵、鼻子等六根，六根塞住了，不聞不看，如心經第一句話：觀自在菩薩的「觀」，便是要看那些自在菩薩與聖人先賢的作為，但是你的眼睛矇起來不看，別人勸你要培德也不聽，連道伴、道侶都不需要，只把自己關在家裡如同宅男般不出門，修道學道是需要道侶、道伴的。

本身要求道、培德，一定要用眼睛去看別人的修為，用耳朵去聽才能判斷什麼是好的，什麼是壞的，如果眼睛、耳朵全部塞住，又不出門戶，那這些資訊便得不到了，不修道、不培德、又不與人接觸、獨來獨往，那會將自己變成一個素行怪異的人。

有句俗話說：「薑還是老的辣」，形容一個人的經歷多、知道的事情多，人需要學習讓自己成長，所以我們要向經歷多的人學習，學習聖人先賢，跟著菩薩的腳步學修，不能塞其兌、閉其門。

佛家有個法：「深入叢林」，深入叢林是藉由托缽深入群眾，了解眾生的疾苦，因為人會有防備心，如果無事找人聊天接觸，人會害怕，就會把心擋住，無法敞開心胸，那了解的就有限了，所以佛家便藉由沿街托缽，從早上開始到中午十一點挨家挨戶托缽，透過各戶所供養的東西，就可知道各戶的生活是過得如何，了解到眾生的疾苦，以菩薩的心情救贖眾生，這是接觸眾生最好的方式。但是我們沒辦法這樣做，不過可以藉由「訪」、「問」來了解，了解人的需要與心態，當你有菩薩的修為時，才能知道如何幫助眾生，所以我們終身不勤，勤於學道修道。

人不為己，天誅地滅，所有的人皆會以自己為出發點，用自己的心態去看待這個世界以及所有的人，自己的心態會在對待人的過程中反應出來，當自己對眾生有懷疑與疑問時，便會起了防備心，害怕別人會傷害或是設計自己，其實是自己的心態早已有預設立場了，才會懷疑別人，人與人如同一面鏡子，彼此會反映出彼此的行事作風與心態。當一個人有好的德性，看到人不好過時會想要給予幫助，這是由心所發出來的德性，對方就會感受到這份德行與誠心，因而進入有德性、有情的世界，有德性的人心裡是坦蕩蕩的，不會想去害別人或是設計別人，更不用怕被別人傷害與設計。

菩薩與眾生不同，菩薩是以眾生為主、以眾生為出發點，不會以自身的利益為出發點，對於眾生的一切感同身受，菩薩境界是法理情，救贖眾生是祂終身的職責，而眾生的境界是情理法，情包含了七情六慾，思維以及環境所接觸到的一切，眾生以情為出發點時，容易產生自私自利，會以自身的利益為優先考量，這便是菩薩與眾生不同之處，所以我們要學習菩薩的行儀與心態。

開其兌。濟其事。終身不救。

要學習菩薩的行儀，則要將眼睛、耳朵等六根打開，才能接受到外來的資訊及常識，不看、不聽、不接觸，那得到的常識會很少，智慧自然就會不開，人的思想一定要接觸外來新的思維，才會有智慧，當你將眼睛、耳朵、思想打開，因而學習菩薩的行儀時，便不用等菩薩來救贖你，因為你已經成為菩薩，當肉體滅亡後，自性就可以回歸本位成仙成佛。

見小曰明。

宇宙非常地大，大到眼睛看不到也無法想像，有形與無形都包含於宇宙中，我們將宇宙縮小到能看見太陽、月亮的範圍，日與月為陰陽，則是「明」的意思，有日有月、有陰有陽則代表著有歲月，便有了開始與結束，「天增歲月人增壽」，人的歲數是計算得到的，但是歲數卻會催人老，在陰陽對待之下，歲月則有開始與結束，這是宇宙中的最小一角落，屬於人的世界，而宇宙不會天荒地老，只有開始沒有結束。

守柔曰強。

在至柔章有提到天下之至柔，「柔」代表先天之炁的「炁」，而先天之炁曰強，「強」即是「道」，小周天運轉合於大周天，三花聚頂，五氣朝元，配天合地，形成十方正氣，成為天下至柔之炁，我們要將至柔之炁納為己用，就能與天地同在。

「守柔」便是守著道，要時時刻刻守著先天之炁，就如老師說的二六始終，時時在動，時時與炁同在，如果我們能把握炁、利用炁，那便能成道則曰強，如果我們無法利用炁，如一般世俗之人會受到歲月的影響，有生有老，有始有終，生命是有限的。

用其光。復歸其明。

後天的世界，因為有光的照射才看得見所有的物類，才會有色受想行識，後天的世界即是人的世界，有太陽產生的光，也有月亮反射產生的月光，日月之光則是心經所說的「舍利子」，我們要利用「舍利子」，以後天之體修回先天之性，要有意識的取用陰陽之炁，給我們的肉體與自性用，時時刻刻都要用「道法」，道法自然，就是要無時無刻運用自然的能量；「復」是重複的意思，「明」則是「陰陽、兩儀、東西、日月」。

無遺身殃。是謂襲常。

無遺則是沒有遺憾；身殃是指身體損壞滅亡；無遺身殃的意思是說當你成道之後便不會有遺憾，即便是身體因歲月老去而滅亡。

「襲常」是指大道永遠不會改變，也會永遠的存在，並不會因為我們的出生與滅亡而有所變動，在大道之中永遠是一代傳一代的傳承。守母章的意思則是「守著道源、守著道母」。

老師希望雲旨玄學也能夠一代傳一代，由你們開始傳承，所以老師很重視家庭，因為家庭是一種延續，將雲旨玄學列為家庭財產的一部分，透過自己的子女傳承下去。

大道章第五十三

使我介然有知．行於大道．惟施是畏．大道甚夷．而民好捷徑．朝甚除．田甚蕪．倉甚虛．服文采．帶利劍．厭飲食．貨財有餘．是謂盜誇．非道也哉．

使我介然有知。行於大道。惟施是畏。大道甚夷。

既然知道「道」非常的好，也知道「道真、理真、天命真」，就要來學道、修道，對於「道真、理真、天命真」，我們要非常敬畏所謂的「尊師重道」，這樣在走大道時才會平坦好走，「大道甚夷」則是平坦之意。如果對於道有任何批評的話，那修道就會有點困難，因為認道不清、認理不清，便不會有敬畏之心，當你用人有限的思想看待「大道真理」，那就會有所批評，要走大道之路則會崎嶇不平、會困難重重。

對於道要有敬畏心、要虛心、誠懇的學習，用眼睛看、用耳朵聽，要能分辨出真理，然後認理實修，人生短短幾十年，沒有辦法重來，尤其是要將人的記憶印象洗滌乾淨是很難的事，如果因為認錯了「理」，修錯了「道」，把這些錯誤變成為了印象，當記憶印象太深時要去除是很難的，所以「真理」要聽、要看以及用自己的心感受，我們要有赤子之心，因為赤子之心不失真、不失假，對任何的事不會去評估，會用最虔誠的心去面對，小孩子的心沒有對跟錯，只有誠懇，就像父母打孩子，把小孩子推開，可是小孩子不會因為被打、被推開而產生怨恨，還是會去抱住父母親，要與父母親在一起，所以我們也要有這樣的心態，要與道母在一起，雖然道母將我們降下到人間來歷練，把我們丟在人間，但是我們還是要抱著道、守其母，還是要回歸道母去。

而民好捷徑。

「民」則是指一般的眾生，「好捷徑」則是要小聰明想東想西、不按部就班；老師常說修道是一輩子的事，不要急於一時，要把根扎穩固，慢慢地把道修持好、德性培養好，不能走捷徑，雖然是要慢，但也不能掉以輕心，既得其母，以知其子，要復守其母。修道想要有捷徑的話，便會想東想西，人性則會升起，因此而產生一些小法，誤認為這是真理、真法，但小法並不是真法、也不是自然法，修道走捷徑則會墮入人性，學道不能有人性，要以自性修持，人性即是魔性，自性則是佛性，人性是以自己為出發點，自性是以眾生為出發點，所以修道、學道沒有捷徑。

朝甚除。田甚蕪。倉甚虛。

如果要走捷徑則會有這些的情況；家裡的庭院前後因為過於打掃變得非常乾淨，田裡也因為過於除草，導致寸草不生、土地貧瘠無法收成，而倉庫無存糧堆積，這是用錯了方法所產生的，修道、培德要有方法，如果用錯方法或是走捷徑則會偏離大道，正確的方法是要依循自然大道而走，日出而作、日落而息，不能過份而行；「甚」是過份的意思。

服文采。帶利劍。厭飲食。貨財有餘。是謂盜誇。非道也哉。

老子道德經的經文皆是意識形態，如果不懂陰陽、不懂虛實對待的話，會看不懂經文所要表達的意思，這段經文的意思是虛有其表、不實在的意思。

穿著漂亮衣服，佩帶利劍看似富家子弟，其實是貧窮人家，虛有其表，喜歡說大話，不切實際的人，只是虛有其表，修道者要實實在在，不要虛有其表，該做的就去做，該有的就擁有，不能用錯方法，不能走捷徑，也不能說大話虛誇自己已經學到「道」了，不需要別人教導，這是不正確的心態，道是實實在在而且要天照天理地照地支而行。

老師希望各位一定要認理實修，要認「道真、理真、天命真」實在修行，更要培養好德性，因為說大話、虛有其表只會造就人性產生，然後千奇百怪的花樣就出現了，各位要以此為借鏡。

善建章第五十四

善建者不拔．善抱者不脫．子孫祭祀不輟．修之於身．其德乃真．修之於家．其德乃餘．修之於鄉．其德乃長．修之於國．其德乃豐．修之於天下．其德乃普．故以身觀身．以家觀家．以鄉觀鄉．以國觀國．以天下觀天下．吾何以知天下之然哉．以此．

善建者不拔。善抱者不脫。

最好的建設則是建立祠廟，這是功德，集大眾的力量來利於大眾，這是善建者；「大孝者」即是能夠入祀宗廟、登堂入祀的人；大善者與大孝者一定要同時存在，這是修道者最終的理念，就如現在廟裡供奉的關聖帝君、觀世音菩薩、媽祖，祂們皆是登堂入祀後讓後代子孫膜拜敬仰，祂們是大孝者，也是已得道的人，因為得道之後能渡化九玄七祖，讓祂們全部超生，這是大孝，所以要建立功德，要登堂入祀則要「守著道」，「抱」是守的意思。

子孫祭祀不輟。修之於身。其德乃真。

肉身滅亡後，自性還是需要精進，因為「德性」與「真」要一體，並不是肉身滅亡後，就無法再修行了，如果肉體滅亡後，自性無法回歸致虛極的本位時，則會擬任回到實相界當神明繼續修行，並保佑後代子孫代代平安，後代子孫也會因為感念你的德真而敬仰你，讓祠廟的香火不斷而興旺，不然的話，香火斷了，祠廟便會成為廢墟，遭受拆除的命運，而擬任的金身會被化掉，所以修為是要不斷的前進、精進。

修之於家。其德乃餘，修之於鄉。其德乃長。修之於國。其德乃豐。修之於天下。其德乃普。

修道的德性，能夠造福於家，也可以造福於自己的家鄉，而且德性會源遠流長，修道的德性是有大小之分，是有階段性的，由小到大、由家到鄉、再到國、然後到普天之下，所以大家要用心學習，要靠自己努力修道培德。「普」指是普天之下，即是人的世界。

故以身觀身。以家觀家。以鄉觀鄉，以國觀國。以天下觀天下。吾何以知天下之然哉。以此。

看你本身所展現出來的行為，就可知道你的修行德性，也可以知道你的家庭，因為自身修行的行為會影響家人，然後透過家人影響周邊的人，進而影響到家鄉的風俗，家鄉有好風俗，則會呈現和善狀態，然後一直影響到整個國家及普天之下，這樣便是世界大同了，修道的德性影響是深遠的，可以由個人到世界大同，道希望普天之下大同，雖然有點困難，但是還是要盡力而為。

在春秋戰國時代有很多的國家，怕被別人侵略，國家就要富強，國家富強與否，要國君與百姓是否有德性與善良，國君有德性、以德服人，讓百姓有和樂安康的生活，百姓自然也會有德，因此國家就會富庶。但是如果是一個無德好戰的國君，那百姓生活一定非常窮困，光是要應付繳稅就傷透腦筋了，收成都不夠溫飽了，那民就不能安，國家當然不會富庶，所以國君的德性非常重要，攸關一個國家富庶與貧窮。我們的行為與內心要一致，不能虛情假意，因為虛情假意讓人非常難受，各位要有一顆赤子之心，不失真不失假，老師對待學生皆是以真誠之心、赤子之心相待，希望大家能感受到老師的真誠，各位在雲旨玄學能認理實修，修道培德讓自己行為一致，回歸自己的本來，不要在實相界擬任當神明，「神器不可為」，因為成了神明之後，會擔心香火興旺與否而來亂助，這樣是會產生因果關係的，也會影響到自身修行的道行，所以老師希望各位能脫離陰陽，回到致虛極，既然來到雲旨玄學，就要守住，好好修道培德，修道學道是要為自己而來，不是為了別人，所謂公修公得、婆修婆得，各自修行各自得道，修持是個人的事，沒有為誰而修的道理，一定要認理實修、勇往直前，這才是正道。

含德章第五十五

含德之厚．比於赤子．毒蟲不螫．猛獸不據．攫鳥不搏．骨弱筋柔而握固．未知牝牡之合而朘作．精之至也．終日號而不嗄．和之至也．知和曰常．知常曰明．益生曰祥．心使氣曰強．物壯則老．是謂不道．不道早已．

含德之厚。比於赤子。

「含」在這段經文分有後天與先天的意思，後天的意思是用口含住或是吃，後天的身體需要靠吃東西，才能維持營養與熱量。另外先天的意思代表內在的修持，上天創造萬物，地養育萬物，我們也是天生地養，所以天與地的德性是最厚的，我們要將天地的厚德透過內在的修持，經過修持消化再佈德於外，替天地佈德，這是含德之厚的意思。

「厚」是指地以上到天的高度，包括大氣層、地球、月亮、太陽，亦是整個宇宙的意思。

「赤子」亦是嬰孩，因為剛出生的嬰兒皮膚細嫩紅紅的，紅即是赤，「比於赤子」是要像嬰兒一樣，也就是說我們用小周天運轉配合大周天，用上天給予的能量加上我們自身的能量，讓我們能夠返老還童，身體的功能回到赤子的狀態（陰陽未分時）。

「赤子」是陰陽還無分別的時候，這階段是指女生一歲到七歲時、而男生是一歲到八歲時，這時候松果體分泌與吸收最旺盛，女生是以七歲為單位，男生是以八歲為單位，女生在十四歲以後天癸至，而男生在十六歲以後，男性特徵也開始顯現，在這階段男生女生的身體開始產生變化，陰陽分判是由此階段開始的，所以男生十六歲之前、女生十四歲之前統稱為「童」，還是屬於赤子，陰陽未變化前即是赤子。

毒蟲不螫。猛獸不據。攫鳥不搏。

當已修練到能攝取自然界的能量，可以返老還童的功夫時，毒蟲猛獸是無法靠近，因為已經懂得驅吉避兇，好與壞自然會知道，不會明知山有虎，偏向虎山行的行為，所以不會遇到不好的事。

骨弱筋柔而握固。

嬰兒的筋骨是很柔弱的，而且拳頭是時時緊握住的，人要修到筋骨柔弱，筋骨柔弱表示精氣神很旺盛，也不會有骨質流失，如果筋骨硬梆梆的，表示身體是不健康的，已經在退化了，所以「含德之厚」，則是要利用天地的能量補充我們身體的能量。

未知牝牡之合而朘作。

「牝牡」是指公牛（雄性）與母牛（雌性），牝牡代表陰陽，「朘作」是代表赤子，這是指十六歲以前男孩在陰陽未分時的生理變化，這是後天生命的起點，也稱為「自燃」，陰極陽生，朘作亦是陽生，代表十二辟卦的冬至，因為冬至一陽復生是生命的開始。

天地日月四卦，日屬火開始自然，後天的生命開始，我們來自於自然，然後在日月歲數中，我們的生命也開始自燃。

而男性在五十六歲（八乘七）是更年期，女性在四十九歲（七乘七）時是更年期，男性與女性在中年階段，身體就已經開始走下坡了，到了更年期，陽氣則要消耗殆盡了，所以要靠外來的能量來補充身體的陽能，讓身體骨弱筋柔而握固，這即是「返老還童」。

「七」是變化的數、乾坤坎離四卦、十二辟卦，這些各位一定要懂，二十四節氣配合十二筋絡，再配合小周天與大周天的運作，然後進陽火退陰符，這一系列是老師所要教導的，各位真的非常幸福，老師經過了兩年才進陽火退陰符，經過最難過的天地關，所以老師的肉體已經由水火不濟到了進陽火退陰符的階段，我們修道培德，對於身體的前三關與後三關一定要知道，人體前為陰，後背為陽。

「氣入中宮無妄念」這個階段是最舒服的，因為沒有任何的妄念，如同靜坐一樣，當人的心思達到靜的狀態，這是最舒服的狀態，同時也在修復身體的細胞，其實靜坐是好的事情，但是需要正確的靜坐方法，不然很容易因為欲念而入魔，因人性即是魔性，而欲念來自於人性，所以去除欲念、少欲望對於修持來說很重要，因此要時常把欲念止於息，「息」即是我們的元神（自性），將欲念息於自性，這與我們的修行有很大的關係，人的欲望是從吃開始，因為食衣住行，「食」排第一，所以去欲念要從吃開始，老師不鼓勵你們吃素食，因為每個人的生活習慣改不了，吃素食是要自發性的，不過可以響應政府的無碳日，在一星期當中選一天吃素食。

之前的課程有提到三十輻共一轂，軸心不變，地球中心軸傾斜二十三度半，這也是不變的「轂」，老師剛剛有說到陽逆陰順，陽就是所謂的大周天，地球繞著太陽是逆時鐘而走，陽是太陽，陰是月亮，月亮繞著地球走稱為「小周天」，小周天是以月亮為主，一個月三十天，三十輻一個軸心，這就是陽逆陰順，小周天運轉不是一天而已，是三十天。

台灣及中國的曆法是陽曆陰曆共用的，二十四節氣是屬於陽曆，中秋節是屬於陰曆，月球繞著地球轉是三十天為一個月為陰曆，陽曆是一個月三十一天，一年有三百六十五天又四分之一，因陰曆不夠的關係則產生了潤年潤月。

陰曆的二十八號到隔月初二，這五天是陰陽交合的階段，這是自然界的現象，在每一天當中也有陰陽交合的時候，即是在中脈時間－卯時與酉時，這也是自然界的現象，而「牝牡之合」是指後天的陰陽之合，「牝牡」代表後天的陰陽，與自然界的日月陰陽不同，不能混為一談。

精之至也．終日號而不嗄。

上天給予我們最大的德性，便是能成為人在地球上生長，道母生靈生萬物，祂賜予我們肉身與靈性，二五成形，三五成性，上天的五行附合人體的五行，所以人體的五行要配合自然的運作，修道者要知道天文地理，才能知道自然運作，就像農曆二十八號到隔月的初二，五天的時間，五天為一候，三候為一氣，一個月有一節一氣，為二十四節氣，這個也是自然的運作。

「精之至」則是陰陽交合之時會放射出精緻的能量，這時候要懂得去吸收這日月精華的能量。當你成為赤子之後，元氣充足，用腹部元氣發出聲音，聲音不會啞，就像嬰兒哭喊是由腹部元氣宣洩出來的，所以嬰兒哭喊時聲音不啞，不像大人都是用喉嚨發出聲音，很少用腹部發出聲音。

和之至也。知和曰常。知常曰明。

「喜怒哀樂之未發，謂之中，發而皆中節，謂之和，中也者，天下之大本也，和也者，天下之達道也，致中和，天地位焉，萬物育焉」，這是中庸第一章，中庸所提到的「和」與和之至也的「和」是一樣的。

「和」是指陰陽之合，「常」是永恆不變，要知道「和」是來自於日月陰陽，日為陽，月為陰，「明」亦是陰陽。

益生曰祥。心使氣曰強。

「益」是延年益壽，「祥」是指用虛空境界的能量（道母）來餵養自己才能延年益壽，「祥」等於「養」，「祥」字拆開是「神」加上「羊」，就像乳羊跪著吃母乳的意思，我們要像乳羊一樣，吸收道母的能量，這樣才能延年益壽，就是「祥」的意思。

當我們吸收了道母的能量之後，由小周天運轉來增強氣血的運行，而讓身體能新陳代謝，氣入中宮之後周遊六虛，能量進入到五臟六腑運轉、吸收。

物壯則老。謂之不道。不道早已。

人由出生到少年，再由少年到中年、老年，這是一生的過程，如果人不懂得修道，讓自己益生曰祥的話，則會早早離去，無法延年益壽。

道貴章第五十六

知者不言．言者不知．塞其兑．閉其門．挫其銳．解其紛．和其光．同其塵．是謂玄同．故不可得而親．亦不得而疏．不可得而利．亦不可得而害．不可得而貴．亦不可得而賤．故為天下貴．

知者不言。言者不知。

知道的人不說，不知道的人卻一直說，有一句話說「知易者不卜」，知道易經八卦的人不占卜，因為已知道自己的吉凶，所以不會為自己卜卦，也不會為別人卜卦，因為知者不言，一看就看得出來，很清楚的知道，水清魚就現，但是水深魚現，則是不祥，所以不要學到了半桶水便開始虛誇，也不要人云亦云，事情不經過一番求證及體悟，就以訛傳訛傳達出來，不正確的訊息一路傳下來好幾千年，想想真的是覺得很可悲。

中國的道家與印度的佛教、顯宗、密宗有很大的淵緣，顯宗、密宗也在講內息法，但是這是元神的內息及內耗，無法向外拿取能量補充，他們的修練口訣是單傳獨授，但是這個「訣」從好幾千年傳下來，是否正確也不知道。

修道者得到方法後會去驗度，經過驗度而成道的人都不會講，但是當成道者要佈道於眾生時，會將自己驗度成道的過程與方法傳授於眾生，一直講自己已經成道的人，卻沒有實際驗度的方法與過程，其實都是沒有成道的，因為知者不言，言者不知。

知者不言，言者不知的意思是要守靜、守住精氣神，知道精氣神好處的人，會緊閉嘴巴不多話，因為講話會耗散精氣神，而一直講話的人則不知道精氣神的好處，反而將自己的氣息不斷的耗散出去，修道者最重要的即是精氣神，因為對自己內修的功夫很重要，精氣神渙散會損傷內修的功夫。

塞其兌。閉其門。

「兌」是下對上、上對下的溝通；學修有不會的地方，我們要請教別人，不要閉門造車，自己學修到的對不對，就不得而知了，這是原文的解釋。

另外一種解釋是「兌」為八卦的兌卦，指的是上弦月，是農曆初七的時候，兌卦的相反卦是艮卦，為下弦月是農曆二十三號，合起來是一個圓，兌卦是兩個陽一個陰，艮卦是兩個陰一個陽，上兌下艮剛好是一個陰陽，為一個圓。

塞其兌，閉其門意思是我們體內要有陰陽之氣來調和，要打開泥丸宮（百會），讓陰陽之氣進來，不能將自己關閉住，這樣外援的陰陽之氣就無法進到體內了，陰陽之氣是上對下的一種給予。

挫其銳。解其紛。

靠運轉才能挫其銳，「圓」則是運轉中挫其銳而形成的，地球也是經過運轉變成圓球體。

「挫其銳」在道家來說有一句話是「運轉河車」，運轉河車是所謂的運轉南斗、北斗的勺柄，南斗是由南極仙翁所執掌主掌生代表壽，北斗是由北斗星君所執掌主掌死代表財。運轉北斗勺柄的方向代表春夏秋冬四季，勺柄指東為春季，勺柄指南為夏季，勺柄指西為秋季，勺柄指北為冬季。

在運轉中便能解其紛擾，氣入中宮之後周遊六虛，解除我們身體中五臟六腑所有的紛爭，將五臟六腑的五行相生相剋調整好，這即是解其紛的意思。

和其光。同其塵。是謂玄同。

「和」是中和的意思，地球二十三度半的軸心不變即是「和」，「光」指的是太陽大周天，「同其塵」是月亮小周天的意思；小周天運轉要和其大周天，之前有講過「陽逆陰順」，陽逆是地球繞著太陽走，陰順是月亮繞著地球跑，這就是和其光，同其塵，是謂玄同的意思，「玄」是沒有辦法去講出來，只能用感受的。

故不可得而親。亦不得而疏。

你知道成道有方法，但是你得不到，便四處盲目追求、聽信別人說的，因而走入了旁門左道。老師常說：一門深入則是一輩子的事，你們很幸運，能有明師教導往正道走，所以要好好把握現在，機會是難得的。

疏是稀疏的意思，得不到就不修道了，如果這樣的話，那還是會在人世間輪迴，因為不修道就無法凝神而定進入丹道，再由丹道進入到虛空的境界。

不可得而利。

利是利誘；用金錢去換取修道的方法，這是不實在，為了求正道是需千里訪明師、萬里求口訣，可見修道是要盡很大的努力與誠心，並不是用金錢就能夠買的，所以我們要誠心誠意追求正道，誠心最重要，但是現在很多人用金錢換取，就像捐錢到某些宗教團體，就能夠得到位階，這種趨勢是非常不好。

亦不可得而害。

得不到、愛不到就要害別人，所以現在情殺的很多，這是人的心性問題。

不可得而貴。亦不可得而賤。故為天下貴。

我們的心態一定要調整好，要知道什麼是正道，對御政、養性、伏食也要有所認知，「道貴章」是講御政，將自己的心念、心智整理好，認清正道，這就是御政，如果不知道大道則容易步入旁門左道去，因為旁門左道與正道很相似，當你不了解正道時，就會迷失。在台灣宗教非常地興盛，什麼都有，有一點點的功夫就會放大，認為自己已開悟得道了，其實開悟並沒有這麼簡單，並不是會讀兩本經典、能說一些「道」理便是開悟，開悟是要經過印證，像禪宗六祖也是經過頓悟之後，才得到口訣，然後再進入獵人隊十八年鍛鍊心性，開悟哪有那麼簡單，老師講過：十月懷胎、百日築基、三年乳哺、九年面壁，剛好十二年，老師也是經過十二年的歷練才能脫胎換骨，那是非常痛苦的，各位真的很幸運，你們在修行、修練功夫時，能有人在旁邊告知對與錯，不會走偏，這是最重要的，如果沒有人在旁邊叮嚀，稍微偏差一點，差異性就會很大，所謂的失之毫米差之千里，加上現在外面道聽塗說很多，很容易偏離了正道，因而錯失了自性回歸本位的機會，這是得不償失的事。

治國章第五十七

以正治國．以奇用兵．以無事取天下．吾何以知其然哉．以此．天下多忌諱．而民彌貧．人多利器．國家滋昏．人多伎巧．奇物滋起．法令滋彰．盜賊多有．故聖人云．我無為而民自化．我無事而民自富．我好靜而民自正．我無欲而民自樸．我無情而民自清．

這一章也是在講御政，所謂的御政即是把自己管理好，用正確的心態走入正道，而且要很清楚知道自己走的是正道，人身難得，能夠在陰陽之中，頭頂著天，腳踏著地運轉陰陽，這是何等的尊貴，不要讓你的此生白來這一遭，所以你要認清楚所要走的路是什麼路，這對各位非常的重要，現在宗教門派非常多，如同雨後春筍，讓人眼花撩亂，要清楚明白與懂得分辨，因為一門深入則是一輩子，由此可見「御政」是很重要的。

以正治國。以奇用兵。

以正治國，「正」是四四方方，代表城池的「四個城門」；老子道德經中所說的「君子」、「治國」，其實是比喻我們自己本身與身體的治理，我們的前後左右是四個方向，而我們的身體有千萬個細胞，好的、壞的細胞都包括其中，壞細胞會在身體裡作怪，會影響到好的細胞產生病變，所以用四方之氣來治理我們的肉體，則是以正治國，「正」指的是東西南北四罡之氣，四方之氣是綿綿若存的。

「奇」是出乎意料之外的意思；「用兵」是說當身體某部份的五行不能相生，因相剋產生內亂時，你要尋求外援治理。所用奇兵則是把身體治理好，由此可知「修道」可以讓我們的五行相生不相剋，達到延年益壽。

當我們感冒身體發燒時，這是身體出了警訊，此時則要用「御政」，就是要意識清楚、要有判斷力，知道身體不舒服要趕快看醫生，不要等到變成急症後再看醫生就來不及了。

以無事取天下。

如果我們身體的五行有了缺失因而產生相剋，則需要「七政」，「七政」即是日、月以及五行星的能量，「七政」對修道者而言，即是所謂的「奇兵」，將七政的能量引進我們的身體，來應付體內六虛的五行，讓能量周遊六虛調整好五行，這樣身體就不會有兵變，如果你們能在平常保養身體，那便不用煩惱會生病了，「以奇用兵」則是「伏食」的意思。

吾何以知其然哉。以此。

我怎會知道呢？因為我有力行過、驗度過才知道；老師也是在水裡火裡驗度過的，再將走過的方法教導各位，所以各位真的很幸運。

天下多忌諱。而民彌貧。人多利器。國家滋昏。

當你比別人好時，必遭萬人忌妒，你比別人差時，人便會來糟蹋你，這種情形老師也經歷過，人有忌妒心產生時，自然會有防備心，則會用武器防備入侵，為了生存，爭個你死我活，那天下便不能太平，民也不能安，當猜忌心產生時則修不了道，所以要選擇天下太平、國泰民安的地方，因為適合修行，所謂的良禽擇木而居，要選擇一個好的道場修持正道，才不會人多利器，不要選擇會為了權利而你爭我奪的道場，為了爭權彼此心生詭計，一肚子壞水，這已經不是在修行了，而是在比計算人的功夫。

人多伎巧。奇物滋起。法令滋彰。盜賊多有。

只要人多，大家就會比功夫，開始比大小、比厲害，因而產生一些繪聲繪影或是伎倆，結果走入了旁道而偏離正道，奇物滋起，法令滋彰，盜賊多有，就會連慣性的產生，因此不要有多技巧的心態，這些連慣性便會沒有，也不會步入旁道。

故聖人云。我無為而民自化。

我自身沒有任何作法與想法，我用真空的智慧，吸取真空的一切能源，身體的細胞便能自化，五臟六腑就能順生。「民」代表身體的細胞，「無」即是真空境界。

我無事而民自富。

我不走入旁門左道、不胡亂瞎搞作怪，人多技巧時，會產生隨便亂煉丹的現象，結果害了自己，如同王陽明則是自食所煉的丹藥而死，古代很多修道家皆是吃藥中毒死亡的，因為煉丹的火候不夠，其實「仙丹」是騙人的，根本沒有這回事，所以不要亂吃仙丹，真正的「丹」是自然而然由自己身體自結、自化的，自結丹會讓身體的細胞自富。

我好靜而民自正。

人靜下來的時候，細胞便會修復，我們睡覺時也是在恢復精神、修復細胞。

我無欲而民自樸。我無情而民自清

「無欲」是指沒有欲望；所謂的「貧道」是說人貧、道不貧；「無情」並非是絕情的意思，而是要無七情六慾、不爛情；我們的七情六慾不產生時，對身體是非常的好，因為身體的荷爾蒙不會分泌過旺，當荷爾蒙過多或是過少時，會對我們的細胞產生傷害，所以荷爾蒙平衡能讓身體健康。

察政章第五十八

其政悶悶．其民淳淳．其政察察．其民缺缺．禍兮福所倚．福兮禍所伏．孰知其極．其無正耶．正復為奇．善復為妖．人之迷也．其日固久矣．是以聖人．方而不割．廉而不劌．直而不肆．光而不耀．

其政悶悶。

「悶悶」是悶悶不樂、不暢通；「淳淳」是忠厚老實的樣子；「其」是主要，「政」則指是政治，政治是所謂的「佈局」，亦是御政。

「御政」以一個國家而言，由最高層發佈訊息，再佈達到全國的各縣市、鄉鎮村里，這是在於「政」的佈達。「政」如同我們的頭腦、神識發出訊息，指揮著身體的每一個部份。

「悶悶」代表政的佈達不暢通，上意不能下達時則悶住了，當我們身體中某一個器官障礙住，那五行便不能相生而產生相剋的情況，會造成身體悶悶地。

其實「悶悶」還暗藏了玄外之音，有另外一層的解釋，「悶悶」是屬於易經十二辟卦立春的氣候現象，從十一月子月冬至開始一陽生，再來是十二月丑月，到了正月寅月立春，正月是中國人的農曆過年，常會看到門聯寫著「三陽開泰」，「三陽開泰」的由來是因為地表以下有三個陽，地表以上有三個陰，此卦象（䷊）為泰卦，內卦三個陽爻是從十一月一陽生開始，到了十二月生為兩陽，正月時則生為三陽，所以內卦屬於陽卦，地表以下是熱的，陽氣已經升到地表，雖然這時候已經是開春，但是地表以上的氣候還是寒冷的。

地表內是熱的、地表上是冷的，因而產生悶悶的情況，大氣層與大地悶住了，如同悶鍋把氣悶住般，這樣悶悶的情況會對人及動物產生變化，像是情緒容易起伏，個性會不定性等等變化，因此大地、萬物在春天時都會有變化，植物要在春天種植成長率才會高，因為地表以下是溫熱的，植物根部吸收地的熱能量，才能存活，植物在其他季節種植存活率低。

十二辟卦即是二十四節氣的變化，五天為一候，三候為一氣，每一個月有一個節、一個氣，十二個月總共有二十四節氣、七十二候，這是地球繞著太陽轉一周所產生的氣候變化。

正月立春的時候剛好是自然界陰陽交接之時，因此大氣層以下才會產生悶悶的現象，這是陰陽交媾時所產生的能量，「道法自然」，我們要合乎自然的運作，所以這時候你的神識要感覺到自然的變化，神識便要指揮身體的器官把這些悶的能量吸收起來，當成我們自身的能量，如同植物在立春時會吸收大地的養份與能量一樣，所以自然界變化的跡象，我們要用心察覺。

「三陽開泰，否極泰來」，七月為否卦（䷋）是比較不好的卦象，所以一般民間習俗把七月稱為鬼月，主要是提醒與警告大家要注意，泰卦與否卦是相對的卦，泰卦（䷊）是陽在下陰在上、屬正卦，否卦（䷋）是陰在下陽在上、屬負卦，卦象有正負相對性的，天底下皆是相對性的，有正即有負，有黑就有白，有雄則有雌。

其民淳淳。

在立春的時候，老百姓老實地按部就班計劃著春耕、夏耘、秋收、冬藏，只懂得為了生活依循著二十四節氣而耕作，卻不知道天底下的自然原理，也不知道要以後天之體回歸到先天之性。

另一層面的意思是三陽開泰是陰陽交媾之時，會產生出能量，這時候眾生要知道此時遵循著道走，一方面努力耕作照顧生活，一方面則要修持得到天地的能量照顧先天之性，兩方面皆要顧及到，這時候是大地滋潤所有眾生的時候，有形、無形都能夠滋潤，我們的肉體與自性也能受到能量的滋潤，所以其政不要悶悶，不要讓能量塞住了，這樣的話，能量無法佈達到我們的肉體與自性了。

其政察察。其民缺缺。

「察察」是非常仔細的樣子；「其民缺缺」亦是衣食無缺。

這段經文的意思是說，政治佈達於民生與耕作方面很仔細，依二十四節氣衡量與計劃耕作種植，耕種之後，所有百姓都希望能國泰民安，風調雨順，收成便能豐衣足食，百姓的衣食就無缺了。

禍兮福所倚。

眾生過著衣食無缺、豐衣足食的生活，卻不知道這只有百年而已，不知道自性可以回歸於先天，只知道生活需要，為了生活努力，不管百年身後之事，因為沒有知識也沒有覺察之心，所以不知道身後之事的重要性。

福兮禍所伏。

當身體的五行相剋時，荷爾蒙開始起了變化，身體因而無法運作產生毛病，這是我們的禍，這是因自然界的天氣而產生，那要利用自然界的能量修回到自性、回到致虛極去。

在自然界當中，你能夠體會到「道」的話，自然你就會知道如何伏食自然的能量。

「伏」是趴著的時候像一個圓，剛好是一個周天，即是伏食。所以在於悶悶之時我們要養性，則要透過伏食，然後要御政去計劃，修道者一定要去計劃自己修道的步驟及精進的方式。

孰知其極。其無正耶。

「極」是境界，你知道有這個境界，你要回到先天的本位去。

「極」與「正」是相反卦，「極」一個是正卦，「正」是一個負卦，「極」的負卦代表自性從先天來到後天，我們要知道自性是從境界來的，「正」則代表後天的世界。

「正」代表東西南北四個方向，即是四域；境界沒有東西南北之分，如同在大海中分不出東西南北的方向，這即是「其無正耶」，在我們後天的世界，才有東西南北方向之分，只有人的世界才有分別。

正復為奇。

「正」代表有東西南北的後天世界；「復」是復卦，返復回去的意思；「奇」也是境界的意思、代表虛空境界的能量。

「正復為奇」意思是說我們要由後天返回致虛極時，要用來自於宇宙的能量及能源。

善復為妖。人之迷也。

「善」是做善好的事情，這裡的「善」與「妖」是對比詞，做善好的事也只是做公德而已，做公德為善只是添加自身的福報，最大的福報頂多是到人間成為神供人參拜，但是「神器不可為」。有神便有妖，降妖伏魔是神在做的事，但是神與妖都還是在人間，神明還是在人間的境界，無法回到致虛極的境界。

做善做公德是必要的，這是在囤積福報，但是做公德時也要做功夫。

現在有很多善復為妖的現象，因為大家都不懂得修持來利益自己，老師常講「公修公得，婆修婆得」這是功夫，現在在台灣有一個很不好的現象，「想要成神明，只要做善事、做公德便會有」，這樣就會演變成只要用錢做公德換取果位就可以了，不需要修行，但是果位換不成則會成妖，還是在人世間輪迴，在人間輪迴十世就會成妖了，善與公德是必需要做的，「公德」與「功德」要雙管齊下一起修持，好比就一雙筷子一樣。

人因為好逸惡勞，所以人之迷，只要做公德，以後就可以成神，當神是要靠修練的，也是要輪迴，修練才能成道，不然都是傻瓜在修，有錢的出錢買就好，就不用修了，千萬不要有這樣的觀念。

其日固久矣。

出錢買果位的觀念已經很久了，我們要打破這種觀念，要靠本身的努力去修持，再渡化自己的九玄七祖，這才是正道，雖然旁門左道也是道，但是我們要取正道而行。

是以聖人。方而不割。

「方」在於國家方面是指領土，在於家的方面是指財產；國君或是一家之主一定要把國、家照顧好、保護好才能完整，如果成為一個昏君，便會因為戰爭而喪失國土，如果主持一個家，搞得經濟不好、家不和諧，那這個家會四分五裂，所以要力行做人基本的道理，成為有德者。

廉而不劌。

「廉」即是清廉，做官要清廉，要清清楚楚，明明白白，不沾有一點污氣，「劌」是收割的意思，稻子還沒成熟時，便急著要收割，這代表急功好利，不急功好利，就讓其自然成長，不要有任何的貪取之心。我們修道不能為了急於成道，而貪求一些小道進了旁道去，修道成道是要走正道的，並不是身體上有些反應便是神通，其實我們所修的正道如同水管一樣暢通無阻，並不會有感覺，會有感覺的是人體錯綜複雜的神經，所以修道不能急功好利而走近路，「修道是一輩子的事」，並不像在學校求學有階段性，畢業的同時也學習的結束，並非是這樣，雖然修持也是有階段性，但是那是層次進步的階段，需要用一輩子來修持提升層次。

直而不肆。

「肆」是旁支的意思；我們要走正道，不要走入旁道，旁門左道不是成道的方法。

光而不耀。

現在光而耀的人很多，稍為有一點點作為，便會大肆喧染，有修為的修道者必定會將自己的光芒收起來，有謙虛的心態，如同稻穗般越飽滿越低垂。

如果有修為的人到處去炫耀，一定會被修理，因為一山還有一山高，在修道學道的過程中，都會遇到這種情形，所以有修為的人一定要將光芒收斂起來，要非常謙虛。

長生章第五十九

治人事天．莫若嗇．夫唯嗇．是謂早服．早服謂之重積德．重積德．則無不克．無不克．則莫知其極．莫知其極．可以有國．有國之母．可以長久．是謂深根固蒂．長生久視之道

治人事天。莫若嗇。

「治」是管理，治人是管理人；「事」是工作、做事情；「治人」、「事天」這是兩碼事。「嗇」是節省的意思，與吝嗇不同意思；治人跟事天的方法與方式是不能省略的，也不能走捷徑，一定要按步就班。

夫唯嗇。是謂早服。

修道者如果節省一切的環節，那就沒辦法環環相扣，如同事情只做一半；「早服」是早夭折的意思；修道走捷徑的話，便無法成道，也沒辦法延年益壽、還老返童，那就會很早老去。

修道的好處是自性可以回歸致虛極的本位，也可以延年益壽、返老還童，但是修道一定

要趁年輕，因為年輕血氣比較旺，才能推得動血氣，才能還虛五行合七政、金水相濟性命全，「金」代表我們的自性，「水」代表我們的後天之命，指腎臟、荷爾蒙，金水相濟性命全即是我們身體的水火要既濟，人到更年期時，只剩一點陽氣原動力，這時候比較推不動氣血，年輕修道才稱為「修道」，年老修道則稱為「養性」亦是「養生」。

早服謂之重積德。

重積德即是做公德積福報；一般的眾生因為這輩子命運不好，便會著重於做公德累積福報，希望來生能夠好命，但是當下輩子好命，生於好人家時，則會忘了自己「我是誰」，因而永遠墮落於輪迴之中。

現在的我們或許沒有優厚的環境，也或許在人事方面並不是很順遂，但是我們知道要修道，並不是在於重積德方面，而是在功夫與功德的修持，用自身的力量與功夫來成就自己，並且可以利益更多的眾生，再以眾生的力量來利益眾生。

重積德。則無不克。

在現世當中，如果你重積德得到很大的福報，成為位高權重的人，眾人皆對你很尊重，但是當你處於高位時，在名利薰心下，你便會忘了自己是誰，更不知道百尺竿頭之後要更上一步，永遠留戀於高位，這即是重積德，則無不克的意思。

我們修持是為了不再輪迴，所以身為修道者對於人世間的一切皆不要有所留戀。

無不克。則莫知其極。

留戀於人世間的一切，那就無法得知虛空的境界。

莫知其極。可以有國。

「可以有國」的解釋是成為一個國君要用德性治理國家；如果成為有德者則可以去佈道、佈德。

另一種的解釋是你為了後天之體忙碌生活，渾渾噩噩過一生，卻不知道有虛空境界的存在，但是你不想要這樣過一生時，就要走修道這條路，這樣才能返回自己的來處。

「國」是指後天的肉體，我們的身體有千萬個細胞以及五臟六腑，如同一個國家。

有國之母。可以長久。

這是雙關語，「有國」則是治人的意思，另外的解釋是身體前後左右四方，等於四個城門，我們的肉體即是我們的國，城中有王，王即是我們的自性。「之母」是指道母、道源，有國之母的意思是我們要取天地的能量，讓我們能以後天之體（有國）修回道母（來處），道母的能量可以讓我們以小周天配合大周天運行而自結丹，「丹」可以調整體內的五行而達到延年益壽。

是謂深根固蒂。長生久視之道。

這些是不變的道理，只是我們不知道而已，所以治人事天不能省略，也不能抄近路，因為環環相扣，少一環節都不行。人一定要有德性，也要有功德與公德，這三項皆要具備，因為這是長生之道。

治大國章第六十

治大國若烹小鮮．以道蒞天下．其鬼不神．非其鬼不神．其神不傷民．非其神不傷民．聖人亦不傷民．夫惟兩不相傷．故德交歸焉．

治大國若烹小鮮。

「小鮮」代表魚類、海鮮類，「烹小鮮」白話的解釋是魚的肉質鮮嫩，如果用大火烹煮，容易把魚肉煮糊了，其意思是處理事情，要懂火候的拿捏，治大國章是在講「火候」。

修道者本身要懂得拿捏修道的火候，要有細膩的覺察心，如果在靜坐的時候，當腦中浮現情境時，你的氣便已經濁了，但是你卻還不知道，因此，在靜的時候，情境顯現時，你要去了解它為何會一直顯現出來，其實這些皆是自己的記憶印象，當我們靜下來時，所有的思維則會出現，之前做對或是做錯的事都會現於眼前，這個時候則要趕緊把握時間自我反省，錯的就改進，對就繼續往前，趁此時把記憶印象清除，自然就能心安理得，「火候」對「修練」是代表「時間的拿捏」。

不管是為人處事或是修持功夫，我們要保持細膩的敏銳度，發現不對時，要馬上中止，不要陷入不對的情境中，這也是「火候的功夫」。因為氣的清濁變化是瞬間的，情境出現時，在渾然不知的情況下，你會被情境拉住，一直往情境的深淵走而無法自拔。所以我們以後天的一切來修自性及回到致虛極，要懂得分辨與火候，這是非常重要的。

古代道家所講的「火候」是五金八石的煉丹法，用外丹的力量來成就內丹；五金是五種金屬、八石則是八種礦石，五金八石皆具有毒性，煉丹法便是將五金八石的毒性去除，提煉其中所含微量的元素成丹藥，再以此丹藥補充身體的五行，其實這種方式是很不保險的，因為很容易中毒死亡，在歷史中也有記載煉丹求長生之事，像秦始皇曾命徐福帶領童男、童女到日本求長生不老之藥，而王陽明是煉丹時吃到砒霜中毒死的，可見提煉外丹是很危險的事，其實並沒有所謂的「仙丹」，只有地玄丹，亦是「中藥」，不過中藥也是要合本身的體質及病因，再配合身體的五行相生。「烹小鮮」則是慢的火候，要有耐心不能急求，因為心急意會亂，會看不清楚前面的路，喪失判斷的理智，對於正道便會無法判別，結果一直往旁門左道走。

老師常講：「學生找老師，學生要觀察老師三年，才決定可不可拜師；而老師也要觀察學生三年，再決定可不可收為學生」，這是互相的，要彼此先觀察，不要因為心急就亂投亂走，結果走入了旁道而不知，一門深入便是一輩子的事，所以求道學道要慢慢地來，如烹煮小鮮，火要細小、要慢。

以道蒞天下。

我們本來就是在自然之道當中，道生靈生萬物，宇宙中所有的一切都是由道而來。

其鬼不神。

雖然人是生活在道之中，但是不懂得修行，在百年身體滅亡之後便會成為鬼，因為在人間造了因果業力，又不懂得修為，則成為鬼下至十八層地獄受懲治，再步入六道輪迴，鬼是無法成為神，因為在世為人沒有修為，「神」是一種修為的成就。

非其鬼不神。

一般人不知道要修道，只是庸庸碌碌地過一生，父慈子孝，兄友弟恭，遵循著五倫八德過生活，並沒有做出傷天害理出及違背倫理之事，在肉體滅亡後無法回到自己本位，只能在人世間再次的輪迴。

其神不傷民。

不知道修道但具有德性之人，並不會成為有怨氣的鬼去傷民，而會成為一般的善神，但是善神並沒有法力與道行，因為生前沒有修為，在六道輪迴中皆會有怨氣產生，不過善鬼或是善魂是不會用怨氣傷民。

非其神不傷民。聖人亦不傷民。

聖人是德性很高的人，有德性的人是不會傷民的，可是聖人雖有德性卻沒有了解道的功夫及方法，即便有了德性也無法讓自性歸本位，所謂的「道德」則是「德中有道、道中有德」，這是相輔相成的，所以即便是已經稱「聖」的人，還是要了解宇宙的奧秘，遵循著自然之法，循著道回到本位。

夫惟兩不相傷。故德交歸焉。

敗德亦是敗道，不知道行德則是不知道「道」，修道者一定要有德性，以德為基礎，修道者無德是很可怕的。

雖然道與德兩者不相傷，不過，擁道同時也要擁有德，擁德要擁有道，道是自然界所給予的一切，而德在於人事問題，是人與人之間的接觸行為，所以不能反道敗德。

我們的一切皆會受到色受想行識的牽動，有不好的想法時，氣就已經濁了，因果業力便產生，所以本身清者要上升，一定要掌握火候功夫，當濁的下降時，清的必會上升，如同一桶混濁的水，放著不動，靜待片刻之後，水就變清澈了，濁的則沉澱在底下，但是再次攪動又變混濁了，「攪動」好比「情境」，所以火候是非常的重要，修練功夫一定要懂得拿捏火候。

爲下章第六十一

大國者下流．天下之交．天下之交．牝常以靜勝牡．以靜為下．
故大國以下小國．則取小國．小國以下大國．則取大國．
故或下以取．或下而取．
大國不過．欲兼蓄人．小國不過．欲入事人．
兩者各得其所欲．故大者宜為下．

大國者下流。天下之交。

以現在的世界而言，大的國家會親善小的國家或是貧窮的國家，大國會給予幫助或是協助，這是代表一個大國的風範，這是字面的解釋。

另一種解釋：「大國者」指的是「道」，「下流」的解釋是「道」創造了宇宙中所有的一切。

天下之交是指宇宙中的日月星辰佈滿後，開始運轉時，這時候還沒有人類的存在，稱為「自然」。

天下之交。牝常以靜勝牡。以靜為下。

「牝」是母、雌性屬陰代表靜，「牡」是公、雄性；「靜勝牡」－當雄性荷爾蒙多的時候，容易衝動，因此凡事要「靜」為主，靜定安律得，靜下來的時候不會產生衝動，而且靜才能夠凝神。

道永遠都是靜靜地，所降下來的能量也是靜靜地在我們的周邊，這是「以靜為下」，道以靜為下，而我們是動的，所以我們在動的時候要跟著自然界的變化走，才能吸取道的能量。

天下是指天以下的空間，清者上升，濁者下降，所以天以下的炁、能量是清淨的，這是我們所要攝取的，「天下之交」解釋為到虛空界攝取道母的能量。

故大國以下小國。則取小國。

道是一個大國佈滿整個宇宙，宇宙之中有地球、月亮、太陽這些小國，人也是一個小國，這些小國皆是在道以下。

小國以下大國。則取大國。

道生靈生萬物，我們人在道中是一個小國，我們的靈性要回歸到道母，則需要得到道母的能源，才有力量歸回去，這便是小國以下大國，則取大國的解釋。

故或下以取。或下而取。

當道的能量降下來時，我們要懂得取來用；「下」代表道源的能量，即是虛空境界的能量。

大國不過。欲兼蓄人。

道母生靈生萬物，所以在道母之下所有眾生皆是平等的，所給予的能量是沒有分別的，想要回歸來處，不再受輪迴之苦，則要靠自己的本事與努力。

小國不過。欲入事人。

「不過」為是不二過的意思；「小國不過」則是「輪迴」的意思。

修道學道要知道「道」的方法，要懂得看清楚正道，知道自己要的是什麼，如果還看不清，就會如上一章所講的「善復為妖」，即便做了善好及有德之事，還會在人世間輪迴，「妖」比喻「輪迴」。

兩者各得其所欲。故大者宜為下。

能成道回歸本位、能延年益壽、返老還童、自性能來去自如，這些是最好的事，也是稱心如意的事，大家都想要。

大道的能量遍及自然之中，我們也在自然之中，所以自然界的力量要用我們的身體、自性去攝取，與自然能量相呼對應，才能夠得到最好的事。

道奧章第六十二

道者萬物之奧．善人之寶．不善人之所保．
美言可以市．尊行可以加人．
人之不善．何棄之有．故立天子．置三公．
雖有拱璧．以先駟馬．不如坐進此道．
古之所以貴此道者．何不曰求以得．有罪以免耶．故為天下貴．

道者萬物之奧。

「奧」是深祕不可窺見；道是萬物的來源，對我們而言是非常地奧秘，所以會讓人想要窺視道、了解道，讓人窮極一生皆在研究「道」、我們修道者也是用一輩子在了解道的奧秘，希望能夠與道同在。

人只不過百年身，最終還是會毀壞，可是道卻能夠永恆不變存在這麼久，所以每個人都希望能像道一樣長生永存，因而會努力追求道的奧秘，依循著道走，就能夠了解道的奧秘在哪裡。

善人之寶。

善人是有德性的人、做了上好事情的人；我們在人世間能夠圓滿之後，也希望能夠圓滿天事，當我們離開了這個世界，希望自性能夠回歸於「道」。

有德性之人或是做上好事情的人知道「道」的奧秘、知道「道」是對自己非常有益的，所以把「道」當成寶貝，用畢生去追求及修持。

不善人之所保。

有些人不善於追求道，雖然如此，不善於追求道的人還是生活在道中，我們都生活在自然大道當中，道是不會分好人、壞人，所有人皆是在道的運轉之中，並無分別，不過以人世間德性方面來說，好人是會有好報的，惡人自然也會有惡報。

美言可以市。尊行可以加人。

我們要存好心、說好話，將上天的美意與美德說出去，我們要替天行道佈德，這是上善之人要做的事情。有人聽我們說，知道「道」、知道「德」很好，自然就會加入修持這條路，「與人分享」是行善、佈道、佈德最好的方法。

人之不善。何棄之有。

不懂得修持的人會拋棄道與德，不求道也不佈德，只是庸庸碌碌過一生，然後等肉身滅亡後再次的輪迴，雖然是這樣過完了一生，但是因為不知道行德，那自己所背負的因果不知道會有多少，此生造了因，來世便要受這個果，本身則會不斷地在人世間輪迴，所以道的奧秘與所佈下的德，希望能藉由各位一窺究竟，再替天行道佈德，才不會遭受輪迴之苦。

故立天子。置三公。

「三公」是太師、太傅、太保；在宇宙的奧秘中，「三公」代表太微垣、天市垣、二十八星宿，而太微垣、天市垣、二十八星宿拱著紫微星，紫微垣則代表天子，這是在銀河系當中的星宿，「垣」是指城牆的意思。

在古代帝制時代都認為皇帝是紫微星轉世的，太微垣則是所謂的丞相，大臣透過丞相與天子交流提供意見，故有均衡天子與大臣之間的作用，如同現在的秘書，天市垣代表將軍，左丞相右將軍，而二十八星宿就像大臣，三公皆在輔佐著紫微星垣。

雖有拱璧。以先駟馬。不如坐進此道。

拱璧亦是城墻，如同我們的身體東西南北四個方位，駟馬就像我們的手腳，雖然我們是一個完人，但是還是要修道及遵照天道而行。

天道中有紫微星垣、太微垣、天市垣、二十八星宿，二十八星宿包括了金木水火土五行星、日、月、北斗、南斗，而北斗的勺柄帶動著整個銀河系，勺柄的指向東西南北，則代表春夏秋冬，北斗的勺柄代表權勢。

古之所以貴此道者。何不曰求以得。有罪以免耶。

從以前到現在一直強調要修道，是因為修道可以化解自己本身的因果業力，一人得道，九玄七祖皆能渡化，並且可以捨去一切的因果業報，只要跟著自然走，認真尋得道的奧秘，便能夠成道，而免去自身的因果業力，不再輪迴於人世間。

故為天下貴。

「貴」是貴人、珍貴；「道」是天下所有的人皆需要的，人是來這個世間歷練的，不能迷戀這世間，一旦迷戀便會迷失自己的方向，受到色受想行識的影響，在名利上追求而忘了自己是誰，因而不知道要回歸於大道中。

道的奧秘則是宇宙中存在的一切，我們要探索與了解宇宙一切的運作、自然就能知道「道」的奧秘。

天子是依照上天的安排，來治理國家及運作所有的制度，一個國家制度運作如同天上所有星宿的運作，道的運作與人間的運作是相呼應的，因此我們要遵循於道、合乎自然。

你成為一個人，雖有榮華富貴集於身，但是你也是還要求道，因為這些榮華富貴在肉體滅亡時便會全部流失，拿不走也帶不走，金玉滿堂何其守舊，所以人世間的名利、榮華富貴皆要全部拋開，要淡泊名利，不管有無權勢，所有人皆會死亡，上天對眾生是公平的，唯獨修道學道，進入道之中，才能夠延年益壽，返老還童。

從古至今已成道的人皆消除了所有的因果業力，前世造的因，今生受的事，前世歡喜做，今生要甘願受，雖然是甘願接受，但是還是要力行求道，因為要成道之後，就能夠有罪則免，去除前世的因果業報，這一世要能夠成道、成果，需要配合道、配合自然，所以天下所有的人皆要以道為貴。

無難章第六十三

為無為．事無事．味無味．大小多少．報怨以德．圖難於其易．為大於其細．天下難事．必作於易．天下大事．必作於細．是以聖人．終不為其大．故能成其大．夫輕諾．必寡信．多易必多難．是以聖人猶難之故．終無難．

為無為。事無事。

「為」是有形的，指的是有為的動作，代表一種功夫；「無為」是無形的，是指形而上，則是指「自性」；「為無為」的意思是自性的功夫要用我們有形的肉體去力行，肉體與自性合而為一行事於無形界的智慧。

「事」是有形的事，為動詞是力行的意思；「無事」是指無形的事為名詞；當肉體與靈體合而為一時，要去取得虛空境界的智慧。

味無味。

「無味」是沒有味道意思；虛空境界是一個沒有味道的地方，我們的肉體有眼耳鼻舌身意的感受，這是我們的六根，亦是六欲，當我們天人合一之後要六根大定，那就不會有眼耳鼻舌身意的感受，便能夠去掉六欲。

目前你們還不會六根大定，但是可以用捨去法讓欲望變少，自身的欲望不要有太多，自然而然就能少欲了，當你的欲望或情境出現時，可以透過腳底的湧泉穴，將欲望或情境定在地水火風，讓地水火風化解掉，這也是去除欲望的一個管道。

人活著便有六識（眼耳鼻舌身意），人死後就無六識，即是沒有肉體的感覺。人世間的一切行為在於「情理法」的基礎上，肉體滅亡後自性則會進入「法理情」的境界，人因為有肉體的知覺而產生情，所以人世間講情，「情」排第一，自性並無知覺，以法為依歸，所以虛空境界是講法，不講情，六根大定之後無情的產生，便能夠進入到虛空境界。

大小多少。

「大」代表道，而「小」代表人；「多少」則是代表數量；「大小多少」是因人的視覺而產生相對的比喻。

用人的視覺來看這個宇宙與世界，宇宙與世界是大到肉眼無法看到，而小的話則是看到我們這些人，以人的角度而言，大的話是指一個人，小則是指人身體中千萬的細胞，這是相對的比喻。

報怨以德。

人世間是苦海，我們因為前世的因果業力，自性才會到人世間成為一個人歷練，人在苦海中歷練難免會有怨氣產生，但是我們不要怨天尤人，既然我們已經成為人，這上天給予的機會與恩德，能夠讓我們來到人世間修道、培德，完成自身的功課後，便能夠回到我們的來處，所以既來之則安之，我們要把心沉靜下來，再遵循著自然之道而修持。

圖難於其易。

這句話很奧妙，重點在於「圖」，老師在白板上畫了一個圓，圖難於其易的「圖」指的是圓，這個圓代表整個宇宙，即是所謂的「一真法界」。宇宙當中包括了紫微星垣、天市垣、太微垣、二十八星宿、日、月、金星、木星、水星、火星、土星。

「易」即是易經，易經中有十二辟卦消息，我們要遵循著自然、遵循著十二辟卦的運作。人有精氣神加上地三寶「水火風」、天三寶「日月星」稱為「九源」，我們人的精氣神要與天地精神相往來，這是莊子思想，這也是天人合一，與天地同在，與天地同壽。

為大於其細。

我們要用自身的精氣神與天地精神相往來，與天地同壽，天地的精神是指日月的精華，農曆的二十八號到隔月的初二，這五天是日月交媾釋放出日月精華的時候，我們把握時間吸取日月的精華，這個時間是在「正子時」，子午抽添、陰陽抽添時，陰歸陰、陽歸陽，在雲子百字真言也有講到「天心無改正子時」，天心是指地球二十三度半的軸心亦是子午線，這軸心是永遠不會改變。

天下難事。必作於易。

「易」則是易經，易經是天文地理的卦象，自然界的事是人無法辦到，即是天下難事，只有道可以辦到而已，但是我們要取到這些自然界的能量，則要遵循著易經來了解天文地理。

天下大事。必作於細。

「細」代表人的意思，要成就大事，便要由我們自身開始修持，修持要合乎於大道。

是以聖人。終不為其大。故能成其大。

聖人會收斂自己的光芒，培修內在的德性，並不會誇耀自己，也不會展示自己的功夫，當我們修道得道時，也不要誇示自己，要將自己的光芒收斂掩蓋住，才不會遭受不必要的紛爭。

夫輕諾。必寡信。

「信」是信用；修道者信口開河或是在佈道時沒有遵循著道，會失去信用與誠信。當修道者在自誇自己很厲害或是講大話，那只是虛有其表，並不代表是成道的人，有成就的修道者並不會誇示自己的成就，修道者本身要寡言不要寡信，因為必寡信的人不懂得修道的原理。

信也是「消息」意思，即是「呼吸」，代表天地的呼吸，亦是代表地球的呼吸，消息即是所謂的「信息」，也是消長，我們也是在消息（呼吸）之間，易經的十二辟卦消息，即是天地的消息，也是二十四節氣。

多易必多難。

易經分有神農氏的連山易、黃帝的歸藏易、伏羲氏的伏羲易，我們雲旨玄學所學習的是伏羲易，修道只要了解一個易經就足夠了，不要東學學、西學學，學習太多會造成自身的困擾，產生迷惑，所以只要緊拉著雲旨玄學這條金線，依循著正道走就好。

是以聖人猶難之故。終無難。

聖人畢生是以修德、培德為主，專一培養自己的德性，所以我們修持只要專一用心學習一項就好。

輔物章第六十四

其安易持．其未兆易謀．其脆易判．其微易散．為之於未有．治之於未亂．合抱之木．生於毫末．九層之臺．起於累土．千里之行．始於足下．為者敗之．執者失之．是以聖人．無為．故無敗．無執．故無失．民之從事．常幾於成而敗之．慎終如始．則無敗事．是以聖人．欲不欲．不貴難得之貨．學不學．復眾人之所過．以輔萬物之自然．而不敢為．

其安易持。

「其安易持」是在講人的性跟情；大地看似靜止不動，其實大地是動的，如同我們靜靜坐著沒有動，但是內心的思想卻動不停，「易」是指易經，「其安易持」的意思是要運用易經讓我們的內部安定。

易經是鋪天蓋地，自然界的一切都包括在內，所講得是自然界的現象與能量。我們要透過易經來了解天文地理及自然現象，學習運用自然能量調劑我們身體的五臟六腑，讓內五行能夠相生，讓細胞新陳代謝、生生不息。

孔子有講過能夠得半部易經，便能治理天下，這是在人事的治理，所謂的半部是指有上下部的分別，下半部是屬於形而下的部分，在於人事部分的治理，上半部則是屬於形而上，用於自性的修持，修道者要用上半部的易，「其安易持」的「易」是形而上，我們要用自然界、宇宙中日月星辰的現象來配合身體的能量運作。

其未兆易謀。

易經並不是用來卜卦，而是要透過易經了解宇宙的形成與自然能量的運作，再運用自然能量治理身體中千萬的細胞，這是運用在形而下人的部份。

人的世界是屬於形而下，女性懷胎十個月為陰為坤，懷胎滿二百八十天出胎之後，則是陰極而陽生，男生八歲為一個單位，女生七歲為一個單位，易經的每一卦有六個爻，到第七就產生了變化，所以第七爻是變卦，第八爻為回魂卦，女生是以第七爻變卦為主，男生是以回魂卦為主，人從出生到七歲、八歲時，頭頂的百會（泥丸宮）頭顱蓋則會變硬，這表示通天門已經關起來了，由形而上轉變為形而下，到了入學階段開始學習知識、學習團體的生活及人際關係，這是形而下知識的學習，而智慧是屬於形而上，有了形而下的知識，我們也要學習形而上的智慧，我們的情要與自性相交轉為形而上，跟宇宙的自然能量相往來，形而上在宇宙當中是沒有任何徵兆。

「兆」是非常的安靜、靜到沒有任何徵兆，靜而能定、定而能安、安則能凝神，要「靜」則需要用「易」謀，易經可以教導「靜」，讓我們自性與情相交，能夠金水相濟，金代表我們的自性，金的韌度非常好，不斷地重新熔解、提煉，金的質與量皆不會改變，如同自性在輪迴中經過很多種的形態，自性完全沒有改變，但是自性的輪迴是稱為「靈魂」，並不稱為「自性」，自性能直接回歸本位不再輪迴，才稱為「自性」，自性有很多名詞代表，自性輪迴到肉體稱為「魂魄」，魂魄所表現於外是我們的「精神」，「精神、魂魄、靈魂、自性」這些都是代表自性的名詞，也是自性在形而下的輪迴，我們的自性不要接受這樣的輪迴，自性要回歸於大道本位，則要運用易經學習形而上，才能夠回歸，易經鋪天蓋地所有一切皆包括其中，山醫命卜相並不是我們要學習的，我們所要學習的是易經中自然界之象及自然界的關聯性，自然現象中皆有能量，這是我們需要的，為了自性不再輪迴，要選擇用自然界的象來合乎我們人體的象，即是先天與後天的配合，千萬不能選擇錯路，以免走入了旁門左道。

其脆易判。其微易散。

進了旁門左道非正道，便是脫離了自然界的軌道，很容易就會被消滅，因為經不起考驗，如果是一個正道、正法，絕對經得起自然界種種的考驗，而且會綿延流長傳承下去，如同佛教、基督教、儒、釋、道皆已流傳了兩、三千年，這些教派走的是正道，所以經得起考驗，所以合乎於天道、自然，修持自然之法才是正道。

為之於未有。

「未」是指樹木剛發芽之時；樹木剛發芽時，根部還沒有扎穩。

修道要遵照自然界的易，從根本開始實在修持，要把根穩固好，一步一腳印往前走，不能好高騖遠，也不能捨近求遠，不能走入旁門左道求極速的法門，修道要專一、專心，修道並沒有速成法，只有靠自己一步一步努力修持，雖然老師是頓悟成道，也是一步一步地走過來，沒有速成法，也要經過各階段的歷練，所走過的過程都一一告訴各位，因為走過才能夠知道所走的是正道、是正確的修道方法，所以各位一定要腳踏實地修持，不要好高騖遠，修道沒有速成法。

治之於未亂。

一步一步地走，心才不會亂，心亂則容易走火入魔，基礎沒有打好的話，本身怎麼做都沒有用了，也是成就不了，所以心不能急，要將心安下來，才能夠一步一步地往前走。

合抱之木。生於毫末。九層之臺。起於累土。千里之行。始於足下。

我們要從立足點開始，要成為一棵大樹也是要從樹苗發芽開始，九層之臺也是從基礎開始建立的，千里之行也是要從現在開始走，才能有千里。

為者敗之。執者失之。

好高騖遠註定會失敗，沒有從立足點開始、基礎沒有打好，只照自己心裡所想去做，必定無法成道，一步一腳印用心學習道，才能夠成功。

「執」亦是握住不放；握住不放便得不到新的東西，我們精神氣過於飽滿時，要將過多的氣歸於腳底湧泉穴放掉，這樣新的氣才能夠進到體內，身體機能便能新陳代謝、生生不息，將不好的汰換出去，讓好的進來，身體的能量則會源源不斷更新，東西放久了是會壞掉的，氣與能量在身體囤積久了、飽和了，不將其釋放出體外會壞掉的，對身體會造成負擔而產生病變，這是不好的執著。

有一些法門怕本身的氣漏盡了，會很難修持得到氣，所以會把氣積壓在體內，但是積壓久了，身體便開始有毛病出現，這些都是很不好的，自然界會呼吸，地球也會呼吸，人也會呼吸，所以我們要合乎自然，有進則有出，身體一定要新陳代謝，才能擁有健康的身體。

呼吸即是消息，十二辟卦是地球呼吸的現象，也是天地的消息，宇宙呼吸則是在農曆二十八號到初二陰陽交媾之時，日月交媾會釋放出日月精華的能量，地球會吸收這些能量，這時間是很短暫的，只有在正子時一刻鐘的時間，大約十五分鐘左右，所以各位一定要掌握這宇宙的消息，但是本身不能執著，一旦執著便會失去，就無法與天地同在。

是以聖人。

有德者會以天下眾生為己任，不會為自己想，不會自私；當天地能量進到身體時，我們要為身體的眾生著想，眾生則是身體的千萬細胞，這是如同聖人般的德性，對自己身體的眾生好就是有德，而道在我們的自性，兩者合一則是天人合一。

無為。故無敗。無執。故無失。

因為我們知道與天地精神相往來，所以會用本身的自性來治理身體的細胞，這樣才不會因為執著而失去了身體上的眾生，這就是「無為」。如果不知道與天地精神相往來，則會執著守住身體，結果反而會失去，如同一些小道的法會守著身體的某部份，結果造成那個部份出問題，所以要懂得無為與天地精神相往來，但是不能執著。

民之從事。常幾於成而敗之。

民之從事則是「盲目」的意思，對於「修道」自己沒有任何打算，也沒有觀察以及用智慧了解，只是盲目跟從別人修持，這樣盲從修行的情況，在現今的社會很多，而且修人情道的更很多，修道是公修公得、婆修婆得，不要盲目跟從，要用智慧去觀察，要能分辨對與不對，更要清楚知道自己所要走的路，旁門左道與正道看起來很類似，但是並不是正道、正法，各位要用你們的自性去理解。

慎終如始。則無敗事。

「無」即是「境界」；修道者從開始到結束，能夠順著宇宙自然的象、消息，合乎於天道便能夠成道。

是以聖人。欲不欲。不貴難得之貨。

人要有欲望，但是欲望不要很大，把多餘的欲望或是不好的欲望去除，那貪瞋癡三毒便不會入侵，當我們少私寡欲時，因果就不會太重，在修持的時候，業力則不容易隨身。

不要去追求金銀財寶，當欲望產生時便會努力去追求，越得不到，欲望則會越來越強，你的思想會一直往欲望的方向去，那你的神識則會被欲望牽著走，因而困在其中無法自拔。

學不學。復衆人之所過。

我們所要學習的則是這些天道，學習去六欲，如果不學習的話，就會與這些眾生一樣，以後還是成為一條靈魂，繼續在人世間輪迴不能成道，修道學道不只是為了自己也是為了眾生，希望眾生的自性也能夠回歸於本位。

以輔萬物之自然。而不敢為。

輔是「借用」的意思；自然萬物皆是借我們使用的，用完後則要歸還的，不能占為己有，自然界的能量也是不能占為己有的，只能用消息與天地相往來，用完就要歸還，如果執著則會失之，人無法擁有自然界的一切，只能借用而已。

玄德章第六十五

古之善為道者．非以明民．將以愚之．民之難治．以其智多．故以智治國．國之賊．不以智治國．國之福．知此兩者．亦楷式．常知楷式．是謂玄德．玄德深矣．遠矣．與物反矣．然後乃至大順．

古之善為道者。

以前最好的事就是修道，因為會有與眾不同的能力，而且可以延年益壽，最終能夠登堂入祀進廟，這是大家所要追求的，但是修道學道需要有基本的條件，則是生活環境要無後顧之憂，三餐要能夠溫飽，這樣才能專注於修道，如果三餐有問題，一定會先顧及自己的生活，要為了生活及家庭奔波，這樣便無法專心於修道，所以要修道學道的話，如果家庭狀況、經濟狀況很好，環境優渥，這是最好的。

以前能夠讀書的人大部分都是有錢，貧苦的人想要有成就或是想成為富有之人，必須要透過讀書考試才能夠達成，所以在以前是萬般皆下品，唯有讀書高，十年寒窗苦讀無人知，一舉成名天下知，可見當時的讀書的人是高尚、有出息的。

非以明民。將以愚之。

古時候讀書與知識的傳達並不像現在這麼發達，所以無法將大道普傳，像現在是科技時代、資訊發達，可以將大道及虛空智慧普傳出去，各位生長在這個時代真的很幸福。

古代修道是有階級之分的，環境因素影響也很大，所以有些修道者會離開人群入山修行，但是入山修行者需要具備會觀星象、醫術及了解百藥草以及會武功的條件，因為獨自一人在山裡修行，要有保護自己的能力，可見在古代要入山修行是一件危險又不容易的事。

古代因資訊不發達，所以大道無法明民，因為「道」的消息無法開明，消息經過一傳十、十傳百，到最後資訊就變了，也無法確認所得到的資訊是否正確，因而演變成很多的法術，而成了愚知，便無法走入正道。

民之難治。以其智多。

因為資訊的不開明，從開始傳道到最後演變成很多的花樣，因為道的資訊經過許多人的敘述再傳承下來，傳承了很多年，到最後會產生很大的變化，因而旁門左道就變多了，老子就曾經出函谷關去伏番，總共降伏了九十幾個旁門左道，這些皆是民之難治而衍生的。

故以智治國。國之賊。

「智」是指人性；用人性治國等於是用魔性治國，貪瞋痴則會產生，天子如果無法用智慧治理國家及人民，而是用人性來治理的話，必遭人民唾棄。

不以智治國。國之福。

不是用人性治理人民，而是用智慧治理人民，那國家一定是會繁榮富強，這便是百姓的福氣。

知此兩者。亦楷式。

「楷式」即是標準的意思；要用智慧治理人民，則是善為道者，因為善為道者有智慧，如果不是善為道者，便會非以明民，將以愚之，那就是國之賊，這兩者各有不同的標準。

常知楷式。是謂玄德。

「常知」是永恆不變的道理，即是虛空境界智慧的標準；「玄德」是玄之又玄眾妙之門，即是「道」；在修道成道之後，來治理你的眾生百姓、渡化眾生，這有兩種模式，第一、得到了上天的虛空智慧，可以用來治理國家及人民，這是用於治理人事；第二、本身已經成道得到虛空的智慧，可以渡化眾生的自性回歸本位，這是所謂的玄德。

玄德深矣。遠矣。與物反矣。

玄德是無邊無界，用眼睛是看不到的，眼睛可以看見的是「易」，眼睛是看不到的是「玄」，分有玄易與玄德。

然後乃至大順。

做事方面我們要合乎於人道，在修道方面則要合乎於天道，這兩種楷式一定要，不要只看眼前的利益，卻忘了玄德深矣、遠矣，我們一定要配天合地，合乎於真理、合乎於道。

江海章第六十六

江海所以能為百谷之王者．以其善下之．故能為百谷王．
是以聖人．欲上民．必以言下之．欲先民．必以身後之．
是以聖人．處上而民不重．處前而民復害．
是以天下樂推而不厭．以其不爭．故天下莫能與之爭．

江海所以能為百谷之王者。

「江海」則是指我們的氣海穴，修練者最注重形而下的功夫，自性成為人的靈魂時即是形而下，我們身體中無形的主人便是靈魂，所有的思緒、身體機能以及氣血的推動皆是由靈魂在主導，沒有修持功夫的人，不會刻意知道身體的一些重要的器官或是部位。

陸地上所有的江水都會流入大海裡，海能納百川，而人體的血管如同「江水」，而血管是連絡到氣海，會歸於氣海，「氣海」一般而言都稱為「丹爐」，亦是「丹田」，血管中的氣血包含了精氣神，這是我們的上品丹藥，如果能夠利用血管將精氣神送到氣海中，作為一個作用而結成丹的話，便能為百谷之王，這是形而下的功夫。

以其善下之。故能為百谷王。

「百谷王」代表成道者；如果能夠利用上天形而上的能量，再利用我們身體中的江匯聚精氣神納入到氣海，就能夠成為一個成道者。

是以聖人。欲上民。必以言下之。

成為百谷王時，要向下佈道，把道散發出去渡化眾生，以道將民智打開，開啟眾生的智慧，要讓眾生能夠知道修道、培德，使眾生能夠成為上民，智慧的眾生即是上民。

欲先民。必以身後之。

要佈道於眾生則要率先士卒，你要先成為一個有德的成道者，行為舉止談吐皆合乎於道、合乎於德，成為眾生的榜樣。

是以聖人。處上而民不重。

在上位的國君要以德性領導百姓，不要對人民加賦重稅，如果課賦重稅的話，則會民不聊生，百姓會困苦生活，這不是有德之君該有的治理方式。

處前而民復害。

身為一個領導者或是佈道者，本身要有好的道德風範，更要清楚明白所走的路，才能將眾生引領於正道，將眾生帶往極樂的地方，亦是以天下樂推而不厭，如果本身是傷風敗俗沒有好道德的人，很容易將眾生帶往旁門左道。

所以不管是處上或是處前皆要很好的風範，同時本身也要知道「道」的天文地理以及人文，本身要合乎於道、合乎於自然，這樣才能夠讓眾生民生安樂自足，在於精神方面可以往正道的方向去，提高眾生的道德智慧。

是以天下樂推而不厭。

「天下」是指天以下，則是形而下；「樂推而不厭」意思是說這個國家能夠和樂融融，所帶領的眾生並沒有走入旁門左道而走正道，使民智能夠開啟，並且能夠回歸於本位；「不厭」是不間斷的意思。

以其不爭。

當世界大同時，以德領導則不會爭奪，也沒有戰亂發生。正道不爭，天下為公，道即是自然，自然並沒有什麼好爭，但是如果是旁門左道的話，便會有爭奪，會到處找人鬥法，比法力的高低，這是不對的。

故天下莫能與之爭。

我們遵循著道與自然，在自然之下培德佈道，並沒什麼好爭，培德佈道是在培養本身的

「公德」，而「以其善下之，故能為百谷王」則是在培養本身的「功德」，成道後以一己之功利於眾生稱為「功德」，這是形而上的功德，以眾生之利利於眾生則稱為「公德」，這是形而下的公德，老師希望各位要「功德」與「公德」兼備，才能夠將眾生引領到康莊大道，而不是將眾生引領於旁門左道，因而誤了眾生的前程。

三寶章第六十七

天下皆謂我道大．似不肖．夫惟大．故似不肖．若肖久矣．其細也夫．
我有三寶．持而保之．一曰慈．二曰儉．三曰不敢為天下先．
慈故能勇．儉故能廣．不敢為天下先．故能成器長．
今捨慈且勇．捨儉且廣．捨後且先死矣．
夫慈以戰則勝．以守則固．天將救之．以慈衛之．

天下皆謂我道大。似不肖。

在周朝之後有很多宗教的成立，有各門派的修練功夫，有些門派會神通化，因為沒有神通化無法感召眾生來信仰，當時的宗教門派是處於很混亂的時期，後來到了春秋時期老子的出現，老子是提倡道法自然、修持先天之道，但是當時的眾生皆不屑一顧，因為大道沒有戲法可以變，大道亦是自然界，只是有些宗教把大道神通化了，眾生信仰了神通之道，卻對老子的自然之道不屑一顧。

夫惟大。故似不肖。若肖久矣。其細也夫。

「夫」亦是修道者；這些修道的人皆對我的道不屑一顧很久了。當時旁門左道很多，老子曾經西出涵谷關，降伏並渡化九十幾個旁門左道，那時候有些修道者會去追求旁門左道、追求神通，對於沒戲法的大道卻是不屑一顧，因為大道只有三寶持而保之，並沒有神通戲法。

我有三寶。持而保之。一曰慈。二曰儉。三曰不敢為天下先。

「慈」亦是「長上惠愛其下」，則是長輩照顧後輩，「慈」代表形而上及形而下的功夫，形而下是指在人世間的我們如同後輩，形而上是無形界如同長輩，我們受惠於無形界的能量（道的能量），道如同慈母般在照顧著我們，受到慈母的厚愛即是「慈」，這是第一寶。

「儉」則是節儉、去六欲的意思；當生活想要奢華時，欲望則會變強，如果能夠節儉，沒有過多的需求，欲望就會減弱，就能夠去除六慾，沒有人間凡夫的欲望，則是第二寶。

第三寶是不敢為天下先，因為道很大，而且我們皆是在道以下，無法超越道，也離不開道及道母的慈。

慈故能勇。

「道」即是天地陰陽，修道者要知道天地陰陽的運作、要了解天文地理及人文，自然界的一切皆是慈母所給予的德性，修道者知道了「道」的厚德載物，就會對「道」有信心，便不會對自己所走的正道產生疑惑，而且會有自信勇往直前，也不會墮入於旁門左道。

儉故能廣。

去除六慾沒有欲望之後故能廣，「廣」是很空曠的意思，代表東西方向，南北方向則是「袤」，東西南北稱為「廣袤」，以方向的五行而言，東方屬木，西方屬金，南方屬火，北方屬水，所以「廣」是屬於木與金，以人體的五行而言，肺為氣屬於金，則肝藏血屬於木，金木則代表我們的氣血，當我們心中欲念不強時，氣血便能夠平緩帶動精氣神歸入氣海當中，然後自然地結丹，如果心常常思考欲望，氣血則會非常旺，因而無法緩和，那精氣神便無法自結丹了。

不敢為天下先。

我們一定要在形而下有情的世界成道，要利用人的世界來超乎人的世界，才能夠進入另外一個境界。

故能成器長。今捨慈且勇。

形而下的功夫已修持到成道時，則要捨去後天之體，後天之體是要靠著道母的能量，才能夠長生不老、返老還童，當我們借由道母的能量成器後要返回天地乾坤時，則要捨去肉體，即是捨棄慈跟勇。

捨儉且廣。捨後且先死矣。

人是肉體與自性的結合，我們捨去人的欲望來成就自己的性情，當自性成就時，則要捨去後天之體，回返乾坤歸位。

夫慈以戰則勝。以守則固。

上天給予的能量，我們要能夠守住，鞏固好身體的東西南北四個城門，讓能量不外漏，則是要止漏，能量再與自己本身的精氣神配合便能自勝。

天將救之。以慈衛之。

芸芸眾生皆是平等的，亦是道母所造化的，道母希望眾生能夠得到祂的能量，在形而下有所成就之後，能夠性情相交返乾坤歸位，這就是「天將救之，以慈衛之」。

不爭章第六十八

善為士者不武．善勝者不怒．善戰敵者不與．善用人者為之下．是謂不爭之德．是謂用人之力．是謂配天．古之極．

人不能有執著，因為執著會因小失大，能掌握在手中是有限的，不要因為這有限的東西而失去更多。

「不爭章」這一篇是在講德性的應用，雖然是在講領導者的行事，但是可以應用在我們身上。

善為士者不武。

當修道者修持到一個層次變成有力量之時，不要用自身的力量侵犯別人，或是做不利益眾生的事，如果自認為自己修行的道行很厲害，就開始想與人鬥法，當你想比較修行法力時，則是讓你的人性領導了自性，人性即是魔性，那便已墮入了魔性。

修道者如果是走在正道上，根本就不會用本身修行的道行與別人鬥法或是與別人相爭，修道是為了要回歸自然，並不是用來鬥法展現力量的。因此我們修持到一個程度時，不要跟別人比較，擁有了道行，一定要沉著。

善勝者不怒。

修道者的身心一定要保持平衡，不要常動怒，本身修道修得很好的話，性與情便能夠平衡，木代表我們的性，金代表我們的情，木有木液，即是所謂的「汗青」，「汗青」如同松果體分泌的荷爾蒙，松果體的分泌能夠帶動自性，再帶動身體的五臟六腑，這是一連貫的作用，當本身的內分泌平衡時，身心也就會平衡而且不容易動怒，所以我們要保持心情的平衡，修到不動怒的境界。

如果常常生氣動怒，則會產生壞細胞變成毒素而影響好的細胞，造成身體不健康，但是當眼睛看到一些事情，不合乎你的情境時，心裡便生氣，要不動怒是一件很難的事，眼睛為目是靈魂之窗，靈魂則是我們的自性，也是精神，我們的起心動念皆是因為眼睛，因此我們時常將眼睛收視回來，眼睛閉合七分，只剩下三分眼，類似瞇瞇眼，眼睛的收視可以減少起心動念的機會，自然就能保持心情的平衡。

善戰敵者不與。

修道者不要像旁門左道一樣好爭好鬥，道是自然的也是眾生的，不需要鬥得你死我活、互相攻擊，如果墮入鬥爭之中，便不是在修道了，再怎麼厲害，還是跳脫不了人世間，但是卻不知道從此刻開始則是自己的自性與靈魂分判點，修道者好爭鬥是會造因果的，不管有多大的修為，到最後還是會墮落成為靈魂繼續輪迴，而自性無法回歸本位，枉費了自己的努力，這是我們修道者要知道的。

善用人者為天下。

修道者要有道侶、道伴，各位的同學便是道侶、道伴，不對時，彼此在合乎道德之下能互相提醒與告知，以好的方向彼此互相提攜，不懂的地方，要不恥下問，向別人學習好的，道侶、道伴是修道路途中所需要的。

是謂不爭之德。

修道者的不爭之德是指不要在外與別人比功夫、比大小，修道是要實修實練。

是謂用人之力。是謂配天。古之極。

要擷取別人的好，才能夠事半功倍，這樣才能配天合地；自性回歸到本位稱為「配天」，德性也要配天，如天地一樣厚德，修道者本身要有厚德，要學習道母厚德載物的德性。

從現在往前推到遙遠的年代便是「古之極」，遙遠的年代指是子時開天闢地以來，寅時生人之時。

用兵章第六十九

用兵有言．吾不敢為主而為客．不敢進寸而退尺．是謂行無行．
攘無臂．仍無敵．執無兵．禍莫大於輕敵．
輕敵則幾喪吾寶．故抗兵相加．哀者勝矣．

用兵有言。

「用兵」是指我們修行、修練的功夫。

吾不敢為主而為客。

這句話是講我們的性情，在性情相交的時候，有時候會是自性在主導，有時候則是情（命）在主導，不過這兩者是有差別的，自性的智慧來自於虛空境界，如果是自性做主時，就可以拿來給命用，吸取能量給身體用汰換細胞，讓身體新陳代謝。

我們的腎臟是左性右命，左邊的性即是我們的荷爾蒙，所謂的腎上腺素，當內分泌失調時拙火就會旺，武火旺便要用文火來調節，如果感覺到死氣沉沉則要武火來調節，所以有時候是性做主，有時候是命做主。「拙火」在密宗講的是「火旺」，而中醫說的是「虛火」。

當我們在靜的時候，身體內部還是在動，內部動的時候，有時候會是文火，有時候則是武火，水火要既濟，有時候是火做主，有時候是水做主，但是水做主與火做主是有差別的。

換個方向解釋是，我們不敢與天為敵，也不敢做主，要順天而行，不可以逆天而行，所謂「順天者昌，逆天者亡」，人無法勝天，我們一定要合乎自然、合乎道，我們不能逆道而行，逆道即是敗德，逆天便會墮入於魔性（人性），我們一定要步步為營。

不敢進寸而退尺。

你欲望多但是都達不到的時候，你會處於退步當中；你有好的修練方式，但是因為欲望想要追求更多或是想要追求別人所沒有的，要得寸進尺，那便會步入旁門左道之中，結果是進寸而退尺。

同學之間最忌諱的是非良性的競爭，有競爭也應該是良性的，不懂的地方，彼此互相教長，但是絕對不能有高傲的心，不能自認自己很厲害，更不能炫耀自己別人所沒有的，所以我們要按著自然的法則、自然的道而前進修為，如果進入了旁門左道，得到一點點，結果是已經退步了很多，早已遠離正道了。

是謂行無行。攘無臂。

你的修為已達到與大自然同在了，已經天人合一了，你即是自然，自然即是你，當你有了修為的實力，不要隨意展現出來，一旦展露了實力，你則會遭受別人的忌妒，因而產生不必要的麻煩。

仍無敵。執無兵。

你擁有修行的道行就自重，那你就沒有辦法再前進了，而你的修為也只有到這裡而已，認為修到這裡便自滿了，但是這是在於道的修為，那德的修為呢？當有自滿的念頭出現，你的德性便沒有了，所以我們本身不能擁兵自重，不能自滿，那會影響我們的前進。

禍莫大於輕敵。

「敵」是指「道」；你認為道很簡單，而且自認為自己又沒有做壞事，何必需要修道行善呢？或是說要等到退休有時間再來修道。

「修道」能讓我們不墮入因果當中，對自己最好的事情即是本身有修道再與公德並行而為，這是一個互補的作用，本身有修道便會培德、行善佈施，用公德來補我們所不足的地方，修道與公德是同時進行的。

我們不要看不起道，大道是浩瀚無比的，在道中人是何其的渺小，渺小到連滄海一粟的邊都沾不上。

輕敵則幾喪吾寶。

「寶」是指慈、儉、不敢為天下先這三寶，「慈」是上惠其下，我們接受上天給我們的恩惠，即是上天給予的一切包括了能量、氣及我們的自性、身體；「儉」是要少欲，我們六識一定要大定，將六識的欲望定到地的水火風；「不敢為天下先」則是不敢進寸而退尺的意思，如果本身看輕了道不需要道，那便會喪失這些，也得不到上天給予恩惠。

故抗兵相加。哀者勝矣。

不管有修道或是沒有修道，一定要知道自己要的，要發出「所要」的意念，「我要什麼」、「我需要什麼」、「我要延年益壽」、「我要長生不老」、「我的自性要回歸本位」，在修道的時候，要提出自己的問題，哪邊不懂就問，就像孔子問禮於老子。

孔子的人生很精彩，不但是周遊列國，而且還補述了易經十翼，生平的事蹟太多了，也貢獻很大，一生都奉獻於眾生，因而成為至聖先師，其影響是非常地深遠，我們的生活皆是受到儒教的影響。

懷玉章第七十

吾言甚易知．甚易行．天下莫能知．莫能行．言有宗．事有君．夫唯無知．是以不我知．知我者希．則我貴矣．是以聖人被褐懷玉．

吾言甚易知。甚易行。

我所講的話很簡單而且易行，不要胡思亂想，目標就在正前方，只要直直走就可以了，這是老子講的話，如果經文中有其它的意思，都是後世的人研讀老子道德經之後的體悟，再後面加進來的，而這些體悟會引導你產生錯誤、錯覺，其實老子所講的話真的很簡單，道德經五千言，每一句話皆各有所屬，看似分開卻是環環相扣連結在一起。

天下莫能知。莫能行。

知難行易，知易行難，天下莫能知，莫能行，為什麼呢？因為我講的話太簡單了，你們不會去做，你們想搞花樣，花樣越多越好，說得越困難你們越喜歡，但是我講的卻是很簡單，照著我的方法簡單的力行，我講的即是陰陽，陽極而陰生、陰極而陽生，日出而作、日落而息，晚上休息補充體力，體力補充好，白天則繼續工作，很簡單，可是在修行當中卻有很多奇怪的東西跑出來，才會產生一些旁門左道來引導你們，簡單的你們偏不要，因為太簡單了，這些都是「我知道」，也只是「我知道」而已，並不是「我能做」。

言有宗。事有君。

「宗」是宗旨、方法或是來源，「君」就是形式上一定有所謂的佈政，我們的自性從哪裡來，自性便要回歸哪裡去，言有宗是指我們自性的來源。

「君」代表君臣，即是御政的意思，宇宙中有紫微垣為君、有太微垣為丞相、有天市垣為將軍、還有二十八星宿，而紫微垣位於北極之深，另外還有金木水火土五行星、南極星、北極星以及日月，這些代表天上的君臣，即是「事有君」的意思，這些都是天的天象，此時天象已經羅布完成了，已經御政完成，中國古代的帝制有皇帝、宰相、將軍、文武百官，這是根據天象而御政的。

夫唯無知。是以不我知。

「無」是指虛空境界，修道人要知道虛空的境界、要懂得天文地理，可是現在的修道者皆不知道天文地理及醫學，以前的修道者都要知道天文地理、醫學及武術，因為以前的修道者是要獨自入山修行的，不懂得天文地理、醫理、武功，根本無法保護自己，所以修道者要了解修行的方式、要知天文地理，如果不知道修行，不知道天文地理，便不知道我（老子）。

知我者希。則我貴矣。是以聖人被褐懷玉。

在春秋時期知道老子的人很少，雖然老子是得道者，卻因為當時旁門左道多，眾生修道要行捷徑、尋找捷徑，結果把「宗」、「君」皆去除了，往旁門左道去了，那時候就混淆了修行。老子是一個成道者，我們要把老子當成貴人，要跟隨他的腳步，跟隨他的方法去做。如果你是一個成道者則要「是以聖人被褐懷玉」，如同玉石被外石裹住還沒有被劈開的樣子，不要顯露出自己要內斂實在，但是外表卻看不出來。

不病章第七十一

知不知上，不知知病。夫唯病病，是以不病。聖人不病，以其病病。

古代的修道者皆稱為「貧道」，「貧道」並非是修道者生活很貧窮沒有錢，而修道者貧窮的是自身的欲望，「貧道」只是沒有生活上的欲望、沒有五蘊及貪瞋癡，但是修道者富有則是成道的成就。

一般人都會有欲望，想要更富有、想要物質的豐富，不斷地追求人世間的一切財物，想要擁有全世界，所以我們要如「貧道」一樣，將不好的欲望去除、把五蘊、貪瞋癡去除，這樣才能夠修成正果、正道。

「照天行事」即是在修道、學道，順著自然走；自然界有金木水火土五行星，人體也有五行金木水火土，心臟屬火，肝臟屬木，肺臟屬金，胃屬土，腎臟屬水，五行的屬性會相生相剋，所有的修道方法皆是以土為中心，即是「戊己之功」，我們修煉的心法及內煉的功夫要歸於中土（中宮）、歸於規中。

「五蘊」色受想行識亦是「五陰」，五陰則是我們身體內的欲望，我們在學齡階段開始學習知識，自性由此開始蒙塵，慢慢地，五陰的欲望逐漸累積，然後開始造成身體中的五行相剋而受損，雲子百字真言中有「還虛五行合七政」，即是我們的內在的五行要跟外在的五行互相配合，要附合自然之道、附合宇宙，生命才可以長存，但是我們會受到五蘊色受想行識的影響，造成身體的五行相剋而傷到內臟，身體受損了卻還不知道，自認為自己生活習慣都很好，一直順著人生過程走，結果是人生七十古來兮，然後到終老，人的一生就這樣走完了，這亦是「順勢成人」；「逆勢成仙」，我們要逆著返回去，則是要去除五蘊，讓我們身體的五行合七政，讓身體五行相生，但是在我們修道去掉五陰時，身體會有一些狀況產生或是更容易生病，甚至多年的內傷也都會顯現出來，那是因為我們的身體屬陰，七政的能量是屬陽，陽能量衝擊到肉體，自然而然會讓身體的病態顯露出來，還沒修行前你會覺得身體是好的，一旦開始修行，身體便會產生變化，身體會不舒服，這是身體反應出病痛的果，而「因」是之前就已經造成的，只是你不知道而已，「因果」有很多種，有身體的因果、精神的因果、意念的因果、自性的因果。

「自性」是菩薩，而身體則是眾生，自性與肉體結合為一體，在你周圍的環境時時都會有訊息產生，你的五蘊便開始接受再反應到身體上，結果造成身體的損傷而不知，直到身體受到果報生病了才知道，但是已經為時已晚了，身體健康是很重要的，要好好保養自己的身體，既然各位已經進入修道之門，便要清除過去所受的因果，陽極而陰生，陰極而陽生。

知不知上。

一般人不知上，生病時便被病拖住而意志消沉，但是修道者知上，知道身體的病態是因為陰陽在協調，是上天用自然的力量在修復身體，自然不會因為生病而萬念俱灰，這是陰極而陽生的自然現象。

在修持的過程中有生病的情形，讓你提不起勁，到醫院檢查又沒有病時候，就不需要理會，因為這是自然界的五行在調整內在的五行，這是「知上」，你們要知道這個原理，如果不知道則會被病態牽制住，病急亂投醫，結果害了自己，自己要先知道是不是生病了，真的是肉體的病，就趕快找醫生處理，如果檢查出來沒有生病，不要無病呻吟，要「知上」。

不知知病。

「不知病」是指一般沒有修持的眾生，本身不了解生病的狀況，需要靠看醫生才能了解與醫治，這是順勢成人。

而修道者會知道自然界與宇宙的運作，修道者「知病」會運用自然界的力量來修復身體，用宇宙的陽能量調整身體的陰，讓陰陽能夠調和，修道能夠讓身體的百脈皆俱通，如果有病痛產生時自己會知道，而且病因也會被燒掉，因此能夠延年益壽，這是「知病」，亦是逆者成仙。

陽光照不到我們身體中的五陰，色受想行識、貪瞋癡皆在身體裡面，我們動了意念則會造「因」，身體便要承受「果」，所以我們要用外面的陽能量來調和我們的身體。

夫唯病病。是以不病。

「夫唯病病」是修道者的五臟六腑在作調整，並不是生病，因為不是病，則不需要用醫藥來醫治，修道者身體都很健康。

要如何是以不病？「休息是最好的良藥」，人一旦靜下來，則是在修復身體的細胞，白天工作一直勞動，陽極而陰生，到了晚上就要陰極而陽生，要睡覺、休息，那精神與體力便能夠恢復。

「靜」是很重要的，靜能夠聚氣凝神，再產生另外一個你，所以我們要透過修行讓自己靜下來，讓身體的五行配合上天的七政，將自己融合於自然界之中，讓自然的力量來調整自己，身體自然就會健康，這是修道的好處。

人是個動物，雖然外在是靜靜的，但是身體內部卻動個不停，血液在流動，心臟在跳動，五臟六腑皆在運作，我們的意念更是動不停，不斷地在造因，結果身體就要承受果報，生氣或是想太多，讓身體產生了壓力，讓身體不舒服，壓力是一種病態，但是並不是病，卻會讓人覺得很不舒服。

聖人不病。

「聖人」是有德的人、做善事的人，有德與做善事是我們做人最基本的行為；「不病」則是聖人沒有五陰色受想行識所反應出來的病。

以其病病。

「菩薩怕因、眾生怕果」，菩薩即是人的自性，眾生則是人的身體，只要人起心動念產生了因，身體馬上就承受果報，病態便會反應出來，修道可以清除過去因為意念所造成的因果，身體如果有病，自然的力量會來調整，修道者本身不用怕精神萎靡，因為修道是性命雙修。

修道過程中身體反應出病態時，不要害怕也不要有懷疑心，，你要先找醫生確定是否有問題，確定沒有問題之後，就要透過修行的功夫來調整了，讓自己靜下來，靜定而凝神，產生另外一個你，這是一套功夫，也是一個過程，調整好再繼續往修行方向走。

身體的反應老師皆有經歷過，之前經歷生死關，脖子長了一粒粒的東西，到醫院檢查並沒有發現問題，後來生死關通過了，就沒事了，通過生死關之後，再來就是百脈俱通。

有一天老師想要靜坐，忽然間感覺到心臟快要麻痺了，來來回回好幾次，後來老師自行調整，結果從背部開始再到五臟六腑都跳動，身體的筋絡如同蚯蚓般噗通地跳，然後身體的筋絡便皆已打通了，此時整個身體感受都很好，這即是「百脈俱通」，後來老師去醫院做健康檢查皆是合格的。

老師鼓勵各位偶爾可以靜坐一下，靜坐並不是要盤腿而坐，而是坐在椅子，自己覺得舒適的方式即可，思想放空，有某種反應也不要理會，讓自己能夠靜下來，靜靜的坐著與天地精神相往來。

畏威章第七十二

民不畏威，則大威至。無狹其所居，無厭其所生。夫唯不厭，是以不厭。是以聖人，自知不自見，自愛不自責。故去彼取此。

地球的軸心是傾斜二十三度半，因此在不同的環境產生了不同的氣候變化，人的求生意志很強，為了適應環境、附合環境，人的基因便會因環境而改變，環境中會有當地的氣候因素及陰陽之炁，人體中也有「炁」，因此環境會改變我們身體的五行。

民不畏威。則大威至。

「畏威」則是畏懼自然氣候、環境、人文；「民不畏威」是指人不畏懼自然氣候、環境、人文，即便受到了威脅，人還是會去適應並且找出存活之路，如同我們看到馬路隙縫冒出的小草，或是沙漠玫瑰這類的植物，能在不好的環境找出生路，當環境已經不適合時，便會開花結種子繁衍下一代，讓生命能夠延續下去。

人也是一樣，在不好的環境中生命因而受到威脅時，則會設法產生另外一個「你」，物極必反，陰極而陽生，人的生命是有限的，「出生、成長、老去、死亡」這是順勢成人的過程，然後成為靈魂再次的輪迴，而逆勢成仙則是修道者並不會受到生命期限的威脅，而且能夠延年益壽、返老還童，這是修道的好處，生命只有短短的百年而已，可是要在短短的百年之後再延續延長生命，則要靠修道，因為生命會受到環境及基因的影響與束縛，所以要修道學習自然、合乎自然，自然界的一切威力最大，要攝取自然界的一切來用，這就是「大威至」的意思。

無狹其所居。

自性是在我們狹小的身體裡面，被有形的肉體困住了，自性離開我們的肉體，便是產生另外一個你，我們修道為了就是自性能離開我們的肉體，能來去自如進到虛空境界之中，我們想要產生另外一個自己，則要能夠聚氣凝神，這樣我們的自性就能來去自如，便不會受限於狹小的肉體中。

無厭其所生。

「無厭」是滿足的意思；你的生活優渥、很富有、擁有很多的物質，不過這些也只是外在資源的享受，而上天給予的時間每個人都是一樣的，人生只有百年而已，除非是有福報的人就可以活比較久，如果你能運用自己的資源做善事、做功德，不貪求物質的享受，將自己的物質分享出去佈德，便能造福眾生及自己。

我們要滿足目前的生活，並且做分送快樂佈德之事，我們輪迴了幾世，背負了多少因果，我們並不知道，只有趁現在生活優渥的情況下，多做一點功德善事，彌補以前的因果業力，為自己的來生造福，我們修道需要行善積德的原動力。

夫唯不厭。是以不厭。

「一天兩天佛在身邊，三天四天佛在遠邊」，修道者不能滿足於目前修為的現況，必須每天都要精進，不能離開修道，一旦滿足於現況而離開，便會不進則退，永遠停留在原點，時間是不會等人的，不要因為滿足而怠惰了。「是以不厭」是不能滿足的意思。

是以聖人。自知不自見。

「聖人」是做善事、有德行的人，有德行的人才會以眾生為主，這是聖人的慈悲心及德性，不過聖人雖有德性，但是聖人並沒有修道，而修道者是福慧雙修，「功德」及「公德」是並行修持的，修道者一定要具備功夫的功德及公共的公德。

聖人知道佈德，但是聖人不知道要行道也沒有方法，所以不自見。

自愛不自責。

聖人不會做一些壞事來侵犯眾生，聖人有基本的德性，非常守原則，這是聖人的德行，行的是公共的德行，聖人是個大善人，而且知道自己在做什麼。

故去彼取此。

你要行功也要了願，要修道也要佈德，最重要的是要培德，要把我們的德性培養好，這樣才會有好的德性，我們修道不要受到環境的影響而終止了修持，不要讓自己有藉口想休息而暫停了修行，修持是不能停歇的，再忙碌也要修持，不要因為環境因素中斷了修德修道的心，修道之心要不斷的前進。

天網章第七十三

勇於敢則殺．勇於不敢則活．此兩者．或利或害．天下所惡．孰知其故．是以聖人．猶難之矣．天之道．不爭而善勝．不言而自應．不召而自來．繟然而善謀．天網恢恢．疏而不失．

「寧靜以致遠」，「寧靜」可以沉澱我們的思想、念頭，在白天勞累了一天，到了晚上總是需要寧靜的休息，休息是為了要走更遠的路，「靜」可以恢復身體的細胞功能與精神，同時可以將你原來的本能、本性以及沾染的垃圾，全部顯現出來，並且會把沾染的東西清除掉，但是在清除的過程中會產生很多的幻覺、幻相，此時是自身的魔性與佛性（自性）在鬥爭，誰勝、誰敗則要看你有無修持的基礎，有修持便是所謂的「修道者」，不知道修為、修道則是一般的凡夫。

在古代修道是需要學習很多的知識，才能夠得到常識與智慧，沒有透過教育來學習知識，是無法得到常識與智慧，以前的教育並不普及，要修道、修為是很不簡單的，到了春秋時期因為有孔子周遊列國倡導教育的思想，才讓教育普及化、知識能夠傳播，所以孔子是中國史上教育的先驅，成為我們的「至聖先師」。現在的教育已經非常的普及，學習並無阻礙，而且知識是迅速地傳播也很豐富，各位一定要把握這麼好的學習環境，學習知識再與常識結合成為自己的智慧，「常識」則是永恆不變的道理。

永恆不變的道理則需要靠「師」傳授，「師者，傳道、授業、解惑也」，「傳道」需要靠「明師」傳授，「道」即是常識，而「解惑」亦是知識，知識要與常識結合才能夠傳道，所以教育能普及、知識的傳播對修道而言是很重要的。

勇於敢則殺。

「勇」是指「凡夫」，代表沒有修道的人，也是無謀略的意思；不知道修為的人只能順勢成人，並且不斷地輪迴，凡夫沒有接受知識與常識的教育而產生智慧，也不了解上天及聖人的德性，只知道在生活上勇往直前，對於修道是越離越遠，而且容易氣盛造成有勇無謀，凡事皆是用人性來考量，以本身的利益為出發點，先用人性評估自身的利益，把「道德」擺於後面，有修為的人則是以道德觀為前提，自身利益擺於後面，兩者的出發點不同。

勇於不敢則活。

形而上與形而下要結合在一起，即是我們的氣要與自性結合，亦是我們的性命，「勇於敢則殺」代表後天的命，「勇於不敢則活」則是代表自性，形而上的性為慈悲，兩者要合一屬於中庸，如果沒有命的話，性在也沒有用，也就是說要用我們的後天之體修回我們的先天之性，「勇於敢則殺」與「勇於不敢則活」要中和，過之或不及都不好，這兩種一定要懂得拿捏。

「勇於不敢則活」另一個的解釋是有些已經頓悟的成道者，有了一定的修持程度時，便不想留在人世間，因此會藉由事故來結束自己的生命，趁早脫離肉體讓自性回歸，這是所謂的「禪脫」，以現在而言則是「自殺」，這是非常不好的事，以前很多的成道者會有這樣的做法，但是老師不鼓勵這樣的事情，身體髮膚受之於父母，不敢毀之，我們修道是為了能夠返老還童、延年益壽，把我們的身體照顧好，利用自己的後天之返回先天去，這才是我們要走的路。

此兩者。或利或害。天下所惡。

不知道修道好的人，只懂得埋頭苦幹於生活中，而知道修道好的人卻不努力修持，只是知道而已，知道修道一定要力行修持，但是不要衝過頭，也不要什麼都不做，修道過之與不及都不好，你要明白自己所做的事情，要知道自己要做什麼事，所做之事要合乎於中道。

不懂得讓自己能夠延年益壽或是已成道者、未成道者將自己的生命結束掉，這樣也是不好。

孰知其故。是以聖人。猶難之矣。

在古代能夠稱為聖人，是因為聖人的德性好，大家公認他的言行舉止合乎於當代的德性與眾人的要求，所以稱有德者為「聖人」，但是聖人的修為是屬於人世間的修為，也只是在修持人道而已，要將「人道」成為「聖道」是很難的事，因為有德無道、有道無德都不行，道與德是要並行的，缺一不可，即是所謂的「道德」，這是聖人難成道的原由，但是我們學習聖人的德性，要像聖人佈德於人世間，我們將天的德性、道的德性告訴眾生。

天之道。

天上有紫微垣、太微垣、天市垣、二十八星宿、五行、日月等所有星宿，這是在天上所有的佈局，亦是所謂的「天之道」。

天是永遠存在，天並不會因為你而出生、因為你而滅亡，祂是永恆不變的，我們無法改變天的運作，也無法勝天。

不爭而善勝。

「不爭而善勝」是靜的意思；散而為氣，聚而凝神，聚氣凝神是需要靠靜的功夫，靜也可以修復身體的細胞，讓人能夠延壽、長生不老。「不爭而善勝」的意思是當你靜的時候，自然界的能量與宇宙的能量，則會自然地往你的身上聚集，你並不需要也不要爭取它，一旦起了爭取的意念，你的氣就已經濁了，便不能再使用，所以你要處於無念的狀態，外在的「炁」自然就會來，再將它導入於中宮，進入於規中，這是很自然的「無為而為」。如果你想盡辦法要爭取能量或是想要掌握住能量，那則會走入旁門左道之中，你與天地同在時，不用爭自然就會有了。

不言而自應。

靜的時候，要將口閉上，因為話說太多時，精氣神便會渙散而無法凝聚，「非禮勿言」古人說的言之有理，人的上品丹藥則是「精氣神」，即是佛教所說的「三昧真火」，「精氣神」對我們而言是很重要，所以我們要守口如瓶，一定要切記「散而為氣，聚而凝神」。不管你是好人或是壞人、還是凡夫、修道者，上天的能量通通都會給予，只要你能夠善用。

不召而自來。

「不召而自來」則是在講「自然成丹」；一旦靜下來時，要把我們的口守住，不要讓氣渙散出去，再用我們的精氣神與天地氣息互相配合，天地氣息不用招喚它，也不要有爭取的意念，自然就會來配合我們的精氣神，然後自然就能結成丹。

繟然而善謀。

你不要過於寂靜或是不敢去做，躁靜的話就不好，因為躁靜會由不爭變成爭，那所爭的結果也是一點點而已，天地有多大的功能你並不知道，一旦去爭取，便會缺少判斷的智慧，開始想東想西爭取你所要的，人性就產生了，人性即是魔性，那你就會墮入了魔道，因而走入旁門左道而無法自拔，浪費了自己的人生時間，我們皆是在自然之中，不需要去爭，只要有好的修持方法，就能夠與天地精神相往來，達到延年益壽並且能夠得到無上等的智慧，但是當你想盡辦法、用盡心機時，最後還是難以成道的。

天網恢恢。疏而不失。

「天網」則是天以下、地以上，我們頭頂著天則是形而上，形而上的性比較不容易衝動，性是慈悲的，當形而上轉為形而下的生命時，人性就產生了，這時候命會比較容易衝動。

易經的乾代表著天為陽，坤代表著地為陰，當乾的那一點真精落於坤之中，因而形成了日月及人，開始進入形而下的世界，日為離卦（☲）屬於火、月為坎卦（☵）屬於水，坎中的真陽是來自於乾卦，離卦這一點真陰來自於坤卦。我們要由後天逆回去先天則要抽坎添離，將坎的真精抽去添離便能夠返回於乾坤，離卦坎卦剛好是返回乾坤，由後天要返回先天則是所謂的「天網」。

易經八卦是鋪天蓋地，什麼都含蓋於內而且所有的情況都會發生，因為它是一個卦象，任由你怎樣去解釋它。「順勢成人、逆者成仙」各位一定要了解，逆者成仙則是自性返回到本位，順勢成人就是永遠在人世間輪迴，老師希望各位到這一世就終止住，要逆回去來處，人生是苦海，回頭是岸，回頭則是「逆」，如果順勢而走便會永遠沉淪於苦海之中，但是自性要返回去需要有功夫、還要有明師的指引，不然的話，在不懂得修道的情況下，不知道要如何分辨正道與旁門左道，好壞不會挑選，那最終還是成為凡夫俗子，上天對眾生皆是公平，只要你能夠謀略有方法，便能夠善用祂。

司殺章第七十四

民常不畏死．奈何以死懼之．若使人常畏死．而為奇者．吾得執而殺之．孰敢．常有司殺者殺．夫代司殺者．是謂代大匠斲．夫代大匠斲者．希有不傷其手矣．

民常不畏死。奈何以死懼之。

因為不知道什麼是死，所以覺得死沒有什麼好怕的，一般的人民不懂得珍惜生命，因為「命」是由一代一代傳承下來的，以前的農業時代是日出而作、日落而息，遵循著天理與道理，一代傳一代，在帝制時代，百姓是靠著土地努力做事而生活，為了三餐溫飽、為了要繳稅給國家而忙碌，百姓如同寄生蟲般寄生在土地上，沒有一天是為自己而活，也沒有自我，因為在天子腳下，土地與百姓的生命都是屬於皇帝，富貴貧窮皆是世襲，一代傳一代，百姓代代都是要繳稅、靠天吃飯，對於「死」並不認為有什麼，所以不畏死。

以個人而言，死一次則代表輪迴一次，怎麼會怕，台語講「死亡」則是「過身」的意思，這一個身體滅亡了，再換另一個身體來用，而佛教講「死亡」是往生極樂世界，道家則說「超渡」，死了就超渡，超渡是移位、換地方的意思，但是以上的說法還是永遠無法超生了死，所以我們要超生了死、要延年益壽，我們要用有限的生命與時間做無限的事情，不要被一代傳一代的觀念綁住了，因為看了人的出生與死亡的過程，認為人的生老病死是很平常之事，有了這樣的想法，就會不畏死了。

若使人常畏死。而為奇者。

「奇者」代表「明師」；奇者講「道」、講「理」給你聽、指引你，告訴你要用有限的生命來修為，要藉著天地的力量來天人合一，讓自己延年益壽，但是你卻說延長歲數還是要耕作，依然是在天子腳下，自身的生命與財產全部掌握於皇帝的手中，你無法主導自己的生活，因而錯失成為奇者的機會，自己能夠自主、爭脫自我的受限則是「奇者」，因為與眾不同，不為了填飽肚子、延續下一代而做，而是為了自己性命與自性而做，成為「奇者」之後要來教導眾生延年益壽、長命百歲、教導眾生在有限的生命當中修持道。

但是在當時如果是一位奇者會被認為是異教之徒，因為與眾不同就會變成異教之徒。老子西出函谷關總共收納了九十多支的旁門左道，同時也降伏了九十個小國，老子是到西域去顯化，所以常常會有一些奇蹟出現。

吾得執之而殺之。孰敢。常有司殺者殺。

「執」是拿住、握住的意思；即便你遇到了明師，你還是不會改變，因為不畏死的觀念太根深蒂固了，所以在修道方面，我們一定要突破生長的環境，不要沉淪於一代傳一代的傳承中，在民智不開的時代，如果想突破的話，就必須要有一番的功夫，但是在開明的現在就不用了，在現在的家庭中各自有各自的信仰，所以修道一定要下功夫，也不要沉淪於目前的狀況。

修道者有修持的功夫，但是沒有德性及內斂功夫的話，所修持的道會如同一把利器，就像是劊子手的刀，這一把刀有一體兩面的意思，第一、是自己私自用道來殺人，第二、則是替天行道，但是不管是私心或是替天行道，都已經傷到人了，劊子手雖然是替國家執法，刀下人頭落，但是這個人的生命本身到底是對是錯？不知道，有沒有冤死也不知道，劊子手可以為民除害，但是也可以造成人的傷害，所以修道者沒有德性，無法明察秋毫時，就會如同劊子手一樣，拿著道來殺人，這樣就不行了，修道者本身一定要清明，清者上升到腦部，就會開始清明有智慧，如果你是一個有勇無謀的莽夫，讓心氣上升到腦部便會不清明，則會做出很多不好的決定，如果你是一個優柔寡斷的人，也會失去修道時機，利與害你要能夠分辨並且掌握。

我們修道要修到天一生水，「一」是奇數為陽數，第二成之，「二」是偶數為陰數，我們一定要陰陽協調，陰陽協調即是我們的心與腎要協調，心屬火，腎屬水，陰陽要協調則是要水在火的上面，火候能讓水煮沸產生水蒸氣，清淨的水蒸氣會往上到腦部，水蒸氣會使我們的腦部變清明，所以水火要既濟便能夠性命全，「金水相濟性命全」，金代表自性，水火既濟代表後天的生命開始進入修道，這只是修道的第一步而已，所以我們本身的水火一定要既濟，腦部自然就會清明，對於事情就有智慧分辨與判斷，不會因為事情起了煩心，讓心火升起，而用人的心態處理事情。

夫代司殺者。是謂大匠斲。夫代大匠斲者。

「大匠斲」是拿斧頭的意思；修道者本身要劈荊斬棘，但是拿斧頭劈砍時，不能隨便亂砍，因為會傷人也會傷己。

修道者要抓準火候的功夫，如果沒有抓準火候很容易進入旁門左道，當你遇到旁門左道的時候，你要能劈荊斬棘，但是這樣可能會傷到自己也會傷到別人，所以修道要懂得火候拿捏的功夫，該是我們的東西就收起來，不要的或是旁支就去除掉，有修道的功夫才能夠開荊闢棘。

出生後等死亡的觀念是深根蒂固的，而且是一代傳一代，我們這一代如果要反抗上一代的觀念，則要有明智的智慧，要掌握我們現有生命的能量，也要懂得修持能量的功夫，讓我們能延年益壽，民常不畏死，上一代傳承下來是不變的，當你要有所改變時，一定要有奇者的幫助與引導。

希有不傷其手矣。

「希有不傷其手矣」是利害關係的意思；我們要用命來修持性，將自己的自性回歸於本位，但是要有開荊闢棘的功夫。

貴生章第七十五

民之飢．以其上食稅之多．是以飢．民之難治．以其上之有為．是以難治．民之輕死．以其求生之厚．是以輕死．夫唯無以生為者．是賢於貴生．

「陽逆陰順」，為什麼是陽逆？為什麼是陰順？大家都搞不懂，在中國古代有所謂的「文房四寶」，即是筆、紙、硯台、墨四寶，這四寶從以前流傳到現在，因為寫字都會使用到，在寫字磨墨時是逆時鐘磨的，如同宇宙天體是逆著運轉，即是所謂的「陽逆」，在磨墨的時候，我們的精神意志會注入於墨水當中，而毛筆是一個媒介，心神所想的則會虛者要實之、實者要虛之而且要合乎於天道，再由文字傳達出來，這個稱為「佈局」，寫字一定要佈局，一筆一劃寫出來而且要合乎於天道，也稱為「御政」，磨墨逆著磨也是合乎於道、合乎於自然。

民之飢。以其上食稅之多。

君王沒有合乎於天道的話，君王則會無道，無道治理國家時，就會對百姓課重稅，那百姓的收成全部都用來繳稅了，本身就無法有多餘的糧食可用，人民的三餐因重稅而無法溫飽，生活會變得困苦，民生就不樂利，便無法發展其他民生讓社會變繁榮，所以一定要用上天的自然之道落實於大地，君王要合乎天道而運作，民生則能夠安樂，如果不合乎於天道，那民就容易飢餓。

是以飢　民之難治。

如果百姓飢餓沒有飯吃，就容易出現五陰的欲望，因而產生很多的社會問題，社會問題多的話則難治理，社會也因此無法安定下來，只因為君王沒有合乎於道，沒有以百姓為重所導致的。

以其上之有為。是以難治。

以上面所講的是領導者沒有合乎於道的作為，那社會當然不能安定，因為無法把社會、民生治理好，造成犯罪多，社會當然沒辦法安定下來。

民之輕死。以其求生之厚。是以輕死。

因為領導者領導無方，沒辦法讓民生樂利，造成生存環境變得惡劣，讓人民無法生活下去，人民就會有想要脫離這不好環境的念頭，因此會有輕生的念頭產生，甚至沒辦法休養生息、開枝散葉，就像現在的社會景氣不好，很多人不想生養小孩子，這樣就可以少一點花費，所以君王在領導國家的時候，一定要讓人民安定樂利，事業有成，家庭平安，全家溫飽，這樣才能夠養息，那國家的人口就會眾多，人口多國家則會富有，因為人多稅收就多，國家稅收多才能有建設來利民。

夫唯無以生為者。是賢貴於生。

修道者本身要淡泊一切的名利與物欲，在不好的環境當中，才能夠顯現出他的才華。以上是經文解說的第一遍，現在再來解說經文的弦外之音。

民之飢。以其上食稅之多。

「民」是指我們這些眾生，一般的眾生平常只注重形而下的功夫，即是重視眼前的一切，以民生之利為主，只在乎金錢、事業，順勢成人，為了生活、家庭以及自己的一切而忙忙碌碌。

是以飢。民之難治。以其上之有為。是以難治。

因為只重視三餐溫飽以及照顧家庭，卻忘記了還有修持這一個方面，就如同我們告訴別人要修道、修持，可是別人的回應總是說「我又沒有做壞事，我只要家庭顧好就好，我為什麼要修道」，重點就是在這裡，你只想要順勢過自己的生活就好，但是過好生活的同時「五蘊」、「七情六欲」也會順勢產生，那你自己本身就難治了，所以我們要去除七情六欲，去除掉所謂的「情」，利用「情」返回金性，形而下的一切都屬於情的部份，如果沉淪於情的世界，沒辦法返回本位的話，就很難治了。

民之輕死。以其求生之厚。是以輕死。

「輕死」則是從出生到死都沒有作為，只是忙忙碌碌過一生，為了自己、三餐、家人以及延續傳承，也為了追求金玉滿堂而忙碌，結果來了這一世卻沒有任何作為，一輩子就在忙碌追求中度過，到頭來卻是一場空。

眾生對自己的生命與未來沒有遠見，因為民智不開，所以對於自己的生死與另外一層生死無法體悟，以前的社會注重於民生方面，眾生會把修道或是宗教當成一種低俗的事，認為修道人、出家人對社會是沒有貢獻的，把修道的層次看得很低，因而鄙視無生產力的修道者，反觀外國人則是把宗教當作很神聖的事。

現在的社會已經是一個宗教多元化的時代，但是對於「物質」還是非常重視，眾生非得要等到錢賺夠了或是事業有成之後，才會想到要修道學道，一般眾生皆會有這種觀念。

「求生之厚」的意思是對自己很好，過著富裕又奢華的生活，享受著名利與過多的欲望；基本的生活條件是一定要的，適度的欲望是要有的，這是我們生活的原動力，但是有過多的欲望或是過度追求名利，往往會忘了還有自性層面的修持，所以當你的物資豐足、生活豐富的時候，也是要趁年輕時趕快修道，讓自己能夠延年益壽。

夫唯無以生為者。

我們要利用有限的時間及空間好好修持，能夠因修持而去病延年益壽、返回本位去，才是不枉此生，因此我們現在要趕快中止忙碌的生活，從忙碌的生活當中達到延年益壽，然後逆者成仙、隨喜返回，人生只不過短短百年而已，要利用這百年的時間趕快修持，不要等到有空再來修道，那已經為時已晚了，修道要趁年輕，因為年輕時的精氣神最旺盛，到了更年期時精氣神已經衰弱了，這個時候修道就已經不是在修道了，而是「養生」，把自己的生命養回到年輕的時候，但是這需要用兩倍的力量，才能夠返回到少年氣旺的時候，所以修道一定要趁精氣神旺盛之時，不要等到退休有空，真的是為時已晚，因為「精氣神」是我們的上品之藥，如果好好修持的話，便能夠聚氣凝神，產生另外一個你，並且把氣納入中宮，進入規中，再與精氣神配合便會自然成丹，能夠讓我們去病延年、身體健康，這是對我們最好的一個方式。

如果沒有走上修持的路，那便會再次輪迴成為靈魂，這一次修不成，下一次還會再來，但是下一次並不見得能夠成為「人」，此生人身難得，為了家庭、事業打拼的同時也要修道，生活與修道要並行。

「無」是沒有、空的意思，空中並不空而是有「妙有」存在的，修道者知道人的自性是從「無」的境界而來，而且知道要將自性返回去無的境界，所以我們要將自身的靈性修回去，不要再輪迴成為人了。

是賢於貴生。

「賢」是指知書達禮的人；賢能者知道如何運用每一個時刻、每一天，什麼時候該做什麼事，賢能者知道，在於生活與自性的修持能夠兩得並且兼顧。

以前生活比較富足或是富有的人才能夠上私塾念書，貧窮的百姓三餐無法溫飽，為了生存、為了稅收必須要工作，根本沒有時間也沒有錢可以讀書，所以古代的賢者大部分是出於生活富裕的環境，而現在的社會生活也比較富足，教育也普及化，知識的水準比較高，大家都是賢者，現在的環境對我們而言則是貴生，所以我們要掌握及利用現在的生活環境來修持，合乎於天道、陽逆而陰順，我們要逆回去。

柔弱章第七十六

人之生也柔弱．其死也堅強．
萬物草木之生也柔脆．其死也枯槁．
故堅強者死之徒．柔弱者生之徒．
是以兵強則不勝．木強則拱．堅強居下．柔弱居上．

人之生也柔弱。其死也堅強。

人是動物，有精氣神、有體溫，因此活著的時候身體是柔軟的，人死亡之後，沒有了精氣神及靈魂，身體就會變僵硬。我們的身體會柔軟是因為有自性，二五成形、三五成性才成為一個人，「二五」是五金五水合起來成為「十」，五金五水合稱為「合十」，然後再歸於中宮、規中合起來為「十五」，金是屬於肺屬氣，肝是藏血的地方屬於木，金木代表人的「氣血」，靈性附於我們的肉體上，才能將氣血運作到我們的全身，氣血對人而言是非常重要的，「還虛五行合七政」，我們的內五行要配合外五行的運作，也就是我們人體的小周天要配合宇宙大周天，所謂的小周天亦是五金五水合於十，再歸於土，土為「五」數，合起來為十五，月亮運行的行度為一個月三十天，上半月為朔屬於陽，下半月為望屬於陰，「朔望」合起來即是「陰陽」，一天當中也有陰陽，中午十二點剛好是陰陽分判之時，陽極而陰生，中午十二點到晚上十二點是屬陰，這是下半天，晚上十二點到中午十二點是屬陽，這段時間是屬於上半天。人會柔弱是因為有自性推動氣血運作身體的器官，這是人的神氣。

萬物草木之生也柔脆。其死也枯槁。

樹木活著的時候，也是柔弱的，不容易折斷，樹木死亡後也會變僵硬，很容易折斷，因為僵硬後就變脆弱了，這兩段經文是要告訴我們「自性」是非常重要的，人能活著是因為自性的存在，這是人的原動力，沒有原動力人便會死亡，身體會僵硬而毀壞。

故堅強者死之徒。

這是陽極而陰生、陰極而陽生的道理，如果我們沒有合乎於道，我們的小周天沒有合乎於天的運作，就無法拿到天的能量讓自己延年益壽，那便會很快早早離去變成「堅強者」，因為人死後就會變僵硬。

小周天是以月亮的行度為主，月亮運行地球一周剛好是三十天，上半個月是朔為陽，下半個月是望為陰，一天當中上半天為陽，下半天為陰，在陰陽當中我們的小周天要合乎於大周天的運作，宇宙大周天有春夏秋冬四時的運作，四時即是老陰、老陽、少陰、少陽，在四時的運作之中有二十四節氣的產生，而人的脊椎有二十四節、神經有十二對共二十四條神經，剛好對應了二十四節氣，二十四節氣是天地能量的呼吸，小周天是月亮繞著地球跑，大周天是地球繞著太陽走，中國的曆法是陽曆與陰曆共用，所以人的體內要對應外在，而外在也要呼應人的體內，裡外要互相呼應。

柔弱者生之徒。

人活著則是「柔弱」，所以我們現在就是柔弱者，因為我們都活著而且行動自如，但是當我們從渾沌階段進入到形而下哇哇落地有生命的開始，就已經在消耗自己本身的生命，出生便是輪迴，人一出生就是在消耗生命，母體懷胎的時候是所謂的「胎息」，這個時候是在渾沌的境界，人是經過渾沌之後變濁了，當臍帶剪斷時，關於前世的一切全都忘記了。

自性進到我們肉體的時候，肉體則會變成柔弱，柔弱者生之徒，開始進入到形而下的世界，形而上與形而下的分判是在七歲、八歲的階段，在這個階段之前泥丸宮的天靈蓋還沒有硬，所以七歲、八歲以前是屬於形而上，這時候童言童語是最純真的時候，當頭蓋骨變硬了，與先天對應的門就會關起來了，便是往形而下走，進入學齡階段開始學習形而下的知識。

人遇到不高興的事情，馬上心火就冒起來了，怒氣往腦部衝，則會做出很多後悔的判斷，人生氣時則會用形而下的人性做判斷，所以當遇到不順心時，要將怒氣往下拉，讓心火在水的下方，如同煮開水一樣，下面是火，上面是水，中間是鍋子，鍋子就是一個媒介，火在下水在上便能夠水火相濟，陰陽就能夠調和了。

是以兵強則不勝。

人會仗著現在年輕氣盛，在身體細胞與五臟六腑都很健康的情況下，不會想到要修道，也不會想要延年益壽。「兵」代表人體的細胞，「不勝」則是不知道自己在消耗生命，所以不會為了自己的以後做打算，也不會安排以後的事。

木強則拱。

「木」代表氣血，樹木是靠氣及水路在運作的，這是屬於樹木的「氣血」，樹木是天生地養，吸取天的能量與地的養份，能量與養份是靠樹皮下的水路運送，雖然樹木是靜靜佇立著，但是樹木的內部卻是動得很厲害，因為有氣血在跑，老師之前常講，靜下來便能夠修復我們的細胞及恢復體力，最好的休養就是「睡覺」，白天工作奔波勞碌，陽極而陰生，到了晚上疲憊的時候，身體停下來進入睡眠，則是在修復細胞，這是陰極了陽生，第二天的精氣神就會很好，然後繼續工作，這是一般眾生恢復體力的方式，但是我們要像樹木一樣天生地養，吸取天地的能量來補充。

樹木靜靜佇立著那裡，可是內部是動不停的，因為氣拉著水路跑來供給養份，這樣樹木才能成長變大，也因此可以存活百年、千年成為神木，所以我們也要像樹木一樣靜靜地，我們的身體也有氣血，也是要靠血氣的運作才能夠長生，而且靜能聚氣凝神，產生另外一個你，但是當我們靜下來時，內部也是動得厲害，因為我們有意念、念頭、血氣在跑，而樹木是沒有意念，只有水氣在跑。

堅強居下。

「堅強」是指一般的眾生，一般的眾生有了精氣神，就不會想到要修道學道，不懂得修持讓自己延年益壽，如同神木般可以存活百年以上，堅強者就像長得好的樹木，高又直，結果被砍去做棟樑，無法成為神木。

柔弱居上。

讓人看不上眼的樹木，不會被砍去當作棟樑，自然就會變成了神木，雖然讓人看不上眼，如同一個柔弱者，但是沒關係，這代表著我們修道者要有內涵，不要跟人逞強，不能因為已經得到了道法，就逞強與人鬥法，堅強者居下，強中自有強中手，所以修道者要柔弱、謙虛。修道者要如同稻穗飽滿時垂下，要內斂的功夫、往內恭謙，要顯現出自身的德性，不要血氣方剛，也不喜好對外展現才能，要柔弱者居上，要像草的柔弱，風一吹就倒下，也要像樹木的靜，因為靜能修復細胞，也能夠攝取能量及養份，而且會有好的精氣神。

我們精氣神好的時候，代表身體是很健康，但是色受想行識的欲望也會隨之而來，七情六欲就會產生，這些一定要去除，不然便會無止境的追求著欲望，因此無法回頭，所以我們要像木性一樣，靜靜矗在那裡，天生地養，攝取一切的養份來延年益壽，我們的氣血是非常重要的，當靜的時候，要無念不要妄念，因為妄念多會讓氣血亂跑，五行則變成相剋而傷身，我們的小周天就無法應付於大周天，體內的陰陽會錯亂不協調，妄念少，氣血的運作才能夠順暢。

但是在氣血順暢時，我們要保持氣血的平穩，不要成為堅強者，堅強者居下，因為細胞開始活絡，身體則會變強壯，那思想、妄念又會變多了，這樣就無法再靜下來，所以我們一定要保持「靜」，氣血才能夠平穩，甚至能夠平息，平息是指鼻子幾乎沒有在呼吸了，許久才會呼吸一下，沒有妄念時氣血才會平穩，但是開始有妄念，氣血就不平穩，永遠都是一個堅強者，意念多、欲念多，就會想東想西，一定靜不下來，這表示當下要進入境界的功夫還不夠，人的血氣與神氣皆要很平穩，不要產生妄念，妄念一升，道也修不成，人也做不成，什麼都成不了。

人的五臟六腑是很重要的，各有各的功能與屬性，肺臟就像泵浦有抽水的功能，氣在抽拉時同時也帶動著血液的循環，把血液中的養份送到全身，氣血才能循環，身體的氣血一定要通暢，這樣養份才能夠供給到所有器官，腎臟是屬於水，心是屬於火，水火也要相濟、平穩，因為衝動會讓心火衝上腦部，因此就無法有智慧分辨事情，自律神經也會失調，內臟的五行相剋時傷到我們的身體，所以我們內五行要合乎天上的五行，要還虛五行合七政，這樣才能夠相生不相剋，氣血也會暢通歸於中宮，精氣神則與外在能量結合成丹，讓我們能夠延年益壽。

我們的頭頂以上是屬於陽氣為形而上，鼻子呼吸不是陽氣，而人體內部的氣是屬陰，我們要拿陽氣來中和我們的陰氣，讓身體能夠陰陽平衡，吸取頭頂以上的陽氣稱為「伏食」，把陽氣伏食入體內再結合我們的精氣神，便會自然結丹，老師已經是一粒金丹入腹，命由我不由天，在道家稱為「真人」，在佛家則稱為「佛」。

天道章第七十七

天之道．其猶張弓乎．高者抑之．下者舉之．有餘者損之．不足者與之．天之道．損有餘．而補不足．人之道．則不然．損不足．以奉有餘．孰能以有餘奉天下．唯有道者．是以聖人．為而不恃．功成而不處．不欲見賢．

天之道。其猶張弓乎。

「天之道」是指天的道，也就是自然的現象；天上有太陽、月亮，太陽是放射能量，月亮是反射能量，地球是呼吸能量，人是調節能量，有這四種關係，天地人三才，以人最為尊貴。

「其猶張弓乎」是指月亮的上弦月與下弦月像射箭的彎弓一樣，上弦月出現於農曆的初七、初八，下弦月則是農曆的二十二日、二十三日，月亮在農曆二十七日、二十八日是落於北方，農曆初八上弦月則是出於西南方，代表坤卦為正卦，現在所處的後天世界是從西南方開始形成運作，是初八的時候。

五天為一候，二十八到初二為一候，這時候稱為「晦」，「晦」代表不光明，此時是沒有月光的時候，因為月亮是在於太陽與地球之間，月亮無法反射太陽光，所以看不見月亮，二十八到初二這五天是天地陰陽交媾之時，陰陽交媾之後落於「坤」，後天八卦的坤卦是在西南方，西方是兌卦，西北方是乾卦。

陰極而陽生，由坤卦之後開始一陽生，如同二十四節氣的立冬之後是冬至，十月是立冬，十一月是冬至，冬至一陽生，這是大周天的運作，為太陽的行度；而月亮的行度產生了晦、朔、望的現象則是小周天。

小周天落於西南方好像張弓（彎弓）一樣，這是一陽生的時候，即是「一陽初動時」，初一到十五上半月屬於陽，到了十五日滿月時為盈，再由盈開始轉為虧，到了二十二、二十三就變成了下弦月，初一到十五上半個月是朔，十六到二十九下半個月是望，朔與望成為一個滿，成為盈月。

高者抑之。下者舉之。

指的是上弦跟下弦的圓滿，剛好是一個月。

有餘者損之。

月亮是反射能量，月亮的月圓月缺，五天為一候，我們要吸收這些能量進入體內，吸收了這些能量，不要囤積在體內，因為囤積久會出毛病的，像有些人會把能量囤積在下丹田，如果是男性的話，攝護腺就會出問題，如果是女性的話，子宮卵巢就會有問題，這就是有餘者損之的意思，所以能量不要囤積，要讓它自然流動，不要讓能量塞住。

不足者與之。

本身能量不足的人，要去吸納能量、感受能量，這是自然之氣，很自然的東西，要讓我們的身體還虛五行合七政，與天地精神相往來，我們的身體不要有阻塞，要保持暢通，就像水管沒有阻塞時，水能夠順暢地流動，如果水管塞住了，水便會無法流通，所以身體要儘量保持暢通不要有污垢，污垢卡久也會出問題，身體上有不好的東西則要清理掉，讓好的能量自由進出體內，不要囤積能量。

天之道。損有餘。而補不足。

如果有意念特別想要把天地的能量占為己有的話，那是沒有辦法的，執意要占有天的炁則會有損失，也會因而走到旁門左道去，肚子一直裝滿氣與能量是沒有用的，就像已經吃飽還要一直硬撐，這樣會出問題，餓了就補充食物，吃飽了就停止，能量不足就要補充，足夠了就放掉，保持暢通，才不會囤積於身體中產生了毒素，而無法排除掉。

上天給予的能量，我們只是借用，不要想要擁有它，我們也無法擁有它，如果要擁有它，則會損害到身體，對我們的身體並沒有好處的，也無法延年益壽，而且還會走入旁門走道去，這是損之又損的事。

人之道。則不然。損不足。以奉有餘。

這段經文是在講功夫的功德，如果可以配天合地，攝取小周天、大周天的能量，這就是修行的功夫與道行，有了修行的功夫就可以去幫助別人，讓別人也能修道及明心見性。

孰能以有餘奉天下。唯有道者。

修道者可以教導眾生與天地同在的方法，但不能用所學的功夫醫治眾生的身體，不能有行醫的方式，修道者自身的「有餘」並沒有比天的「有餘」大。所以我們要讓人了解道及明白事理，渡化他人一起修持與天地同在的方法，教導他人走正確的路以及學習正確的功夫，將他人導入正道之中，這是我們能夠做的事，我們知道杳兮冥兮其中有精，知道陰陽交媾會產生精華，知道要攝取天地的精華，而且隨時隨地能保持與天地精華相往來的暢通，我們要將這些攝取精華的功夫分享給眾生，並不能將自己的功夫用於他人身上，如果將自己的修行功夫用於他人身上，不但幫助不了他人，同時也會損害到自己，孰能以有餘奉天下，唯有道者，只有天地的自然之道才能夠給予眾生及幫助眾生。

是以聖人。為而不恃。

聖人明白事理，知道是非，也上知天文、下知地理，但是聖人只是知道而已，卻不知道要攝取天地之間的能量，聖人是一個有德者，他只知道行人世的德性，他不會藏私，會將自己的德性佈德出去。

功成而不處。不欲見賢。

當你功成身退時，要教導眾生入正道，要教導眾生與天地同在的功夫，當眾生成功的時候，你本身並不會居功。

「見賢」的意思是功成身退後進入祠廟讓後世的人供奉，就像神器形像入廟被人供奉一樣。

水德章第七十八

天下柔弱．莫過乎水．而攻堅強者．莫之能勝．其無以易之．故柔勝剛．弱勝強．天下莫不知．天下莫能行．故聖人云．受國之垢．是謂社稷主．受國不祥．是謂天下王．正言若反．

天下柔弱。莫過乎水。

水在天成為雲則為陽，在地為水為陰，水屬性是屬於陰，地球最早是由水氣開始形成的，經過幾十億萬年，才形成現在的山川海，有三分的陸地及七分的海洋，我們的身體也是有百分之七十的水份，水無所不在也是最柔弱的，萬物都需要水，萬物沒有水是無法生存的，修道者更是需要水，那就是所謂的「瓊漿玉液」，可以讓修道者自結丹，這也是跟水有關係。

而功堅強者。莫之能勝。

我們的荷爾蒙也需要水，血液中也有水，我們的腎臟與肝臟都是處理水，肝臟處理的水則是氣血，氣血對我們而言是非常的重要。修道者要有所修為，一定要知道水的用處，水跟修道是息息相關的，因為修道者所要修的就是「瓊漿玉液」、「九轉還魂丹」，我們打坐修練為的就是要有「瓊漿玉液」，讓瓊漿玉液能夠充滿我們的華池，華池則是舌頭往上頂時所空出來的地方，即是下顎之處，「玉液」則是松果體所分泌下來的荷爾蒙，亦是「唾液」，華池如果能盛滿玉液，再結合我們的精氣神，便能夠自然會結成丹，但是各位現在還不懂得如何讓「玉液」降流到華池，像老師已經成道了，「瓊漿玉液」隨時都會降下來，而且很甘甜，有些還會有檀香味，修道者為得就是這個「瓊漿玉液」，再配合精氣神自結丹，則是人生一大樂事。「攻堅強者」是指我們的身體。

其無以易之。

「易」是指易經，「易」即是陰陽，亦是自然的意思，我們要拿自然的能量配合我們身上的瓊漿玉液，製成上品丹藥，其實上品的丹藥都是在自己身上，不需要向外求，水火相濟性命全，心臟屬火、腎臟屬水，心腎要互相平衡，水火一定要相濟，心火旺盛時，腦火也會旺，然後就開始胡思亂想或是做出錯誤的判斷，腎水變多，腳則會出現水腫的現象，所以如果腳有水腫現象，有可能是心臟或是腎臟產生了問題，因為心腎不平衡造成水火不相濟，水火能夠既濟是很重要的，因此腎臟的左性右命要往上提升，讓心火在下面，中間隔著丹田，丹田即是丹爐，用溫火煮水產生水蒸氣，水蒸氣會往上升到腦部，再降到間腦的腦下垂體（松果體），松果體自然就會分泌「瓊漿玉液」到華池，再結合我們的精氣神，所以心性的修持是非常重要，這樣才能夠水火相濟，同時也要利用大自然的能量來催動我們。

故柔勝剛。弱勝強。

水是最柔的，如果用意志力強行攝取則是屬於旁門左道，「我要學什麼、我要用什麼樣的方式、用什麼樣的方法」，這些都是不對的，因為要合乎於自然，「剛」、「強」是指旁門左道。

天下莫不知。天下莫能行。

在天以下卻不知道運用自然，而用剛強處理的話，便是走入了旁門左道，不了解天文地理、不了解自然界的一切，那就不知道「行」。

故聖人云。受國之垢。是謂社稷主。

身為一國之君，在施政過程中遇到了有阻礙或是有垢病，能夠把問題找出來解決並且改進，則是英明的君主，那天下的眾生就有福了。

我們修道也要如此，當我們身體某些地方不能與天地相往來時，要運用自性的智慧找出垢病，讓身體與天地精神保持暢通，那身體上的細胞就能夠新陳代謝、生生不息了。

受國不祥。是謂天下王。正言若反。

「王」等於「亡」，是同音，「不祥」是不吉利、非祥物的意思；如果國君並非是一位明君的話，則會讓國家早亡，百姓也因此家破人亡；眾生沒有修持修道、就無法與天地精神相往來，也沒有辦法延年益壽，身體便會早早滅亡變成靈魂再次的輪迴，沒有修持的人自性會變成靈魂再次輪迴，並且無法成為自性回歸於本位。

「正言若反」是指正卦的相反卦為負卦，有陰就有陽，要考慮陰陽平衡，凡事都是一體兩面，要有平衡之道，正反兩面都要考慮到。

左契章第七十九

和大怨．必有餘怨．安可以為善．是以聖人．執左契．而不責於人．故有德司契．無德司徹．天道無親．常與善人．

和大怨。必有餘怨。

人生來就是不平等，雖然有與神相同的自性，但是卻無法像神一樣可以在任何境界逍遙自在，反而要受到肉體的限制與牽制，在生活當中有許多的不如意，因而產生好多的怨氣，身為人有這麼多的不平等，便開始怨天尤人，「既來之則安之」，既然我們已經來到了這個世間，就要將心安定下來，讓心安於環境中的一切，其實上天是公平的，給予萬物是相同的時間與能量，並沒有分別心，雖然都是眾生，只是是不一樣的眾生而已，自性是眾生，肉體也是眾生，所以我們不要去羨慕，但是我們要知道自性要如何回歸本位，要知道如何在這個人世間和大怨，不要怨天尤人，很自然地行於人世間，將自己安於環境中。

安可以為善。

「善」是上好的事；最好的事是既來之則安之，再以後天之體修回先天之性，所以一定要將心安定下來，既然我們是受到因果的影響或是受到在某境界、某關係來到人世間，或許會因為這樣而有怨，但是我們不要有所怨，要適應環境而為善，將我們的自性修回到先天本位，不要再墮落於人間，有餘怨的話，則會失去動力，就無法修練回歸本位去。

「安」有兩種意思，一種是將自己安於環境，另一種是安而能靜，靜而定，定而能善，能夠聚氣成形，將後天的心安靜下來，這樣才能修回先天的性，這是上好的事。

是以聖人。執左契。

人是因為負債才來到人世間的，要在人世間行功了愿後才能返回，每個人皆是拿著左契下到凡塵來的，因為在上天本位的時候，修練不夠，所以需要來到人間再磨練、歷練，因為怕在人間歷練時迷失了方向，也怕回到本位時，上天不認定在人間歷練的行為，因此與上天打了契約，而我們是執左契下來的，在人間歷練完成之後，再拿著左契與上天的右契作核對，這就是我們與上天的債務。

我們是因為有某種原因下到凡塵，然後在人世間歷練一切的果報，既然如此我們就要能安為善，修煉回歸本位去，左契是在證明自己有沒有完成人世間的行為，如果沒有完成契約，就不能夠回歸於本位，所以要明白我們來到人世間是所為何事，如果不清楚要做的事情，或是不清楚我們該要有什麼樣行為，那回到上天的時候，左契與右契不符合時，就要再來人間一次，既然我們是來還債務的，就要知道自己所要走的路，把「功德」與「公德」要做到圓滿，帶著「功德」與「公德」回歸於本位，所以我們不要有怨恨，因為來到人世間是因自己所做而造成的。「是以聖人」是說要知道修道修德的意思；因為聖人知道修道修德，才能夠修回去還債務。

而不責於人。

凡事不要責怪別人，也不要只看別人的壞，而沒有看見自己的不好，一切的事情皆是一體兩面的，有正卦便有負卦，當我們看到自認為是負的一面時，就要想到正的一面，即便是正的一面，也是會有負的一面，所以我們思考的方向要非常清楚，不能隨便責怪別人，怪罪於人時會一直在找理由及缺點，則會忘了自己也有缺點，因此會將自己拱高起來，「這個人做的事情怎麼會這樣，那個人做的事情又如何，別人做的都不行，只有自己才行」，我們不能這樣，一旦責怪他人的話，那本身所接受的資訊便會有所差別，而且也會受限於責怪當中，而會看不清事情的原因，凡事一定要看清楚，要心安靜下來，才會清楚明白，心沒有靜下來，只會因為自身的思想妄念而產生妄動，就會被牽著走。

有德司契。

有德者是不會責怪上天，也不會責怪所有的人，因為已經明白事理，知道自己所做的事，也明白人生只有短短百年，要趕快找回去的路。既然我們跟上天打的契約，要遵照與上天的約定，不能違背上天，要做有德性的行為，不要做一些無德的行為，要依照聖人的腳步，趕快把功德與公德做好，再回歸於本位，把左契還回去，但是我們在人世間會受到色受想行識、七情六欲的影響而產生妄念，先天的乾坤一破落於性情，在於性情方面便會忘了「德性」、忘了什麼該做、什麼不該做，忘了我們是執左契而來的，人間是一個大煉爐、也是一個大染缸，我們會因為妄念、七情六欲而毀約，但是這一世未完成契約，下一世還是會再來的，契約是永遠存在的，當左契與右契無法符合時，就沒有辦法還債了，這一份契約是非常重要的，因此不管裡面寫了什麼，我們在人間都要好好修練，好好執行此份契約，才能順利回歸本位。

無德司徹。

人如果沒有德性的話，就是沒有履行契約，人世間的人皆是沒有履行契約，因為沒有履行契約，死後才會再次輪迴繼續當人或是輪迴於畜生六道，這一世運氣好能夠成人，但是下一世就並不一定了，所以我們要趕快為自己的以後打算，既然已經打了契約，就要有信用，沒信用則是無德，是會離開與上天打的契約，各位要記得你們是打契約而來的。

天道無親。常與善人。

天道生靈生萬物，而且眾生皆是平等的，上天已經將最好的、最優渥的都給予我們了，在這優渥的環境及優厚的條件之下，我們一定要去司契，完成與上天打的契約，要經過人間的一切歷練，才可以回歸本位去，但是往往我們會受到後天性情的影響，而沉淪於七情六欲當中，卻忘了回家的路，因此我們要由性情返回乾坤，往修持、修道、培德的方向去將契約完成，如果沒有修道培德的話，就司徹了，因為無德，所以我們要利用自然界的能量回歸於本位，把契約完成。

不徙章第八十

小國寡民．使有什伯之器．而不用．使民重死．而不遠徙．雖有舟車．無所乘之．雖有甲兵．無所陳之．使民復結繩而用之．甘其食．美其服．安其居．樂其俗．鄰國相望．雞犬之音相聞．民至老死．不相往來．

小國寡民。使有什伯之器。而不用。

「什伯之器」代表軍隊、軍器的意思；在春秋戰國時代各國都想要擴展版圖讓自己更強大，因而會併吞鄰近的小國，而小國再併吞更小的國家，所以一般小國會建立自己的軍隊，增強自己的防禦力，才不會被大國併吞，但是為什麼經文中說到小國不會用到軍器呢？小國寡民而不用，必定有其道理存在。

福地福人居，住在福地的人皆是福人，而有福報之人才能夠居住於福地，福報是因為有德性而產生的，小國展現了德性，因為國君實施於仁政，仁君有德性，使全國百姓皆有德性，當有德性的人聚在一起時，自然就不需要用到軍隊，因為不會去強佔別的國家，而別的國家也不會來侵略，有德性的人是不用軍隊來防衛自己的國家，到哪裡都一樣，因為到每一個地方都會展現出自身的德性，有德之人以德性當作武器。

使民重死。而不遠徙。雖有舟車。無所乘之。雖有甲兵。無所陳之。

居住在有福報的地方，沒有人願意離開，也不遠涉，雖然有車，但是用不上，也不用為了作戰而徵兵，只有備用的軍隊而已，所有人民百姓都是有德者，用「德」當作武器，不需要太多的軍隊，一個德高望重的地方，誰也不敢來侵略。

所以不管是一般眾生或是修道者，本身一定要力行培德，將自身的德性培養好，由內而外散發出德性，別人就不敢侵略，如果自身展現出凶神惡煞的樣子，相對地，別人也是會這樣的，一山還有一山高，不要自認為自己很強，還有更強的人存在，所以我們本身要培德養性，當有德性散發出來時，別人自然會尊崇你。

修持正道如同喝白開水沒有味道，而旁門左道則是花樣多，因為要吸引人壯大自己成為一個大國，沒有法跟術來吸引人的話，就無法成為大國，而正道雖然是對的理念，但是支持正道理念卻很少，因為要以聖人居之，要成為不為自身利益而以眾生為利益的有德者，將自己的功德施捨於眾生，但是要成為大國則會先以本身利益為主，吸納眾生及吸納眾生的資源，「私心」與「德性」是不一樣的，你們要了解到這一點，正道與修道培德有關係，在於物質方面是少欲望的，不會過度追求物質，物質方面並不富裕，但是在精神方面卻是富裕的，我們的精神、自性、德性會因為修道而強大，不過精神富裕的人並不多，因為得道者少，而追求物質的人多，人多的話那追求的欲念就會越大，會一直往人事方面走，所以我們要降低自身的物欲，往精神方向修持，以培德來提高自身的自性，成為人少的一方，那人事問題就會變少，小國寡民並沒有不好，它能夠成為一個團體卻不會被大國併吞，自然有它的道理存在，因為它本身上有德性，雖有甲兵，無所陳之。

使民復結繩而用之。

在還沒有文字之前，是用結繩記事的，當時的人思想很單純，有事情就用繩子打結做記錄，發明文字之後，才用寫的方式來記錄，思想就變得比較複雜，因為看到事情就會想到很多，人的思想要越單純越好，要返璞歸真，但是返璞歸真必須要少欲望，不要有七情六欲產生，因為七情六欲會產生妄念，那便是輪迴的開始，由形而上進入到形而下，則是輪迴的開始，開始依照契約而行事，不管是肉體或是自性都要能夠行功了愿及佈德、返樸歸真，返樸歸真即是將自性回到先天的純樸。

甘其食。美其服。安其居。樂其俗。

要回到先天的純樸，我們就不要有貪求身外物的欲念，既然已經來到了人世間，不管走到哪裡，都要把心安靜下來，不要有欲念及妄想，要安其居、樂其俗。

鄰國相望。雞犬之聲相聞。民至老死。不相往來。

在這環境當中要能安居、少欲、自修，把環境鞏固好，不要去追求欲望，所謂的「物以類聚」，妄念產生時便會去追求你想要的好東西，想要不斷追求的欲望就會產生，如果你與「追求欲望」不相往來，遠離欲望，即便是粗茶淡飯的三餐也是能夠溫飽的，所以我們一定要安其居、樂其俗，遠離欲望與妄念，生活要少欲。

不積章第八十一

信言不美．美言不信．善者不辯．辯者不善．知者不博．博者不知．聖人不積．既以為人己愈有．既以與人己愈多．天之道．利而不害．聖人之道．為而不爭．

「道」是無窮無盡的生命，道也是自然，而我們也是在自然當中，所以道就在你我的左右，但是乾坤一破落入日月之後，人在後天的生命是一點一滴地消耗，「天增歲月人增壽」，歲月增加，人的生命卻是在遞減中，人的生命只有百年而已，可是宇宙的生命是無窮無盡，這是大家探討道、追求道的原因，很多的修道者都希望自己的生命能夠與天同壽，這也是所有人的期許以及努力的目標，大家想要壽比南山並且能子孫滿堂，希望在有限的生命當中能夠爭取到，因此才會產生很多的修練方式，無非就是要能夠返老還童、延年益壽，甚至能夠在宇宙的空間來去自如、與天地同壽，這是每個人想要追求的目標。

很多修練的派別，為了要展示自己修練方式的好，都會美言自己、凸顯自己，讓修道者有心追隨。其實道在自然之中，自然界的一切是用現象表現出來，自然界並不會言語，道即是自然界的能量，要攝取能量必須要無為而為、效法自然，自然界不會用言語去傳播，只有人才會用言語傳播，人用有限的智慧了解到自然界的現象，再用話語傳播，說這自然界有多美好，講得七葷八素讓人去相信，可是自然界不語，自然界的現象只能用心意相通，才能了解自然界的變化，伏羲氏的八卦便是心神意會領悟到自然界現象的變化而產生，把自然界的變化畫成符號再傳承下來。

信言不美。

「信」即是消息，天地之間的消息、自然界的能量並不會講話，只能夠看到自然界的現象，這些現象要用自己的心意去相通，看到鳥就知道是鳥，看到樹就知道是樹，自然界能夠講的就是符號而已，看得懂符號知道所代表的意思，便能夠與自然界相通。

美言不信。

當人用自己的心意揣測自然界的現象，再來告訴大家，這樣是不能代表自然界，也不能代表道，因為人會把看的現象再加油添醋好取信於別人，因此產生了一些的神話，但是這些神話並不是自然界的原意，所以不要相信美言。

美言不信的「信」是相信，是指人講的話要用智慧去判斷信，美言不信是後天，當先天墮入後天的時候，就要用言語去傳達，可是越美麗的言論就已經不是原意了。

信言不美的「信」是消息的意思，屬於先天，指天地之間的消息，天地之間的消息並不美，因為消息是天地之間的原意，如同赤子之心的單純。

善者不辯。

「善者」是指有德的修道者；有德的修道者對於自然界的一切是不會用言語去辯解，因為自然界的一切皆是既定的，並沒什麼好講的，日月星辰、天地陰陽、乾坤坎離這些都是既定的東西，不需要辯解，辯解只會扭曲事實、越描越黑而已。

辯者不善。

辯者不善是因為想要利用自然來取悅於人心，得到自己所需要的利益，所以巧言令色，把自然界講得非常奧秘，但是自身所講的完全是自己的意思，並不是自然的原意，這不是有德的修道者應該要做，有德的修道者在講道（自然）的時候，是不會去爭論的，因為自然界是既定的，不需要辯解，辯者則是不善，「善」是心的意思，這是指後天的心意，善者不辯的「善」是先天，修道者應該要循規蹈矩，遵循著自然而修道，這是不爭的事實，如果對道、自然的法則有所爭辯的話，那表示是自己的私心，有所圖才想要利用自然界的一切來取悅於人心，如果向有私心、有所圖的人學道的話，一步錯就步步錯了。

知者不博。

「知者」是指有智慧的人；有智慧的人不會用言語來表達自然界，因為知道自然界是無法用言語表示的，只能夠用圖象表示，所以才會有「圖於易」，把自然界的現象畫出來，因此衍生出「八卦」，畫出來的符號要用「心」看，以心應心、以心契心，才能夠看出其中的道理與奧妙。

博者不知。

不知道的人或是不了解的人會用言語敘述，讓人感覺自己知道的很多，用巧言來取信別人。

修道的人身為一個善者，所走過的路就是如此，也應當如此，並沒什麼好講的，學道要自行體會與實踐，走過之後才不會巧言令色，也才不會博者不知，修道是往內修持，話是會越修越少的，因為一直在內觀自己，修道學道越修越深，話絕對會越少，因為知道話多便會散氣無法凝神，修道者是該講則講，不該講就不會講，也不要參雜自己的意見，因為加入了自己的意見，整個原意就會變濁了。

聖人不積。既以為人已餘有。

「積」是指有很多的概念；聖人只知道一個真理，不會有很多的真理，真理只有一個，永恆不變稱為「常」，永恆不變即是真理，不過人因為會思考，所以會衍生出很多想法與觀念，但是修道者不能有太多的概念及想法，只要保持一個觀念及一個真理就好，不然的話，心會很雜亂而無法定下來，心不定則會途勞無功，老師常講：「等待是為了走更長遠的路，而且是要走對的路」，如果沒辦法等待便由旁而去，那將會花費更多的時間，同時也失去很多，得到只是很多的概念，不見得這些概念都是正確的，原本只要等待三天或是三年即可到達目的地，只因為聽了很多觀念，心浮氣躁而無法等待，結果從旁邊而去，左去三年，右去三年，來回花了十二年的時間，浪費了很多的時間，所以修道一定要認理實修，認定真理而修，只要有一個對的概念就好，不要有太多的概念。

既以與人已愈多。

跟別人講得越多，概念就會變得越多，所以我們要認正道、認自然而修，「認理實修」，不要人云亦云，概念就不會那麼多。

天下道。利而不害。

天的道理是自然的發生，對我們是有利而無害，天道不會害我們，只會幫忙我們而已。

聖人之道，為而不爭。

修道者已經明白真理，既然已認知了真理就不要與去別人爭辯，因為想要據以力爭勝過對方的理念，或是要讓對方信服，結果因爭辯而衍生出很多的概念，自擾心智，不變的真理只有一個，不需要與人爭辯，所以當我們已經認理實修時，心一定要定下來，心不定靜的話，自己本身的因果業力以及旁人的意見與概念，都會擾亂自己的心智、意志，所以本身要把心定靜下來，「我就是要走這條路」，不管什麼理由都干擾不了。

自然界是無語的，我們只能以心應心，當自己心思靜下來時，才能夠與自然界契心，心不靜是無法與自然界契心的，那是因為本身沒辦法認清自然界，同時旁人會提供意見給你，告訴你該要怎麼做，而別人的意見你會用一些觀念來主導自己，或是當別人要主導你的時候會起好勝心，你會用美言強調自己所走的道是最好，可以比過任何的道，這些都會擾亂自己的心智，所以認理實修時心要堅定，心要靜定，才能夠與天地精神相往來、與天地同在，不然的話，概念太多只會浪費時間徒勞無功，到最後是一事無成，得不償失。

現在宗教太發達了，而且宗教理念皆在強調神蹟、神話好讓人信服，但是這些都是人為的，因為自然界是無言也無法展現神蹟，自然界是需要用心去契心的，「迷者師渡；悟者自渡」，師渡是而為的，迷者需要老師教導有為法，用有為法悟道時要自己渡自己，要認理實修，要專一實修，不要所有的法都想要修，或是人云亦云，聽到哪一個法好就去修，這樣就沒有專一了，修道要專一，心不要有太多的概念，心會複雜化，也不要只是聽別人說，要自己實際力行修道，實實在在的修行。

天下道，利而不害，但是天地不語，只有用自然現象來告訴我們，希望我們能夠與天地契心、與天地精神相往來，這樣才能達到認理實修，從自然當中回歸於自然，我們來自於自然就要回歸於自然，自然即是道。

秀威經典　　新視野19　PC0590

李憲鳴（雲子）用玄學談老子道德經

作　　者 / 李憲鳴
責任編輯 / 林千惠
圖文排版 / 楊家齊
封面設計 / 王嵩賀

出版策劃 / 秀威經典
發 行 人 / 宋政坤
法律顧問 / 毛國樑　律師
印製發行 / 秀威資訊科技股份有限公司
114台北市內湖區瑞光路76巷65號1樓
電話：+886-2-2796-3638　傳真：+886-2-2796-1377
http://www.showwe.com.tw
劃撥帳號 / 19563868　戶名：秀威資訊科技股份有限公司
讀者服務信箱：service@showwe.com.tw
展售門市 / 國家書店（松江門市）
104台北市中山區松江路209號1樓
電話：+886-2-2518-0207　傳真：+886-2-2518-0778
網路訂購 / 秀威網路書店：http://www.bodbooks.com.tw
國家網路書店：http://www.govbooks.com.tw

2016年2月　BOD一版
定價：550元

國家圖書館出版品預行編目

李憲鳴（雲子）用玄學談老子道德經 / 李憲鳴著. -- 一版. -- 臺北市 : 秀威經典, 2016.02
面； 公分
BOD版
ISBN 978-986-92498-4-3(平裝)

1. 道德經 2. 研究考訂 3. 玄學

121.317 105000723

讀者回函卡

感謝您購買本書，為提升服務品質，請填妥以下資料，將讀者回函卡直接寄回或傳真本公司，收到您的寶貴意見後，我們會收藏記錄及檢討，謝謝！

如您需要了解本公司最新出版書目、購書優惠或企劃活動，歡迎您上網查詢或下載相關資料：http:// www.showwe.com.tw

您購買的書名：______________________________

出生日期：________年________月________日

學歷：□高中（含）以下　□大專　□研究所（含）以上

職業：□製造業　□金融業　□資訊業　□軍警　□傳播業　□自由業

□服務業　□公務員　□教職　□學生　□家管　□其它____

購書地點：□網路書店　□實體書店　□書展　□郵購　□贈閱　□其他

您從何得知本書的消息？

□網路書店　□實體書店　□網路搜尋　□電子報　□書訊　□雜誌

□傳播媒體　□親友推薦　□網站推薦　□部落格　□其他________

您對本書的評價：（請填代號　1.非常滿意　2.滿意　3.尚可　4.再改進）

封面設計___　版面編排___　內容___　文／譯筆___　價格___

讀完書後您覺得：

□很有收穫　□有收穫　□收穫不多　□沒收穫

對我們的建議：______________________________

____

____

____

請貼
郵票

11466
台北市內湖區瑞光路 76 巷 65 號 1 樓
秀威資訊科技股份有限公司 收
BOD 數位出版事業部

（請沿線對折寄回，謝謝！）

姓　　名：＿＿＿＿＿＿＿＿　年齡：＿＿＿＿　性別：□女　□男

郵遞區號：□□□□□

地　　址：＿＿＿＿＿＿＿＿＿＿＿＿＿＿＿＿＿＿＿＿

聯絡電話：(日)＿＿＿＿＿＿＿＿＿＿ (夜)＿＿＿＿＿＿＿＿＿＿

E-mail：＿＿＿＿＿＿＿＿＿＿＿＿＿＿＿＿＿＿＿＿